荆楚文化符号提炼与传播丛书

国家科技支撑计划课题「少数民族及特色文化保护与展示技术应用示范（2015BAK03B00）」暨「荆州大遗址楚文化数字化保护及传播技术集成示范（2015BAK03B04）」研究成果

荆楚文化的可视化传播与价值拓展

陈波　张卓　王少华　陈波　王文德　秦静静　著

武汉大学出版社

图书在版编目(CIP)数据

荆楚文化的可视化传播与价值拓展/陈波等著.—武汉：武汉大学出版社,2018.12
荆楚文化符号提炼与传播丛书
ISBN 978-7-307-20290-0

Ⅰ.荆… Ⅱ.陈… Ⅲ.地方文化—文化传播—研究—湖北 Ⅳ.G127.63

中国版本图书馆 CIP 数据核字(2018)第 131484 号

责任编辑：陈　豪　　　责任校对：李孟潇　　　版式设计：汪冰滢

出版发行：武汉大学出版社　（430072　武昌　珞珈山）
（电子邮件：cbs22@whu.edu.cn　网址：www.wdp.com.cn）
印刷：北京虎彩文化传播有限公司
开本：720×1000　1/16　印张：15.5　字数：221 千字　插页：1
版次：2018 年 12 月第 1 版　　2018 年 12 月第 1 次印刷
ISBN 978-7-307-20290-0　　定价：48.00 元

版权所有,不得翻印；凡购我社的图书,如有质量问题,请与当地图书销售部门联系调换。

前　言

　　任何民族都是以文化为界定的人类共同体，是一个由不同文化层面结成的具有"文化丛结"关系的社会集团。荆楚文化因楚国和楚人而得名，是自周代起至春秋战国时期楚国人在平时的生产生活中所形成的一种特有的地域文化。荆楚文化主要分布在湖北地区的江汉流域，反映了楚人的传统民俗、价值观念、精神思想等，是华夏文化的重要分支。"北有秦皇兵马俑，南有楚王车马阵"，东周文化的精华大半都集中在楚文化里，最早的一批精美逾常、完好如新的丝织、丝绣的衣衾，皆出自一座小型的楚墓；秦时的漆器，就数量之大、类型之多、图案之美而论，无过于楚器；先秦的木雕工艺品和竹编工艺品，几乎全数出自楚墓……荆州大遗址保护片区是楚文化分布重点区域，东周楚文化大遗址的空间分布呈辐辏之态势：以楚纪南故城为核心，各层级聚落遗址和墓地、墓群分居四方。片区内所辖的文化遗产类型多样，既包括地面遗迹，又包括地下遗迹、居址和墓葬，遗存数量多、类型丰富，具有极高的历史、学术、艺术价值。然而，经过数千年的历史变迁，荆州大遗址已不复当年的场景，如何重现千年前楚国的恢弘场景和荆楚文化的社会礼制已成为文化保护与传播的当务之急。

　　文化符号是指从文化中提炼出的具有某种特殊内涵或者特殊意义的代表性元素，是一个地域、一个民族乃至一个国家的文化中最具影响力和辨识度的象征形式系统，是承载文化意义的重要载体和形式。本书第一章主要通过对历史文献的梳理，厘清了"什么是文化""文化是如何传承与传播的"等基础性问题,并总结出文化传承的载体和文化传播的渠道。此外,本章还通过对著名的历史文化资源事项如何进行开发和对全球范围内优秀古文明如何进行传播的案例性研究,探讨了文化资源及其产业开发、文化资源向文化资本转化的路径。在此基础上,本章还从物质文化遗产和非物质文化遗产的双向视角提炼出了一套荆楚文化的符号系统。笔者认为,楚郢都纪南城、楚墓熊家冢和楚文化聚落江陵雨台山等是荆楚文化最具代表性的符号。

本书还引入视觉传播的相关理论,总结归纳出了视觉传播的代表性理论和主要观点,并进一步阐述了媒介技术革新对文化视觉传播和个体文化认知的影响,以及视觉表达对文化遗产保护与传承的现实路径与意义。本书认为,媒介是一整套传递和贮存人类文明的智力形式和技术手段,是技术与文化形式的有机结合体。媒体总是着迷于以各种不同的技术手段制造出"在场"的感觉,让用户体验到媒体所再现的对象是即时的、在场的和"真实"的。技术的聚合为媒体开启了更多可能性,无论是新的媒体形式,还是旧媒体的新发展,都创造出了一种在视觉图像上更为丰富的媒体景观和更加"逼真"的媒体再现。媒介生态系统的变革改变了人对视觉性的感知和体验,从现代到后现代社会转型过程中,文本的表达越来越趋向于对"视觉"因素的关注。随着技术与媒介环境的变化发展,以语言为中心的文化正日益转向以视觉(形象)为中心的文化,数字化与图像化成为当代媒介形态演变的核心趋势。更进一步,本书在阐释视觉传播理论的基础上,介绍了纸质媒体、电子媒体和数字媒体等可视化传播载体的主要特征,并探讨了这些媒介如何为文化遗产的多样化呈现与表达提供可能与技术支撑。

本书还从影视作品、数字媒体、博物馆展出等方面对荆楚文化的可视化传播现状进行了梳理。荆楚文化主要是通过遗址遗物进行传承的,因而湖北省内的各大博物馆(尤其是省博物馆)是荆楚文化的展示窗口,受众主要通过到博物馆参观来了解楚文化,本书又以湖北省博物馆作为研究个案,分析其布展方式、受众结构及满意度等问题。此外,本书还关注到具体影视作品中的荆楚文化传播、传统媒体中的荆楚文化传播、社交媒体中的荆楚文化传播等方面的内容。通过对荆楚文化传播现状的分析，归纳出当下荆楚文化传播中的缺憾与不足。在此基础上，本书针对物质文化遗产和非物质文化遗产的不同实际，有针对性地提出荆楚文化可视化传播的全媒体传播模式与路径：对于物质文化遗产，本书认为可以通过建立遗址博物馆或将出土的文化放置在博物馆进行展出；对于非物质文化遗产，则可以通过影视作品、实景演出等方式进行保护和传播。此外，本书还提出可以借助数字技术手段，通过二维扫描、三维建模、建立互联网虚拟博物馆等方式对荆楚文化进行保护与传播。

文化传播的最终目的除了要达到广为人知的社会效果外，还应实现一定的经济效益。本书还通过对历年来文化产业年鉴、文化产业发展报告等文献的回溯，剖析作为创意产业的荆楚文化的产业发展现状。在此基础上，基于"创新新闻学"、文化创意产业等相关原理，探讨了文化报道是如何实现文化增值的问题。更进一步说，就是探讨文化遗产的传播如何实现数字化保护技术创新与经济的结合，以及如何推动文化遗产本身与经济的全面结合，使其在全新的媒介环境下达到传播效果最大化。本书认为，博物馆文创产品作为博物馆文物的延伸、精神的沉淀，已经逐渐发展成为一项兼具经济效益和社会效益的产业。博物馆文化创意产品一直以来都是博物馆内涵的拓展，如果能对产品进行成功的开发、设计、营销，对博物馆整体形象和品牌价值的提升都会产生良好的效应和可观的经济收入。此外，遗址遗迹博物馆还可以通过旅游资源开发、实景演出表演等方式实现文化增值。

目　　录

绪论　文化传承与文化资源开发 ·································· 1

　第一节　文化、符号与文化符号 ································ 2

　　一、文化的定义及内涵 ······································ 2

　　二、符号的定义及内涵 ······································ 5

　　三、文化符号及其内涵 ······································ 7

　第二节　古文化的传承载体与传播渠道 ···························· 9

　　一、古文化传承的主要载体 ·································· 10

　　二、文化传播的主要渠道 ···································· 15

　第三节　符号文化创新与文化产业发展 ···························· 17

　　一、文化与符号经济 ·· 18

　　二、符号文化与文化遗产 ···································· 20

　　三、符号文化创新与文化创意产业发展 ························ 23

　第四节　文化资源转变为文化资本的现实途径 ······················ 25

　　一、重视对当地文化资源的挖掘整合与保护利用 ················ 27

　　二、加大对特色文化产业的政策与资金扶持力度 ················ 28

　　三、提升高新技术与创意设计对文化资源的转化 ················ 29

　　四、注重对文化创意产业复合型高端人才的培育 ················ 29

第一章　荆楚文化的内涵及符号提炼 ································ 31

　第一节　荆楚文化的内涵及基本特质 ······························ 32

一、荆楚文化的概念及内涵 …………………………………… 33
　　二、楚文化的特征 ……………………………………………… 36
　　三、楚文化的主要成就 ………………………………………… 40
　第二节　荆楚文化的流播及其当代价值 ………………………… 44
　　一、楚文化的东渐 ……………………………………………… 44
　　二、楚文化的南渐 ……………………………………………… 46
　　三、楚文化的西渐 ……………………………………………… 48
　　四、荆楚文化的当代价值 ……………………………………… 49
　第三节　基于荆州大遗址区的荆楚文化符号提炼 ……………… 51
　　一、楚郢都纪南城 ……………………………………………… 52
　　二、楚墓熊家冢 ………………………………………………… 55
　　三、楚文化遗址聚落江陵雨台山 ……………………………… 58

第二章　传统文化视觉传播的理论机制与媒介特征 …………… 62
　第一节　视觉传播的内涵及作用机理 …………………………… 63
　　一、视觉传播的概念及内涵 …………………………………… 64
　　二、视觉传播的发生过程 ……………………………………… 67
　第二节　视觉传播的代表理论和主要观点 ……………………… 74
　　一、格式塔原理 ………………………………………………… 75
　　二、符号学理论 ………………………………………………… 80
　　三、视觉刻板印象 ……………………………………………… 81
　第三节　传播媒介的可视化特征 ………………………………… 82
　　一、纸质媒介的可视化传播特征 ……………………………… 83
　　二、电子媒介的可视化传播特征 ……………………………… 87
　　三、数字媒介的可视化传播特征 ……………………………… 89
　　四、户外媒介的可视化传播特征 ……………………………… 96
　第四节　媒介可视化的未来趋势 ………………………………… 98
　第五节　视觉传播与跨媒介叙事对文化传承的意义 …………… 102

第三章　荆楚文化可视化传播的现状分析 ……………………… 105
第一节　影视作品中的荆楚文化 ………………………………… 105
　　一、电视剧 ……………………………………………………… 106
　　二、电影 ………………………………………………………… 110
　　三、纪录片 ……………………………………………………… 114
　　四、综艺节目 …………………………………………………… 116
第二节　基于数字技术的荆楚文化可视化传播 ………………… 119
　　一、武汉市博物馆的可视化传播现状 ………………………… 119
　　二、新媒体时代传统文化可视化传播优秀范例 ……………… 130
第三节　湖北省内博物馆受众参观行为分析 …………………… 136
　　一、湖北省博物馆及其受众参观行为分析 …………………… 136
　　二、荆州市博物馆及其受众参观行为分析 …………………… 139

第四章　荆楚文化可视化传播的路径与策略 …………………… 141
第一节　博物馆情境化传播的逻辑起点与实践路径 …………… 142
　　一、逻辑起点：博物馆情境化传播的动机与原因 …………… 143
　　二、理论观照：基于情境理论的情境化传播理念 …………… 146
　　三、实践路径：媒介技术与博物馆情境构建策略 …………… 148
第二节　荆楚文化的线下可视化传播策略 ……………………… 154
　　一、仪式与庆典 ………………………………………………… 155
　　二、实景演出 …………………………………………………… 156
　　三、讲座、影视与文化可视化传播 …………………………… 159
第三节　荆楚文化的线上可视化传播策略 ……………………… 161
　　一、数字博物馆与虚拟博物馆 ………………………………… 161
　　二、社交网络、直播与楚文化可视化传播 …………………… 166
　　三、文化创意产品的网络营销 ………………………………… 168

第五章　作为创意产业的荆楚文化 …… 170
第一节　走进文化创意产业 …… 170
一、创意产业：历史性的概念 …… 170
二、文化创新：现实性的需要 …… 173
三、创意产业为文化创新开创国际化空间 …… 174
四、创意产业作为中国文化创新的策略 …… 183
第二节　荆楚文化产业发展的现状与探究 …… 189
一、荆楚文化文创产业的发展概况 …… 190
二、荆楚文化文创产业的文化产品开发情况 …… 194
三、荆楚文化文创产业的旅游发展情况 …… 197

第六章　荆楚文化产业的价值拓展 …… 200
第一节　荆楚文化产业的创意产品开发 …… 200
一、文化资源与文化资本分析 …… 200
二、创新实现文化创意盈利 …… 202
第二节　基于产品开发的荆楚文化价值实现 …… 203
一、我国文化创意产品的发展现状 …… 203
二、文创产品的传播理念和渠道 …… 205
第三节　荆州大遗址的旅游产业规划 …… 212
一、利用虚拟技术建立数字化景区 …… 212
二、打造"荆楚"旅游名牌景点和路线 …… 216

参考文献 …… 220

后记 …… 238

绪论　文化传承与文化资源开发

党的十九大报告指出，文化是一个国家、一个民族的灵魂，文化自信是一个国家、一个民族发展中更基本、更深沉、更持久的力量；没有高度的文化自信，没有文化的繁荣兴盛，就没有中华民族伟大复兴。习近平总书记也曾在多个场合的讲话中表达了对中华优秀传统文化、传统思想价值体系的认同与尊崇——"文明特别是思想文化是一个国家、一个民族的灵魂，无论哪一个国家、哪一个民族，如果不珍惜自己的思想文化，丢掉了思想文化这个灵魂，这个国家、这个民族是立不起来的"；"中国传统思想文化体现着中华民族世世代代在生产生活中形成和传承的世界观、人生观、价值观、审美观等，其中最核心的内容已经成为中华民族最基本的文化基因"；"只有坚持从历史走向未来，从延续民族文化血脉中开拓前进，我们才能做好今天的事业"，"没有文明的继承和发展，没有文化的弘扬和繁荣，就没有中国梦的实现"……文化自信成为继道路自信、理论自信和制度自信之后，中国特色社会主义的"第四个自信"。

虽然文化是国家发展、民族振兴的重要支撑，传统文化更是一个民族或国家的文明创造力所在，但是对于"文化是什么？文化与符号之间有什么联系？什么才是文化中独具特色的元素？"这一命题，却缺乏一个明确的答案。数千年前先辈们创造的文化是如何传承下来的？又是通过什么样的渠道传播出去的？以遗址遗物为展出对象的博物馆在文化传播过程中又扮演着什么样的角色？如何才能通过对文化资源的深度发掘进而收到良好的社会效益和经济收益？……事实上，这些问题都是文化传承和文化资源开发中需要着重关注的焦点。

中国是世界四大文明古国之一，中华民族在漫长的历史里创造了灿烂的文化和科技成就，留下了丰富的文化资源禀赋。作为文化资源大国，我国虽然拥有强大的文化根基和强劲的文化发展势头，但是一个不容忽视的事实却是，我国目前仍然只是一个文化大国而并非一个文化强国，文化软实力还落后于世界其他一些发达国家。弘扬和建设中华文化，推动中华优秀传统文化创造性转化、创新性发展，不仅需要对民族文化遗产进行保护，还要将文化资源转变为文化资本，让老百姓共享更多的文化建设的成果。事实上，将文化资源转变为文化资本，既是文化体制改革的内在要求，又是文化产业结构调整的必然趋势，还可以为发展文化事业、壮大文化产业提供丰富的文化内容和持续的智力支持，为中国文化产业参与全球文化竞争开辟广阔的空间①。

第一节　文化、符号与文化符号

一、文化的定义及内涵

从人类历史发展的轨迹来看，任何民族都有符合自身特征的文化内容，都有自身存在和发展的价值。"文化"是一个使用频率高、范围广泛且非常复杂的概念，而把"文化"视作一个内涵丰富、众多学科探究的对象，实际上发源于近代欧洲。1871年，英国人类学家爱德华·伯内特·泰勒（Edward Burnett Tylor）立足于民族学视角，对"文化"作了系统的阐释："文化或文明是包括全部的知识、信仰、艺术、道德、法

---

①　贾松青. 文化资源转变为文化资本的现实途径[R]//侯水平. 四川文化发展报告(2006). 北京：社会科学文献出版社，2006：35-36.

规、习俗以及所有作为社会成员的人所获得的任何其他的才能和习惯的复合整体。"①泰勒是第一个在文化定义上具有重大影响的人，他对文化的界定对后世产生了重要的影响。此后，文化定义本身成为一个有趣的、争论不休的学术现象，各国的学者竞相从各自学科的角度出发对"文化"一词进行了广泛而深入的界定与解释，各种新观点不断被提出。

美国著名文化学家克罗伯（A. L. Kroeber）和克拉克洪（C. Kluckhohn）在《文化：一个概念定义的考评》（*Culture：A Critical Review of Concepts and Definitions*）一书中收集了166条（其中162条为英文）关于文化的定义，这些定义分别由世界上著名的人类学家、社会学家、心理分析学家、哲学家、化学家、生物学家、经济学家、地理学家和政治学家所界定。美国社会学家斯莫尔（Small）基于心理分析视角对"文化"进行了定义，认为"文化"是指某一特定时期的人们为试图达到他们的目的而使用的技术、机械、智力和精神才能的总和，包括人类为达到个人或社会目的所采用的方法手段；美国社会学家帕克（Park）和伯吉斯（Burgess）从历史的维度考量，认为一个群体的文化是指这一群体所生活的社会遗传结构的总和，而这些社会遗传结构又因这一群体人特定的历史生活和种族特点而获得其社会意义；美国人类学家威斯勒（C. Wissler）从行为规范性层面出发，认为某个社会或部落所遵循的生活方式被称作文化，它包括所有标准化的社会传统行为，部落文化则是该部落的人所遵循的共同信仰和传统行为的总和；美国政治学家亨廷顿（Huntington）认为，文化是指人类生产或创造的，而后传给其他人，特别是传给下一代人的每一件物品、习惯、观念、制度、思维模式和行为模式②。

---

① ［英］爱德华·泰勒. 原始文化［M］. 连树声，译. 上海：上海文艺出版社，1992：1.
② A. L. Kroeber, C. Kluckhohn. Culture：A Critical Review of Concepts and Definitions［M］. Peabody Museum of Archaeology & Ethnology, Harvard University, 1952：150-180.

在中国古代汉语系统中，"文"与"化"是分开使用的。"文"的本义是指事物错综所造成的纹理或形象；"化"的本义为改易、生成、造化，指事物形态或性质的改变，同时又引申为教行迁善之义。西汉刘向在《说苑·指武》中将"文化"二字合为一词："圣人之治天下也，先文德而后武力。凡武之兴，为不服也。文化不改，然后加诛。"这句话强调的是教育感化在治理国家中起到重要作用，而"文化"一词的本义则是"以文教化"。中国现代汉语系统中通行的"文化"一词，是外来词语"culture"的意译，对其含义的界定已超过260条。学者胡适认为，"文明（civilization）是一个民族应付他的环境的总成绩；文化（culture）是一种文明所形成的生活的方式"①。在梁漱溟看来，所谓一家文化，不过是一个民族生活的种种方面，总括起来，不外乎三个方面：(1)精神生活方面，如宗教、哲学、科学、艺术等；(2)社会生活方面，我们与周围的人、家族、朋友、社会、国家、世界之间的生活方法都属于社会生活的一方面，如社会组织、伦理习惯、政治制度及经济关系；(3)物质生活方面，如饮食、起居种种享用，人类在自然界求生存等②。中国文化史研究专家冯天瑜认为，"文化便是人与自然、主体和客体在实践中的对立统一物"③。《辞海》从广义和狭义两个层面对"文化"进行释义：广义上的文化指人类社会历史实践过程中所创造的物质财富和精神财富的总和，狭义上的文化则指社会意识形态，以及与之相适应的制度和组织机构④。

面对众多关于"文化"的定义，《大不列颠百科全书》（国际中文版）在整合全球160余种正式出版物对"文化"的定义后，将文化定义为"人类知识、信仰和行为的整体，包括语言、思想、信仰、风俗习惯、禁

---

① 胡适.胡适文存(第3集第1卷)[M].合肥：黄山书社，1996：210.
② 梁漱溟.梁漱溟学术精华录[M].北京：北京师范学院出版社，1988：7.
③ 冯天瑜.中国文化史断想[M].武汉：华中理工大学出版社，1998：19.
④ 辞海[M].上海：上海辞书出版社，1979：1533.

忌、法规、制度、工具、技术、艺术品、礼仪、仪式及其他有关成分"①。联合国教科文组织在 2000 年完成的《世界文化报告》中指出："文化再也不是以前人们所认为的是个静止不变的、封闭的、固定的集装箱。文化实际上变成了通过媒体和国际因特网在全球进行交流的跨越分界的创造。我们现在必须把文化看作一个过程，而不是一个已经完成的产品。"②2001 年 11 月 2 日，联合国教科文组织（UNESCO）第 31 届大会在巴黎总部通过的《世界文化多样性宣言》（*Universal Declaration on Cultural Diversity*），又提出"应把文化视为某个社会或某个社会群体特有的精神与物质，理智与情感的不同特点之总和。除了文学和艺术外文化还包括生活方式、共处的方式、价值观体系、传统和信仰"。

二、符号的定义及内涵

瑞士语言学家费尔迪南·德·索绪尔（Ferdinand de Saussure）在《普通语言学教程》中将"符号"界定为能指（signifier）和所指（signified）的统一体。所谓能指也叫做意符，通常表现为声音或图像，能够引发人们对特定对象事物的概念联想；所指也称为意指，即意符所指代或表述的对象事物的概念（意义）③。法国符号学家罗兰·巴尔特（Roland Barthes）在索绪尔语言学理论的基础上，将符号学的基本概念分为四类：（1）语言与言语；（2）能指与所指；（3）系统与组合；（4）外延与内涵④。英国学者特伦斯·霍克斯（Terence Hawks）认为，"任何事物只要它独立存

---

① 王振羽. 不列颠百科全书（国际中文版）[M]. 北京：中国大百科全书出版社，1999：55.
② 联合国教科文组织. 世界文化报告——文化的多样性、冲突与多元共存（2000）[M]. 北京：北京大学出版社，2002：9.
③ 郭庆光. 传播学教程（第二版）[M]. 北京：中国人民大学出版社，2011：35.
④ [法]罗兰·巴尔特. 符号学原理[M]. 王东亮，等译. 北京：生活·读书·新知三联书店出版社，1999：6.

在，并和另一事物有联系，而且可以被'解释'，那么它的功能就是符号"①。按照法国符号学家皮埃尔·吉罗(Pierre Giraud)在《符号学概论》中的观点，"符号一直是某种意愿的标志，它传播一种意义"②。

德国哲学家恩斯特·卡西尔(Ernst Cassirer)基于文化哲学的视角，认为"所有在某种形式上或在其他方面能为知觉所揭示出意义的一切现象都是符号，尤其当知觉作为对某些事物的描绘或作为意义的体现、并对意义作出揭示之时，更是如此"③。美国学者查尔斯·桑德斯·皮尔士(Charles Sanders Peirce)符号理论的核心内容是"符号媒介""指称对象"以及"符号意义"三者的组合，他这样定义"符号"："符号或表征(representation)是某种对于某个人来说在某个方面或某种性质上代表某物的东西。符号是针对某人而言的，也就是说它在那人的心中产生一个等价的符号或进一步完善的符号。所产生的符号我称之为第一种符号的解释项。符号代表某物，即代表它的对象。它代表那个对象，不是在一切方面，而是相关于一种观念代表它，我有时把这种观念叫做代表者的根据。"④

符号是一种社会对象化的意义载体，大体包括预兆、标志、图像、语符、象征和专指语言符号等，它是一个开放的、具有能产生性的系统，通过符号的意义建构形成了现代文明的累积。也就是说，符号之所以成为意义的浓缩形式，是由多种意义确定的联想，一个简单的符号可能只表达一个简单的意思，而一个复杂的符号则可能承载着非常复杂的信息，因而有限的符号同它们表达的意义形成无限组合，构成了有层级的符号系统。符号还具有某种物质实在性(如词语、手势、图像等)，

---

① [英]特伦斯·霍克斯. 结构主义和符号学[M]. 瞿铁鹏, 译. 上海：上海译文出版社, 1987：132.
② [法]皮埃尔·吉罗. 符号学概论[M]. 怀宇, 译. 成都：四川人民出版社, 1988：24.
③ 张骋. 新闻向文学致敬——新新闻主义的叙事学分析[J]. 当代文坛, 2010(3)：139-142.
④ Susan Petrilli. About and Beyond Peirce[J]. Semiotica, 1999, 124：299-376.

可以通过感官来体验，但是其魅力并不在于符号本身，而在于它的意义。符号性(symbolism)是指两个抽象的或具体的实体之间的关系，在这种关系中，一个实体可以通过约定或通过对类似性或共同性的公认来代表另一个实体①。符号性在文化的产生和发展中作用极大，任何符号都与意义形成共鸣(resonate)。

三、文化符号及其内涵

所谓文化符号，是指从文化中提炼出的具有某种特殊内涵或者特殊意义的代表性元素，它是经过时间洗涤之后沉淀下来的文化精华，是一个地域、一个民族乃至一个国家的文化中最具影响力和辨识度的象征形式系统，是承载文化意义的重要载体和形式。一般而言，文化符号不仅包括客观物质，也包括主观精神，既包括语言符号，又包括非语言符号。符号是文化最基本的组成要素，绚丽多彩的符号绘就了人类色彩斑斓的文化景观。确切地说，文化本身并不是由符号构成的，而是由符号背后的意义构成的，这个意义只存在于文化参与者的思想之中，但它是通过操纵使意义对象化的符号而表现出来②。符号具有其自身之外的隐喻的意义，其最根本的特点是间接性，它能直接诉诸视觉，但它代表的却是深藏于背后的意义。作为记号、载体，文化符号所表达或代替的对象并不是传统上所理解的客观有形的事物，所表达和传达的是某种不同于自身的他物，是人们对这些对象进行认知后所形成的观念③。文化符号一旦被创造出来，便会在群体或区域内形成强大的认同感和归属感，能够调动群体内每个成员的积极性和创造性。当然，文化符号的内涵和

---

① Winthrop Robert H.. Dictionary of Concepts in Cultural Anthropology[M]. London: Green Wood Press, 1991: 286.
② 萧俊明. 文化与符号——当代符号性研究探析[J]. 国外社会科学, 2000(4): 43-46.
③ 孟庆艳. 文化符号研究的哲学维度[J]. 国外理论动态, 2007(6): 72-75.

外延也会随着社会的发展和人类文明的进步而不断丰富。

美国社会学家彼得森（Peterson）认为文化由四种象征符号构成：(1)价值——将行为和目标分为各种等级的选择命题；(2)规范——与行为交往相关的价值观的特定表现；(3)信仰——关于世界如何运作的存在命题，常常起到为价值观和规范提供合法根据的作用（反过来，信仰又常常为日常意识、科学和宗教所合法化）；(4)表意象征（expressive symbols）——包括从石斧到磁字饰，从库拉贸易圈到宪法和斗鸡在内的物质文化的任何层面和所有方面（这些基本因素常常直接代表了信仰，并隐含着价值和规范）①。美国人类学家怀特（L. A. White）进一步指出，人所创造的象征符号是解开一切文化秘密的魔术钥匙，"全部文化（文明）依赖于符号。正是由于符号能力的产生和运用才使文化得以产生和存在，正是由于符号的使用，才使得文化有可能永存不朽。没有符号，就没有文化，人也就仅仅是动物而不会成其为人类"②。

人是在创造文化符号的活动中，通过文化符号刻下了自身活动成果的痕迹，然而单一的符号只能表示简单的意义，而在不同语境中、与不同的符号相组合，则将产生不同的意思。互文性理论（intertextuality theory）主张任何一个文本都不是孤立存在的，它与过去、现在以及将来的文本之间都有着关联，文本阐释不能仅局限于对单一文本的解读，而可以借助其他文本，拓展对目标文本的阐释维度③。"塔尔图学派"代表人物、前苏联文艺理论家洛特曼（Лотман）把文化作为符号系统与人类的思想联系起来，提出了符号域理论。洛特曼认为，文化在一定的时空环境中自我组成，脱离这个时空，文化便不复存在。洛特曼将符号

---

① 傅铿. 文化：人类的镜子——西方文化理论导引[M]. 上海：上海人民出版社，1989：13.

② [美]怀特. 文化科学[M]. 曹锦清，等译. 杭州：浙江人民出版社，1988：31-32.

③ 周平. 文化符号的辨识与《圣经》互文解读[J]. 外国文学评论，2010(2)：129-137.

域视作民族文化的载体和多个符号体系的总和,包括民族文化背景、文化空间、文化环境、历史、观念、习俗等,这些符号体系以有序的层级性共存于符号空间内,信息在它们之间被传递,在这种不可逆的传递过程中,信息得以增值,从而体现出文化的动态发展和创新①。由此可见,文化首先是符号,它承载和传递的是信息,符号是信息的物化形式,也就是说,符号的内容附着于形式上,符号的所指附着于符号的能指上,信息附着于载体上②。

2008年,美国《新闻周刊》(News Week)根据美国、加拿大、英国等国家的网民投票,评选出了21世纪以来世界最具影响力的十二大文化国家,以及这12个国家文化的二十大形象符号。排名前12个国家分别为:美国、中国、英国、法国、日本、意大利、德国、俄罗斯、西班牙、印度、希腊、韩国。其中排名前三的国家的代表性符号分别为:(1)美国:华尔街、百老汇、好莱坞、麦当劳、NBA、可口可乐、希尔顿、万宝路、迪士尼、硅谷、哈佛大学、感恩节、超人、自由女神像、芭比娃娃、白宫、橄榄球、爵士乐、星巴克、沃尔玛;(2)中国:汉语、北京故宫、长城、苏州园林、孔子、道教、孙子兵法、兵马俑、莫高窟、唐帝国、丝绸、瓷器、京剧、少林寺、功夫、西游记、天坛、毛主席、针灸、中国烹饪;(3)英国:英语、白金汉宫、威斯敏斯特宫、大英博物馆、巨石阵、牛津大学、格林尼治天文台、达尔文、牛顿、莎士比亚、甲壳虫乐队、英联邦、绅士风度、维多利亚女皇、劳斯莱斯、芝华士、哈利·波特、丘吉尔、BBC、贝克汉姆。

第二节 古文化的传承载体与传播渠道

文化是人类所特有的观念形态和行为方式的集合体,其本身具有扩

---

① 郑文东.文化符号域理论研究[M].武汉:武汉大学出版社,2007:8.
② 郑文东.文化符号域理论研究[M].武汉:武汉大学出版社,2007:74.

散性。一种文化元素被创造出来,不会为创造者所独享,它必然向周围扩散,成为一种共享的东西①。文化符号承载着文化的信息和意义,是文化创造和传承的载体,是文化传播的基因和代码,传播实际上就是文化符号及其系统的意义结构的生产、解释和传播。在灿若星河的历史长河中,人类的祖先曾创造了极其丰富的文化,对社会的进步做出了巨大的贡献。身处当代的我们之所以能知晓数千年产生的神话故事和风俗习惯,并享受着先辈们创造的文明成果,是因为这些人类的古文化凭借某些实物、神话等特殊的载体传承了下来,又通过口耳相传的人际传播和报纸、图书、电视、网络等大众传播媒介得以向大众推广和普及。传承载体和传播渠道在文化的传承与创新过程中发挥了举足轻重的作用。历史上,许多文化由于地理环境的隔绝,难以接受异质文化的传播,加上其他重要的社会原因,而逐渐消亡了。如腓尼基人在公元前2000年中期在地中海东岸建立腓尼基王国,创造了光辉灿烂的文化,但由于交通不便等原因,无法与其他文化进行交流而消失了。

一、古文化传承的主要载体

文化的传承需要一定的载体,人类是通过文化符号(载体)来感知文化的存在。所谓载体,指的是一种能够传递能量和运载其他物质的物体。那么,文化载体即指能够给文化的传承增添能量,或是文化传递依托的某种具体的物质形态。文化虽然与人类的思维、精神等无形的感官活动密切相关,但是文化成果是可以通过特定的物质形态表现出来的。因此,可以将"文化"这个概念进行物化,将其视作一种特殊的物质形态。文化的持久发展和创新扩散离不开具象的表现形式,精神的内核也只有依赖其才能够熠熠生辉,才能以更加易懂的状态分享给人类,才能

---

① 张开,邓清. 感知文化差异 跨越传播障碍——扬州运河城市文化传播策略[J]. 现代传播,2010(9):21-24.

在历史的长河之中吐故纳新、衍化推进。根据古文化的传播实践，可以将文化传承的载体大致归纳为技术、组织和意识三大类型。

（一）技术在文化传承中的作用

技术指的是人类为了满足自身的需求和愿望，遵循自然规律，在长期利用和改造自然的过程中，积累起来的知识、经验、技巧和手段，是人类利用自然、改造自然的方法、技能和手段的总和。具体来说，工具（如农业工具、手工工具、生活用具、交通工具、交易工具等）、兵器（如弓箭、剑、戈、盔甲、镞、戟、弩机、匕首、矛等）、服饰（如服装、配件、装饰品等）、食物（如种植、采集、驯养、渔猎等）等与古人日常生活休戚相关的技术不仅可以更加高效地为人类的生活带来方便，促进人类的生产生活，而且凝聚了人类的智慧和劳动过程，留下了人类生活的痕迹，技术本身就是文化。如远古时期人类的狩猎、种植以及钻木取火和烹饪都是技术的一种，古代中国的四大发明、西方的印刷术与造船术、三次历史性的工业革命产生的成果都是技术，这些无疑给人类的生活提供了更加高效便捷的方式。与此同时，也在潜移默化之中对人类的文化传承产生了深刻的影响。

技术为各种文化符号的流传创造了条件，尤其是为各种具体的物质形态和特定文化形态的扩张发展提供了高效的途径。文化依托于各种技术之上，将无形的思维活动具象为更加便于理解的物质状态。中国的四大发明对文化的传承产生了深刻的作用。造纸术与印刷术和文化的关系最为密切，两者的出现使文化符号——文字有了更加海量化的存储方式和简便化的记录形态。各种轻便易携带的纸质书籍大量出现，丰富了不同地域之间文化的交流，也使文化的传播和普及有了具体的载体。概而言之，技术作为文化的一种载体，确实对文化的传承有着不可替代的作用和意义。

（二）组织在文化传承中的作用

这里的"组织"不是生物学层面由许多形态和功能相同的细胞按一

定的方式结合而成的集体，而是指由诸多要素按照一定的宗旨和系统建立起来的系统。都城、宫苑、村落、墓地、坛庙、陵寝、衙署、府邸等是一座城市的历史符号，对了解当时的文化关系有重要价值。中国古代都城是中华历史文化宝库的组成部分，是中华民族精神文明和物质文明的结晶。古代的都城一般都是国家政权的所在地，或民族、农民、偏霸政权的所在地，即其政治中心和经济文化中心。不同时期、不同民族在都城营建时，深受当时的社会环境及本民族文化的影响，呈现出许多不同的时代特征。西安半坡遗址和临潼姜寨遗址表明，在距今大约五六千年前的仰韶文化时期，村落已有了合理的布局，以适应集体生活的需要。为了防备猛兽的突然袭击，开始挖环绕村落的壕沟，作为防御设施。到了距今四五千年前的龙山文化时期，由于部落之间已发生掠夺战争，为了防备其他部落的突然进攻，各部落开始用城墙作为防御工程，产生了最原始的城堡。随后，历朝历代对都城的建筑布局及功能拓展都有了一定的发展，如西周以前的都城只是政治、军事中心，而这时的一些大都城除了是政治、军事中心外，还是经济、文化的中心。

第一，组织之中诞生特定的文化形态。组织的个体之间不是相互孤立的，彼此之间具有深刻的联系和等级的差异。这些联系和差异使各个元素之间产生交流和互动，不仅是肢体上的，而且是思维层面的碰撞。思维的交汇便是某种文化出现的前提。从原始时期的聚落到封建社会的君主制国家再到近代的资本主义国家和社会主义国家，都是大型组织不断演变的形式，这些组织创造了与众不同的文化。比如，汉代上林苑宫苑的空间布局尊崇礼制建筑的中轴对称、前朝后庭、烘托主体建筑、高台楼观居多等特征，并反映出秦汉时期典型的"法天象地""求仙敬神"思想意识，宫殿区与园区分区明显，并出现了"复道、阁道、甬道"这种构思巧妙的立体交通方式，体现了朴实性和实用性的布局原则，符合其作为中国早期皇家范围的特点。此外，文化因素、神仙思想等也是影响宫殿分布的主要原因。

第二，组织的适应性可以为文化的发展创新提供动力和契机。组织处于一个动态的环境之中，其必须具备顺应时代发展所需要的适应性。因此，诞生在其中的文化也必须与时俱进，不断创新，才能不被时代所淘汰。纵观人类历史，从原始社会、封建社会、资本主义社会到社会主义社会，是一个组织系统在发展结构上作出改变以适应生存环境的过程。社会组织的进步也带动了其中文化的升级更新。近代中国，在长达几百年的闭关锁国之后，远远落后于西方国家，伴随西方列强的坚船利炮，先进的资本主义制度进入中国，中国逐渐从封建社会沦为半殖民地半封建社会，生发于其中的封建文化也逐渐被资本主义文化所冲击。小农思想、传统的儒家理念慢慢脱节于新的社会组织，民主、科学、自由的文化观念成为时代的主流文化浪潮。中国的文化传承不自觉地经历了一个去粗取精、推陈出新的历程。优秀的传统文化被保留下来，同时先进的时代文化也被融入其中。由此可见，组织的适应性为文化更加健康地传承和创新带来了动机。

第三，组织的自我调控性和平衡性是文化传承的重要保障。组织是一个有一定目标的有机体，组织的活动受到其目标的控制，并且可以对自己的行动做出调节以达到目标。正因为组织具有明确的发展目标，这个目标对其中的文化也有一定指向作用。当下，中国社会倡导社会主义核心价值体系和谐可持续的发展观念，故而，文化也朝着这个方向演进。传统文化中宣扬持续和谐的内容就被广泛地宣传，富强、民主、文明、和谐、自由、平等、公正、法治、爱国、敬业、诚信、友善等文化观念成为时代新风尚。与此同时，平衡性也指一种自我维持，组织要想保持生存，其中一个任务就是维持一定的平衡。组织对于变化和变异只是有限度的容忍，否则就难以维持自己，并最终垮掉。组织的这种特性使得文化也保持一定的平衡性。文化在发展传承的过程之中，会遇到外来文化的冲击和影响，其他组织的先进文化可以借鉴，但是固有文化中的精髓也必须得到很好的传承和弘扬。如若数典忘祖，过分崇洋媚外，就会导致文化的传承出现失衡断裂的现象。故而，组织的平衡性保证了优秀传统文化传承的稳定性和持久性。

第四，组织的相互作用机制对于文化传承过程中吸收新内容和对外宣传具有重要作用。一个有生命力的组织一定是开放的，并与所生存的内外环境发生相互作用。它们不仅需要接受来自外部的有机能量，也要往外释放自己的物质与能量，从而呈现一种良性互动的态势。组织中的文化自然会随着其一道吸纳其他文化的有益成分，将其融入自身。同时也会不断调整自身，以最好的姿态向外界展示自身，以获得更多组织的接受和赞扬。文化在一收一放之间积聚着自身的优势，为今后持续地延续积蓄着更大的力量。

（三）意识在文化传承中的作用

意识是生物体基于对外界的感知，从而通过各个接收器官形成脑电流传送给大脑的一个电流交换的表现，意识是形成记忆的基本组成部分。在文化研究领域，意识主要是指人类生产或创造的精神层面的东西，包括艺术(如建筑、绘画、音乐、雕刻等)、礼制(如礼器、丧葬制度等)、宗教(如祭祀、教义等)、竹简(牍)、文学等。这些意识层面的东西不是人脑中固有的，而是对客观存在的社会现实的反映，源于现实生活。比如河姆渡的黑陶文化、古中国的诗词歌赋、西方国家的新浪漫主义流派，以及马克思的共产主义思想等都是诞生于特定的组织环境之中的。卡西尔把语言、艺术、宗教、科学这些符号对文化的价值，尤其是对建设理想世界的力量推崇到了极致。意识对于文化传承的作用主要表现在以下两个方面：

首先，文化中的核心价值需要以意识形态作为依托得以持续传承。一个国家或民族的意识形态体系往往是根深蒂固的，对本系统内的个体的思想观念具有一定的规范和限定。主流的意识形态会与文化中的核心价值相互匹配，从而从侧面加固这些价值取向，令文化中最重要的内容更稳固地延续下去。

其次，社会意识形态的整合功能对于文化的传承也有一定的凝聚作用。社会意识形态可以对社会关系与思想文化产生聚合和统领的效果。

文化相比于政治而言属于公共领域，本质上是由一定的经济基础决定的。在一个社会中，经济成分绝对不止一个，如若所有的经济成分都支持一种特定的文化，那么，必然社会中的各种文化现象会层出不穷，良莠不齐的文化环境会给文化的传承带来困扰。但是，在主流社会意识形态的聚合之下，主流文化会获得更大的发展优势，同时，非主流的文化也会朝着主流文化的方向靠拢，形成一种和谐共生、相互补益的健康态势，总体上，对于文化的传承起着巨大的作用。

二、文化传播的主要渠道

传播媒介是文化传播实现的一个重要条件，一般来说，不同类型、不同模式的文化，其观念各不相同，即便是同一文化类型内部，也有不同的文化因素①。

文化传播是指人类文化由源地（中心）向外辐射传播信息流或由一个社会群体向另一个社会群体的扩散过程，是信息流在空间上的移动，这种信息流向的中心法则遵循"人脑→文化→教育→生产→社会"的传播逻辑②。文化的形成过程及其成果存在于多维度的文化空间之中，并在单向度、历时性的文化时间中行进着，表现出不同文化之间的共通性和差异性③。由于文化的差异性，特别是文化传统差异、政治文化和价值观差异、宗教信仰差异，以及对文化意义符号系统、社会关系及其重要性的不同理解等，往往引发国际传播中的文化"敏感性"和传播"排异性"问题，造成国际传播的文化困境，如文化焦虑与文化冲突等④。文

---

① 谢建明. 文化传播：模式及其过程[J]. 南京师大学报（社会科学版），1994(2)：120-122.

② 窦文章. 文化传播的空间基础及模式分析[J]. 人文地理，1996(4)：64-67.

③ [美]拉里·A. 萨默瓦，理查德·E. 波特. 文化模式与传播方式——跨文化交流文集[M]. 麻争旗，等译. 北京：北京广播学院出版社，2003：28.

④ 刘肖，蒋晓丽. 国际传播中的文化困境与传播模式转换[J]. 思想战线，2011(6)：108-111.

化传播的渠道大致可以分为大众传播媒介、战争、商贸活动等。

(一)大众传播媒介是古文明传播的重要渠道

无论是古埃及、古印度还是古希腊的文明，都依托于一些具体的物质形式以获得更好的传播效果。书籍、建筑和技术发明是最为典型的。这些载体能够帮助庞大而繁冗的文明以更加明确和微观的形式得到传播，会使某种文明的传递更加便捷和具有针对性。古巴比伦的《汉谟拉比法典》、古印度的泰姬陵、古希腊的巴特农神庙以及古中国的四大发明都是文明传承的成功载体，对这些文明的延续和发展产生了深刻的影响和意义。

(二)战争加速信息流动和文化扩散

列宁说："战争使最文明的、文化最发达的国家陷于饥饿的境地。不过从另一方面来看，战争这一巨大的历史过程又空前地加速了社会的发展。"战争和征服是古代文明传承的一种独特的形式。通过战争和征服，一个民族或国家可以获得更大的领土，并且能够支配更多的人民。这种支配不仅是经济和政治上的控制，也会带来文化上的统治。这对于文明的传承主要有三个方面的好处：

第一，有利于为战胜民族的文明带来更加稳定和有益的传承环境与条件。在一场战争之后，往往会迎来相当一段时间的休养生息，这就为古文明的传递和发展营造了更加安全和平稳的社会环境。同时，被征服民族的经济、政治财富均会被战胜民族所利用，从而为文明的延续提供了有利的外部条件。

第二，有利于战胜民族文明的扩张性传承。战胜民族不仅可以在经济和政治上控制被征服的民族，同时，其内部的文化也会随着领土疆域的扩大而被更多的人类所接受和认同。文明作为文化中的积极成果也必然会被传播到更加广阔的范围里，会有更多的人被文明所熏陶。这些被征服民族的人类也就自然成为了文明传承的践行者，必然会给文明的传承带去更多的力量。

第三，有利于古文明的融合创新性传承。其实，战争不仅仅只是带来经济和政治上的支配，文化上的交融也是必然的。被征服民族的文化在某种程度上也会对战胜民族的文化产生一定的反作用。其中的优秀文明成果会被战胜民族的文明所吸纳，从而实现不同文明的融合、借鉴和交流。这就丰富了原有文明的内容，甚至融汇之后的文明可以相互补充，取长补短，从而达到一种创新性传承的效果。

（三）商业贸易是古文明传承的一种间接但有效的形式

如果说战争是相对暴力的一种文化传承方式，那么商业贸易就是相对和平的一种手段。商业贸易的主要目的是为了获取利润，但是在贸易往来的过程中，商人必然要进行地域的活动，除了商品和财富的流动，也会涉及文化的交流和联通。不同的文明成果既可以以商品的物质形式进行扩散，思维层面的文明内容也能够相互吸收和传播。比如，中国古代开辟的丝绸之路就是古文明通过商业贸易进行有效传承最为典型的例子。张骞通过丝绸之路，在物质上将中国的文明成果——先进的丝织品和铸铁技术传到西亚甚至更远的欧洲。同时，古印度的佛教哲学和古希腊的雕刻艺术也传入了中国，对后世中国文化的影响非常巨大。在张骞走过丝绸之路后，不断有商人也走上这条路进行贸易，在贸易的过程中，古文明的物质和文化成果都获得了很好的传递和扩散。同时，外界的文明与本民族的文明形成交汇，相得益彰，使得古文明的传承不是简单的历时性的代际继承，同时也是创新性继承、发展性继承。

第三节　符号文化创新与文化产业发展

文化符号是文化形态的某种承载体或表现形式，是特定文化形态的内容、意蕴、特征和关系的抽象标志。符号文化作为一种文化形态，也可以通过多种文化符号加以表示。从一定意义上说，符号文化与文化符号的关系是内容和形式的关系，文化以符号形态表现，使文化内容得以有效反映和广泛传播；符号产生文化意境并存在于文化意境之中，它是文化的简洁、形象的表现方式①。传承和弘扬传统文化，扩大文化符号的精神影响力，不仅要加强对文化遗产的保护和宣传推广，还要深入挖掘文化符号中蕴藏的附加价值，激励以文化符号、民族文化为要素的产品的商业策划和创意开发，以符号文化创新推动文化产业发展，最终实现文化效益和经济效益的双赢。

一、文化与符号经济

文化与经济，作为社会发展的两大核心元素，相辅相成、缺一不可。有学者认为，"一切的文化，除了物质的形式之外，都是以符号的形式而存在的"②。文化以符号形态出现，并渗透到人类所创造的一切物质产品和精神产品之中。近年来，随着经济与文化的日趋融合，以"符号"的生产、交换和消费为基础的符号经济时代已经到来，文化的符号价值得到了前所未有的凸显③。美国学者彼得·德鲁克率先提出符号经济（symbol economy）的概念，即"资本的运动，外汇率以及信用流通"④。符号经济是一种非物质经济，其最大特点不外乎三点：其一是神话般的惊人效益，其二是基本不消耗自然资源和高度节能，其三是高

---

① 刘勇. 符号文化创新与文化产业发展[J]. 中州学刊，2010（6）：115-119.
② 俞建章，叶舒宪. 符号：语言与艺术[M]. 上海：上海人民出版社，1988：1-29.
③ 陈亚民. 符号经济时代文化产业品牌构建战略[J]. 经济社会体制比较，2009（4）：188-191.
④ [美]彼得·德鲁克. 管理的前沿[M]. 许斌，译. 北京：企业管理出版社，1998：38.

度环保①。在现代社会，符号正在成为影响实体经济活动效率的最为重要的因素之一，无论是在日常消费还是观光旅游等经济活动中，文化符号对人们都有着超乎寻常的吸引力和引导作用。比如在法国卢浮宫，游客会不自觉地被《蒙娜丽莎》这一特殊的景观符号所吸引；去湖北省博物馆，游客一定会去看那里的四大镇馆之宝：越王勾践剑、曾侯乙编钟、郧县人头骨化石、元青花四爱图梅瓶。

加强对符号经济的创意开发，不仅可以启发民族文化自觉、文化自信，增强民族文化的国际竞争力，还能在一定程度上拉动社会经济的增长。随着社会对传统文化的日益重视，人们的文化自觉和文化自信不断提升，文化的符号属性也得到凸显，传统节日及其相关的文化元素正日益成为满足人们多样化需求的价值载体。每逢传统佳节，不少商家会打出"文化"牌，各地"民俗一条街"长达数百米，呈现了捏泥人、绢花绢人、剪纸、糖人、变脸等诸多传统文化。民俗节日之所以能够作为民族文化的物质载体，是因为节日物质的、非物质的内涵都是民族文化内涵的体现，是民族文化的代表。在中国诸多传统佳节中，春节是文化底蕴最为丰富的民俗节日之一。伴随着节日经济的不断发展，春节这一传统民俗文化正衍生出巨大的生命力：春节文化元素在越来越多的产品上得到体现，这些产品不单是对文化符号的简单呈现，而是通过深入挖掘春节的文化内涵和外延，对文化元素进行个性化、时尚化的演绎，使其符合当代大众的审美趣味，同时满足人们对品质和品位的追求。事实证明，与文化符号紧密关联的创意产业正以高于传统产业 24 倍的速度飞速增长，每天为世界创造着 220 亿美元的价值，成为众多发达国家的支柱性产业之一②。

符号消费观念是在某种符码之下，以差异化的符码作为媒介所进行

---

① 叶舒宪. 符号经济与作为非物质文化遗产的"七夕节"[J]. 江西社会科学，2005(10)：23-28.

② 叶舒宪. 引言：文化符号如何产出经济[M]//文化与符号经济. 广州：广东人民出版社，2012：4.

的文化行为，它的产生是人类社会发展的必然结果。法国社会学家皮埃尔·布尔迪厄认为，文化实践为个人或者群体的利益所驱动，文化的生产、消费、传播、积累、继承等诸环节，可以依照一种实践的符号经济学来加以研究。他在《言语意味着什么——语言交换的经济》一书中指出，"语言交换——也是一种象征性权利的关系，言说者之间或者各自的群体之间的权力关系正是通过它才得以实现"①。事实上，"文化"要转换成"财富"，必须借助符号化的形塑与成功的市场行为。《哈利·波特》《指环王》《阿凡达》等畅销书和影视作品的成功，除了极具视觉冲击力的特效外，其背后还蕴藏着深刻的文化旨趣、巧妙的符号隐喻和自觉的文化提炼过程。随着社会经济的发展和人们生活水平的日渐提高，符号消费不断嵌入现代社会并发挥着越来越重要的作用，从而成为现代社会不断分化的又一道景观②。

二、符号文化与文化遗产

"遗产"(heritage)一词原是法律范畴的名词，意指一代可以传给后代之物。随着人类认知自我和了解历史之需要，"遗产"被引入文化层面。1972年，联合国教科文组织(UNESCO)在第17届会议上通过了《保护世界文化和自然遗产公约》。该公约将"文化遗产"(cultural heritage)定义为："①古迹：从历史、艺术或科学角度看，具有突出的普遍价值的建筑物、碑雕和碑画，具有考古性质成分或结构的铭文、窟洞以及联合体；②建筑群：从历史、艺术或科学角度看，在建筑式样、分布均匀或与环境景色结合方面具有突出的普遍价值的单立或连接的建筑群；③遗址：从历史、审美、人种学或人类学角度看，具有突出的普遍价值的人类工程或自然与人联合工程以及考古地址等地方"。文化遗

---

① [法]皮埃尔·布尔迪厄. 言语意味着什么——语言交换的经济[M]. 褚思真，刘晖，译. 北京：商务印书馆，2005：6.
② 孟庆艳. 符号消费观念的当代价值[J]. 哲学动态，2011(11)：68-73.

产可以分为有形遗产和无形遗产,即物质文化遗产和非物质文化遗产,其在形成过程中具有文化物、文化遗物、文化财产三重标志性身份①。所谓物质文化遗产,主要是指具有历史、艺术和科学价值的文物,包括"可移动文物"(主要指历史上各时代的艺术品、文献、手稿、图书资料、代表性实物等)和"不可移动文物"(主要指古文化遗址、古墓葬、古建筑、石窟、石刻、壁画等)②。非物质文化遗产作为人类文化遗产中与物质文化遗产相对应的一个范畴,是指人类集体、群体或个人创造的以非物质方式被后代所认可与继承的文化财富③,包括各类戏曲和相关的面具、道具、服饰制作工艺;民族、民间舞蹈、节日舞蹈、祭祀舞蹈、礼仪;民族、民间音乐以及乐器制作工艺;各种民间美术、传统工艺、手工艺,如织染、刺绣、雕刻、陶艺、剪纸、年画,以及与上述文化表现形式相关的文化场所等。

　　物质文化遗产中蕴涵着作为文化符号的价值,这种文化符号的表征是"有形遗存",它们总以物质具象的方式展现,而它的意义则主要体现在它的文本组成要素之间,以及文化符号要素单位之间的对比或对立关系中。尽管物质文化遗产与文化是两个互不统属的范畴,但每个物质文化遗产都是一个文化个体,文化作为属性寓于其中,使每个遗产都成为显现出不同文化特征的物质载体。非物质文化遗产是一个民族的民族精神、民族情感、个性特征以及凝聚力与亲和力的重要载体,它所承载的是整个民族的文化记忆与文化精神。作为承载人类文明特定意义的文化符号,非物质文化遗产以其持有的文化表现形式蕴含着各个国家、地区的各种民族持有的精神价值、思维方式、想象力和文化意识,是文化

---

　　① 晁舸,王建新. 逻辑语境下的文化遗产概念研究[J]. 西北大学学报(哲学社会科学版),2014(3):38-44.

　　② 罗明. 画图成意·画图成都:历史文化资源的文化符号与文化产业创意[M]. 成都:巴蜀书社,2010:43.

　　③ 宋俊华. 非物质文化遗产概念的诠释与重构[J]. 学术研究,2006(9):117-121.

意义的另类彰显。随着全球化、现代化的进程,中国与世界上其他国家一样,许多具有历史与文化价值的建筑群都面临着急剧消亡的厄运,一些民间、民俗文化的传承甚至已经断脉,比如云南纳西族民间乐手相继谢世,使得纳西古乐面临绝续之虞。面对文化遗产遭遇的严重危机,由民间协会组织的类似于"中国民间文化遗产抢救工程"也相继出现。2014 年,中央财政安排国家重点文物保护专项资金 75 亿元,支持大遗址保护、国家重点文物保护和红色旅游经典景区革命文物保护等;同时,安排非物质文化遗产保护专项资金 6.63 亿元,支持国家级非物质文化遗产名录项目抢救保护、资助国家级非物质文化遗产传承人开展传承活动等。

随着非物质文化遗产保护研究的不断深入,"如何才能真正保护这些具有文明传承意义的文化?""非物质文化遗产能否进行产业化运作?""产业化对非物质文化遗产的保护和发展到底是利多还是弊大?"等议题成为社会各界争论的焦点。注重经济效益的一方主张将非物质文化遗产推向市场进行商品化开发利用,认为"文化遗产今后应向文化产业转化,一旦形成品牌效应,将推动旅游业等产业的发展,这将是保护文化遗产的一条有效途径"①。而强调原生态保护的反对者则认为,产业化"不仅不能'复兴'一个崩解中的文化活体,反倒只能加速它的死亡"②。一部分持折中观点的学者认为,产业化的操作方式是一柄双刃剑,一方面将这些传统文化的东西导入了现代社会,一方面又因为经济利益的驱动形成了一种建设性的破坏,让这些东西失去了本色,只有在保持这些传统文化的基本因素的基础上融入符合当代审美情趣的因素,这样的保护才是真正的发展和传承③。非物质文化遗产的产业化,就是利用非物质文化遗产的象征性(即其符号性),增加与之相关的文化产品的附加

---

① 王燕琦. 非物质文化遗产亟待抢救保护[N]. 光明日报,2002-01-20(14).
② 陈岸瑛. "人类口传及无形遗产"——保护什么? 如何保护? [J]. 装饰,2003(3):5-7.
③ 非物质文化遗产的产业化之惑[N]. 中国文化报,2006-02-23(3).

价值。毋庸置疑，产业化运作确实盘活发展了文化遗产，使非物质文化遗产重新焕发了生机和活力，如大型原生态歌舞集《云南映象》成功的背后，不仅是舞台艺术的积累和发展，还有在它背后的将民族、民间文化资源进行产业化运作的模式。有学者认为，产业化运作并非洪水猛兽，只要运用得当，产业化运作也是保护和发展非物质文化遗产的重要手段①。

三、符号文化创新与文化创意产业发展

文化以符号的形态出现，并渗透到了人类创造的一切物质产品和精神产品之中。符号文化不仅是孕育文化产业的土壤，同时也是文化产业赖以发展的重要资本，凸显符号文化价值的文化消费能为文化产业的发展带来巨大的经济效益和社会效益，对文化产业发展具有推动作用②。文化符号是特定文化形态的内容、意蕴、特征和关系的抽象标志，作为符号文化表现形式的文化符号包含丰富的文化意蕴，文化遗产中蕴含的所有文化符号均可以成为发展文化产业的文化资源。将非物质文化遗产所蕴含的丰富的文化符号引入产业化，不仅可以为文化产品增加附加的符号价值，还能够更好地宣传、发展和保护这些文化符号，从而实现保护非物质文化遗产的最终目标。在文化符号向文化资本转化的过程中，我们不仅需要深入挖掘文化符号的丰富内涵和附加值，将文化符号中独特的文化元素、文化理念、文化精神提炼出来，还需要依托各类文化符号资源的创意开发和创新利用。在某种意义上，文化产品的符号价值决定了文化产业的发达程度，即某一国家或地区文化产品的符号价值越高，则其文化产业越发达，反之亦然。人的智慧、灵感和创意是万物的源头，符号文化转换成文化产业始终绕不开"文化符号→创新发展→文

---

① 李昕. 论非物质文化遗产保护产业化运作的可能性——从非物质文化遗产的符号价值谈起[J]. 贵州民族研究，2008（2）：68-73.

② 刘勇. 符号文化创新与文化产业发展[J]. 中州学刊，2010（6）：115-119.

化产品→文化产业"这个发展阶段，或者说这是必经之路①。

文化产业与创意产业在某种程度上是内涵和外延等同的概念，文化创意产业(cultural and creative industries)是文化产业和创意产业的集合体。天津市创意产业协会会长樊月龙认为，"广义的创意产业指文化创意产业，狭义的创意产业指运用创造性智慧进行研究、开发、生产、交易的各种行业和环节的总和"②。在联合国教科文组织的产业分类中，文化产业被定义为"按照工业标准生产、再生产、储存以及分配文化产品和服务的一系列活动，以艺术创造表达形式、遗产古迹为基础而引起的活动和产出"。文化产业的首要和重点内容都是文化，文化符号是又一重要前提和核心。文化产业的发展需要文化造势和符号的先行流传，因为某种文化符号广泛传播能够使大众对特定文化逐渐形成一种普遍认知和理解的能力，这种认知和理解是特定文化产品和文化娱乐活动被社会消费大众所接受的主观心理因素，对文化产业的发展具有潜在的深远影响。而特定文化及其符号流行的先决条件是对民族或区域内那些能反映浓郁地方文化特色并为社会大众喜闻乐见的代表性文化符号的深入挖掘和提炼。符号消费为文化差异转化为文化资本创造了条件，正如鲍德里亚所言，"要成为消费的对象，物品必须成为符号，也就是外在于一个它只作意义指涉的关系——因此它和这个具体关系之间，存有的是一种任意偶然的和不一致的关系，而它的合理一致性，也就是它的意义，来自于它和所有其他的符号—物之间，抽象而系统性的关系。这时，它便进行'个性化'，或是进入系列之中，等等；它被消费——但被消费的不是它的物质性，而是它的差异性……"③

中国是一个幅员辽阔、有着 5 000 多年历史的多民族国家，在漫长

---

① 孟荣涛. 创新文化符号 促进文化产业发展[N]. 内蒙古日报，2017-02-20(9).

② 袁辉翔. 江西创意产业可和旅游相融合[N]. 信息日报，2010-09-28.

③ [法]尚·布希亚. 物体系[M]. 林志明，译. 上海：上海人民出版社，2001：222-223.

的历史长河中，每个民族都创造和形成了自己独具特色、多姿多彩的民族传统和文化，如藏族的《格萨尔王传》、蒙古族的《江格尔》和柯尔克孜族的《玛纳斯》等，这些文化成果一直流传至今，并成为中华文化的瑰宝。然而，与中国极其丰富的文化遗产资源形成鲜明对比的是，中国不是一个文化产业强国，文化产业所创造的经济价值非常低，直到2010年文化产业增加值才首次超过万亿元。即便是在中国文化产业取得突破性发展的2016年，文化产业增加值也仅为30 254亿元，占GDP的比重为4.07%。大量数据表明，我国丰富的文化遗产资源并未得到充分、有效的开发，文化遗产资源优势未能转化成经济优势，且在文化产业发展过程中，存在着低水平供求关系与非对称结构性矛盾等问题。反观英、美等发达国家，它们在文化产业发展方面亮点频出，产业增长速度也快于国民经济整体增速：英国文化产业占国内生产总值中的比例已达8.2%，年均增速在5%以上，大大高于其他产业，其2010年文化创意产业总产值超过2 775亿美元，成为英国经济的支柱产业之一；美国文化产业年产值高达6 000亿美元，在其最富有的400家公司中，从事文化产业的企业有72家……"创新"是创意的产品，文化符号的创造是"创新"和"创意"的基石。将文化遗产资源转换成文化产业，不能仅停留在"开发"层面，更要"活化"，挖掘其深厚的文化底蕴。此外，还可以借助别国或其他民族传统文化符号进行充实和创新，以推动本国文化产业的发展。

第四节　文化资源转变为文化资本的现实途径

文化资源是一种动态的、非独占的、可再生的精神财富，其构成要素十分宽泛：从形式上，可以把文化资源划分为有形文化资源（如历史遗存遗址、特色民居建筑、历史文化名城名镇、特色服饰、民族民间工艺品等）和无形文化资源（如语言文字、文学艺术、绘画美术、音乐舞蹈、神话传说、风俗习惯、民族节庆等）；从内容上，我们可以把文化资源划分为历史文化资源、民族文化资源、宗教文化资源、地域文化资源等①。一般说来，人类发展进程中所创造的一切含有文化意味的文明成果及其承载着一定文化意义的活动、物件、事件乃至一些名人、名城等，都是某种形式的文化资源。文化资源蕴藏在历史文化传统之中，存在于社会文化现状之中，弥漫在整个物质生产、精神生产的创造过程之中，它既以一种可感的物质化、符号化形式存在，又以一种思想化、智力化、想象性的形式存在②。

  文化资本一般是指能够带来价值增量效应的文化资源，或指以财富形式表现出来的文化价值的积累，它是人文价值和经济价值渗透互融，兼具财富属性和价值属性③。"文化资本"的概念最早由法国社会学家皮埃尔·布尔迪厄在《资本的形式》一文中提出，他将资本一分为三：经济资本、文化资本和社会资本。文化资本又分为三种不同的存在状态：首先，它指一套培育而成的倾向，这种倾向被个体通过社会化而加以内化，并构成了欣赏与理解的框架，即文化资本以一种身体化的状态存在；其次，文化资本是以一种涉及客体的客观化的形式存在的，比如书籍、艺术品、科学仪器，它们对我们提出了专门化的文化能力的要求；第三，文化资本是以机构化与制度化的形式存在的④。布尔迪厄认为，通过改变性质，绝大多数的物质类型的资本（从一个意义上说是经济的资本类型）都可以表现出文化资本或社会资本的非物质形式；同

---

  ① 丹增．发展文化产业与开发文化资源[J]．求是，2006(1)：44-46.
  ② 贾松青．文化资源转变为文化资本的现实途径[R]//侯水平．四川文化发展报告(2006)．北京：社会科学文献出版社，2006：31.
  ③ 施炎平．从文化资源到文化资本——传统文化的价值重建与再创[J]．探索与争鸣，2007(6)：50-54.
  ④ [美]戴维·斯沃茨．文化与权力：布尔迪厄的社会学[M]．陶东风，译．上海：上海译文出版社，2006：88-89.

样,非物质形式的资本(如文化资本)也可以表现出物质的形式①。

文化资源是文化资本的基础、前提、来源,文化资本是文化资源实现产业化的结果和价值体现,二者互为因果,推动着文化生产力的发展②。文化产业发展的实质就是将文化资源不断转化为文化产品、文化服务的资本增值过程,可以采取以下策略推动文化资源向文化资本的转变。

一、重视对当地文化资源的挖掘整合与保护利用

我国幅员辽阔,具有悠久的历史文化传统和丰富的文化遗产资源,但由于多方面原因,全国各地许多物质文化资源遭到不同程度的破坏,大量弥足珍贵的民族民间特色文化形态正逐渐从人们的日常生活中消失或濒临灭绝,一些民间传统技艺甚至陷入后继乏人的窘境。从宏观的视角看,包括"传统节日""非物质文化""少数民族文化"等在内的诸多传统文化所遭遇的式微和传承难题,无不是受其偏安一隅或对文化遗产重要性认识不足等观念的影响。鉴于此,我们不仅要做好当地文化资源的普查工作,对各类文化资源进行系统梳理、分类整理,明确可供开发资源,而且要重视对地方特色文化资源的传承保护,赶在那些文化遗产被遗忘、遭损坏、濒临消失前加以传承和保护,并对已经遭到损毁的古迹遗址进行修复。在此基础上,还要深度挖掘文化资源的时代内涵,重新赋予其新的时代意义,以市场为导向、以品牌为核心,通过市场化运作实现文化资源的潜在经济优势向现实经济优势的转化,并将文化以思想资源、智力资源的形式直接渗透、融入经济活动之中,以增加和体现文化附加值的形式将文化思想和智力智慧转变为经济价值,实现文化资源

---

① [法]皮埃尔·布尔迪厄. 文化资本与社会炼金术[M]. 包亚明,译. 上海:上海人民出版社,1997:190-191.
② 贾松青. 文化资源转变为文化资本的现实途径[R]//侯水平. 四川文化发展报告(2006). 北京:社会科学文献出版社,2006:35.

的优化配置和再生产。此外，在做好市场调研、评估和规划的基础上，还要高度重视文化资源的保护，加大对零散文化资源的有效整合和对现有公认文化资源的精心打造，不断挖掘和创新文化资源，最大限度地发挥文化资源的经济价值和社会价值。

二、加大对特色文化产业的政策与资金扶持力度

特色文化产业是指依托各地独特的文化资源，通过创意转化、科技提升和市场运作，提供具有鲜明区域特点和民族特色的文化产品和服务的产业形态。发展特色文化产业对深入挖掘和阐发中华优秀传统文化的时代价值，优化文化产业布局，发挥文化育民、乐民、富民作用，具有重要意义。国家的文化产业政策，对维护文化主权、实施文化强国战略具有重要的引领和规范作用。西方发达国家之所以文化产业发展势头强劲，与其不失时机地出台政策法规、不断健全文化产业政策体系密切相关。例如，法国政府对文化事业及相关产业给予不同形式的财政支持或赞助，主要形式有三种：一是中央政府直接提供赞助、补助和奖金等；二是来自地方财政支持；三是政府通过制定减税等措施鼓励企业为文化发展提供各类帮助①。我国各级政府也可以借鉴国外在文化产业发展方面的经验模式，立足本土文化资源，加大财政、税收、金融等方面对文化产业发展的支持力度，把特色文化产业发展工程纳入中央财政文化产业发展专项资金扶持范围，通过财政资金的杠杆作用，把文化资源优势转变为产业优势、经济优势，构建具有鲜明区域和民族特色的文化产业体系。政府还可以给予文化市场自由宽松的法律环境，通过政策红利、资金扶持和组织非物质文化遗产评选等方式吸引社会各界人士对传统文化价值的关注，依托优秀演艺、影视等资源开发文化创意产品，延伸相

---

① 《红旗大参考》编写组．深化文化体制改革 推动社会主义文化大发展大繁荣大参考[M]．北京：红旗出版社，2011：238-239．

关产业链条,助推我国文化产业的大发展、大繁荣。

三、提升高新技术与创意设计对文化资源的转化

近年来,随着移动互联网与数字技术、网络信息技术的裂变式发展,科技与文化融合的态势凸显,高新技术在提升文化创新能力、催生文化新业态等方面正发挥着日趋重要的支撑和引领作用,已成为促进文化发展的新引擎。党的十七届六中全会通过的《中共中央关于深化文化体制改革、推动社会主义文化大发展大繁荣若干重大问题的决定》已经将推进文化科技创新作为加快文化产业发展,推动文化产业成为国民经济支柱性产业的一个重要方面,并明确指出:"科技创新是文化发展的重要引擎,要发挥文化和科技相互促进的作用,深入实施科技带动战略,增强自主创新能力。"文化与科技融合的本质是高新科技向既有文化的选择性切入,主要通过"技术集成"和"模式创新"表现出来。将高新技术与文化艺术进行有机结合,可以让古老的民族艺术在当代焕发出新的活力。因此,在文化资源向文化资本转化的过程中,要充分运用创意和科技手段,注意与产业发展相结合,推动文化资源与现代生产生活相融合,既传播文化,又发展产业、增加效益,实现文化价值和实用价值的有机统一。具而言之,就是要依托高新技术培育一批科技与文化融合的新品牌和文化创意产业,促进文化创意产品开发的跨界融合,基于创新文化资源的展示方式来提升体验性和互动性。还要做好数字文化、文化信息资源库等项目的建设,用好各类已有文化资源共建共享平台,面向社会提供知识产权许可服务,促进文化资源社会共享和深度发掘利用。事实上,传统文化在走向现代化的过程中,也需要凭借现代化的载体和手段。

四、注重对文化创意产业复合型高端人才的培育

文化创意人才是以自主知识产权为核心、以"头脑"服务为特征、

以专业或特殊技能为手段、具有创意且善于经营和管理的综合性人才，他们富于想象和创新，乐于接受有创意的工作，不愿意接受条条框框的束缚，倾向于宽松自在和公平竞争的工作环境，且工作有较大的流动性。一般来说，"创意阶层"都是受过高等教育的知识分子，他们能创造性地运用一套复杂的符号体系，能对国家和地区的经济发展起到举足轻重的作用①。在文化创意产业中，人才是文化创意产业的核心竞争力，由高端文化创意人才的思想、知识、文化、技能和创造力等各方面所构成的创意，是实现文化创意产业增值的重要源泉。换言之，"创意阶层"对文化符号的提炼和运用程度，以及随之形成的符号经济，是在现代化走向窘困之际能替代工业、制造业的新经济引擎②。党的十八大报告指出，"要发展新型文化业态，提高文化产业规模化、集约化、专业化水平"。然而，囿于原创型人才短缺和人才的结构性失衡等因素，我国的文化创意产业发展受到了一定的制约。作为文化产业发展的核心推动力量，培养大批懂技术、有创意和善于经营管理的各类新型人才对于文化创意产业快速健康发展的重要性日益凸显。因此，高校和文化产业界要注重对文化创意产业复合型高端人才的培育，通过产学研一体化等措施为业界培养创意英才，实现创意人才的可持续发展。

---

① Richard Florida. The Rise of the Creative Class: And How It's Transforming Work, Leisure, Community and Everyday Life [M]. New York: Basic Books Press, 2004.

② 叶舒宪. 引言：文化符号如何产出经济[M]//文化与符号经济. 广州：广东人民出版社，2012：4.

第一章　荆楚文化的内涵及符号提炼

2014年，随着纪录片《楚国八百年》在中央电视台和湖北卫视的同步热播，楚文化奇谲瑰丽的神秘面纱也被层层揭开。作为全面展现楚文化起伏历史以及王朝变迁的画卷，《楚国八百年》通过《初生》《觉醒》《受挫》《称霸》《歧途》《劫难》《变革》《涅槃》8个篇章，辅以"情景再现"的影像呈现方式，系统、生动地讲述了楚国800年波澜壮阔的历史兴衰，打捞起失落已久的楚文明，成功唤起了普罗大众对楚文化的浓厚兴趣——该片豆瓣评分高达8.3分（满分10分），在首播4个多月后又被央视复播，成为2014年度热门纪录片之一。《楚国八百年》在重现楚国辉煌灿烂的文明历程的同时，也引发了人们对于楚文化与中华文明的思索：什么是楚文化？它与华夏文明是什么关系？楚文化在中华文明的发展过程中处于什么样的地位，又扮演着什么样的角色？楚文化的代表性元素有哪些？

中国的原始文化是多谱系的，华夏民族也是多元民族融合形成的共同体，由万国而三千余国，由三千余国而千余国，由千余国而十余国，由十余国而大一统的文化经纬，反映出中国文明起源的多元性格局[1]。从大的区域范围划分，中华文明主要由以中原文化为代表的黄河文明和以吴越文化、楚文化和巴蜀文化为代表的长江文明构成。楚国先起于汉水流域，后发展到长江流域，曾一度代表中华民族的南方文明最高成

---

[1] 田昌五. 华夏文明的起源[M]. 北京：中国书籍出版社，2015：185.

就。汉水文化孕育、催生、滋润了楚文化,从而形成了文化发生学上"汉水文化→楚文化→汉代文化→中华文化"的逻辑关系,中华文化内在地存在着的"楚风汉韵"文化特质表明,汉水文化是中华文化的重要源头①。

"北有秦皇兵马俑,南有楚王车马阵",东周文化的精华大半集中在楚文化里。作为华夏民族文化的重要组成部分,楚文化吸收了华夏先民所创造的先进文化因素,并以中原商周文明特别是姬周文明为基础向前发展,反映了楚人的传统民俗、价值观念、精神思想等。在吸收、融合以及创新之中形成的楚文化,创造了辉煌的历史:中国历史上第一段长城、第一个县、第一支毛笔甚至第一把铁剑,都出现在楚地;楚国的哲学、文学、青铜冶炼、手工业文明等所达到的高度,可与世界上最具影响的古希腊文明相媲美……虽然楚国最后为秦所灭,但是其所创造的文化对于统一的汉文化的形成发挥了重要作用。楚文化不仅对我国长江流域以及东南和西南地区影响深远,还对华夏文化的丰富和发展做出了重大的贡献,整个南中国区域文化至今仍透射出楚文化的绚丽光芒。因此,要充分挖掘荆楚文化的精髓,为更好地构筑中国精神、中国价值、中国力量提供精神指引。

第一节　荆楚文化的内涵及基本特质

任何民族都是以文化为界定的人类共同体,是一个由不同文化层面结成的具有"文化丛结"关系的社会集团。回眸纪元前的许多世纪,南中国大地,在黑土地和黄土地之间,红土地与绿土地之间,悄然走出了一个新兴的民族——楚族,它不仅从事着改写古中国政治地理的宏伟事

---

① 席成孝.试论早期汉水文化在中华文化形成发展中的地位[J].安康学院学报,2009(5):5-9.

业，而且也以其卓越的奋斗改写着古华夏文化地理，其文明成就灿然于天地八荒之间，彪炳千古，永恒地闪耀着夺目的光辉①。提及楚文化，首先映入人们脑海的问题当属：什么叫楚文化？它的文化内涵和特征是什么？楚文化的发祥地在哪里？它在中华民族文化发展史上有什么特殊的贡献？事实上，上述大家关注和感兴趣的这些问题，也是将楚文化视作一个学术问题进行研究的开端。

一、荆楚文化的概念及内涵

作为春秋五霸、战国七雄之一的楚国，是由地处荆山的楚族立国而成，自西周初年周成王封熊绎于丹阳，至公元前223年被秦所灭，历时800余年。在悠久而宏大的历史长卷中，楚国经历了由弱小变为强盛以及最后衰亡的发展过程，并在殷实强盛的经济基础上创造了绚丽多彩且独具特色的楚文化。楚史通常是楚文化的一种"简称"，它既是荆楚国家史，也是荆楚民族史，又是荆楚文化史②。与楚文化源远流长的悠久历史相比，考古和历史学界对早期楚文化的研究则相对较晚。中国现代考古学家苏秉琦认为，"真正从考古学来探索楚文化，是从20世纪50年代初长沙楚墓的正式发掘开始的"③。及至20世纪80年代，早期楚文化成为中国文化历史考古专家们探索的热门课题之一。然而，对于什么是楚文化，大家却各执一词，莫衷一是。

楚文化又叫荆楚文化，因楚国和楚人而得名。有学者认为，"严格意义的楚文化是指楚人的文化而言"④。又有学者认为，楚文化是起源于黄河流域的中原文化，它同黄河流域的夏、商、周文化有着千丝万缕

---

① 刘森淼，等. 荆楚文化[M]. 沈阳：辽宁教育出版社，1992：1.
② 张正明. 楚史论丛初集·序言[M]. 武汉：湖北人民出版社，1984：1.
③ 苏秉琦. 从楚文化探索中提出的问题[J]. 江汉考古，1982(1)：3-8.
④ 俞伟超. 关于楚文化发展的新探索[C]//湖北省社会科学院历史研究所. 楚文化新探. 武汉：湖北人民出版社，1981：1.

的联系,"实际就是商周以来长江中游地区的文化","是长江中游的地区古代文化"①。其差异点似在于:不只是楚人创造的文化是楚文化,而且长江中游地区古代许多部族创造的文化都涵括在内,即"楚文化是在我国黄河流域和长江流域两大文化系统的交流融合、相互影响的基础上产生的一支主要由楚人创造的具有自身鲜明特色的开放而多元的南国文化"②。作为我国上古文化比较晚起的一支,楚文化是四方百族丰富多彩的文化在长江中游、江汉平原交流汇聚的光辉成果,是有本土基础的、开放而又多元的特异文化③。然而,苏秉琦先生在中国考古学会第二次年会上却指出,"楚文化就是'楚'的文化。这个'楚'有四个互相关联又互相区别的概念:第一,是地域概念;第二,是国家概念;第三,是民族概念;第四,是文化概念。作为一种考古学文化,楚文化的内容和特征还是一个有待探索的课题。也就是说,我们所要研究的对象究竟是什么,还是一个有待澄清的问题。我们不能简单地说,楚地、楚国、楚族的文化就是楚文化。因为前边三者是因时而异的"④。

就其涵指的基本内容而言,楚文化可以分为广义和狭义两大部类:"狭义的楚文化是着重指意识形态方面的文化;广义的楚文化应包括科学技术和物质文化"⑤。有学者进一步指出,"狭义的楚文化专指考古学楚文化;广义的楚文化则是指包括考古学楚文化在内的一切南楚文化形态,其中屈、宋的文学创作,丰富的神话传说,热烈缠绵的音乐歌舞,颇有特色的绘画;色彩艳丽、巧夺天工的漆器和丝绸,以及高度发达的采矿、冶金、铸铜工业,都是楚文化中的翘楚。它表明了想象丰富、诗人气质浓厚的南楚民族,创造了一种不同于中原理性文化和青铜

---

① 李学勤. 新出简帛与楚文化[C]//湖北省社会科学院历史研究所. 楚文化新探. 武汉:湖北人民出版社,1981:30.
② 姚汉荣,姚益心. 楚文化寻绎[M]. 上海:学林出版社,1990:153.
③ 萧兵. 楚辞与神话[M]. 南京:江苏古籍出版社,1987:2-3.
④ 苏秉琦. 苏秉琦文集2[M]. 北京:文物出版社,2009:248.
⑤ 许顺湛. 前言[M]//河南省考古学会. 楚文化觅踪. 郑州:中州古籍出版社,1980:1.

艺术的特色鲜明、瑰丽多彩的南楚文化"①。广义的楚文化是指昔日楚地疆域上从古至今所形成的文化，是一种历时性的文化，以内涵言，是物质文化和精神文化的合成，以地区中心论，又主要是指两湖文化②。楚文化不是一个单一的概念，而是两个大小套合的概念，即历史学意义上（文化史意义）的楚文化和考古学意义上的楚文化（考古学楚文化），"后者以体现在考古遗物上的为限，主要是物质文化，前者则是物质文化和精神文化的总和"③。从考古学上看，楚文化"就是中国古代楚人所创造的一种有自身特征的文化遗存"，"这种文化遗存有一定的时间范围、一定的空间范围、一定的族属范围、一定的文化特征内涵。在这四个方面中，一定的文化特征内涵是最重要的"④。有学者将荆楚文化的内涵归纳为八个方面，"一是神农炎帝文化，二是楚国历史文化，三是秦汉三国文化，四是清江巴土文化，五是名山古寺文化，六是长江三峡文化，七是江城武汉文化，八是现代革命文化"⑤。

  作为我国古代文明的重要组成部分，楚文化虽然是以江汉地区为中心发展起来的一种区域文化，但是它的影响范围却远远超越楚境，几乎遍布整个中国。有学者认为，"楚文化主要分布在湖北、湖南、安徽以及河南的部分地区"⑥，但全盛时期楚国的辖地还包括现今的重庆、江苏、江西、浙江的部分地区。楚文化是春秋战国时期与中原文化并肩媲美的华夏南北两支文化之一，它在变革过程中发挥了领新带头的作用，对南北文化融合及我国古代文化的形成和发展具有难以估量的作用——

---

  ① 姚汉荣，姚益心．楚文化寻绎[M]．上海：学林出版社，1990：154．
  ② 刘森淼，等．荆楚文化[M]．沈阳：辽宁教育出版社，1992：7．
  ③ 张正明．楚文化志[M]．武汉：湖北人民出版社，1988：1．
  ④ 俞伟超．先秦两汉考古学论集[M]．北京：文物出版社，1985：243．
  ⑤ 刘俊梅，李勇．论荆楚文化及其当代价值[J]．社会科学动态，2017(1)：64-68．
  ⑥ 黄纲正．楚文化在湖南的发展历程[C]//楚文化研究会．楚文化研究论集（第1集）．武汉：荆楚书社，1987：83．

汉代在政治体制上继承秦制，但在文化上却与楚文化一脉相承①。正如有的文化史研究家所指出的：从楚文化形成之时起，华夏文化就分成了南北两支，北支为中原文化，雄浑如触砥柱而下的黄河；南支即楚文化，清奇如穿三峡而出的长江。这北南两支华夏文化是上古中国灿烂文化的表率，而与时代大致相当的古希腊和古罗马文化遥相辉映。"②

二、楚文化的特征

文化是民族的血脉，是人民的精神家园。文化特征则是一种文化区别于另一种文化的重要标识。任何一个民族的文化都有其独有的特征，这些特征是在长期的发展过程中自然而然地形成的，并且不同程度地受本民族所处自然生态环境的影响③。正如法国艺术史家丹纳（H. A. Taine）在《艺术哲学》里所列举的，物质文明与精神文明的性质面貌都取决于种族、环境、时代三大因素，"自然界有它的气候，气候的变化决定这种那种植物的出现；精神方面也有它的气候，它的变化决定这种那种艺术的出现"④。楚文化内容广泛且类型丰富多样，创造的文化载体也各具特色，其鲜明风格的形成除了与楚人强烈的自我表现心态和立异标新的见解密切相关外，当时的社会环境、时代特征也为楚文化的诞生提供了肥沃的土壤。然而，每一种文化都有很多展示的层面，笼统地谈楚文化的特征难以揭示其博大精深的内涵。有学者将楚文化归纳为五种精神，即筚路蓝缕的艰苦创业精神、追新逐奇的开拓创新精神、兼收并蓄的开放融合精神、崇武卫疆的强军爱国精神和重诺贵和的诚信和谐精

---

① 刘和惠. 楚文化的东渐[M]. 武汉：湖北教育出版社，1995：5-6.
② 张正明. 楚文化史[M]. 上海：上海人民出版社，1987：1.
③ 僧格. 人类学视野下的蒙古狩猎文化[M]. 北京：民族出版社，2015：210.
④ [法]丹纳. 艺术哲学[M]. 傅雷，译. 北京：人民文学出版社，1963：9.

神①。也有学者认为,"楚文化的特征可概括为:兼容性、独创性、中介性和集成性"②。还有学者主张从民族精神(这种文化高度概括出的精神要义)、民族心理(在特定文化背景下形成的行为思维方式)和物质文化(这种文化的物质产品,包括作为物态形式的哲学、文学作品)等层面来阐释楚文化鲜明的区域文化特征③。

(一)民族精神层面:开放融合与革故鼎新

楚国原本是春秋战国时期局促于汉江流域的丹水和淅水交汇的丹阳一隅的"蛮夷"之邦,是弹丸之地上的一个末等小国。据《史记·孔子世家》记载:"楚之祖封于周,号为子男五十里。"④尔后,不满足于偏安一隅的楚人经过连年的南征北战与东西角逐,至战国时尽灭江汉诸姬,成为"地方五千里"的泱泱大国。楚国在不断开拓疆土的过程中,也带来了属地范围内的民族大融合。楚文化强大的开放融合性使其在保留中原华夏文明印记的同时,也不拒绝外来文化的合理因子,而是入乡随俗,与土著文化融合,不断发展和强大起来。立国并崛起于蛮夷之乡的楚人懂得,要在新的土地上站稳脚步,必须变通时势,以"吾蛮夷矣"为旗号,并以"抚有蛮夷"的开放胸襟,达到"以属诸夏"之目的⑤。《左传》曾以"筚路蓝缕,以启山林"⑥来形容当年楚国先民艰辛而伟大的建国创业情形,展现了楚人积极进取、革故鼎新、不屈不挠的楚文化精髓的恢弘气势。在民族融合过程中,楚人非常善于学习中原文化及"诸蛮"文化的长技,师夷夏之长的目的在于开拓创新,并形成自己的文化

---

① 刘玉堂,张硕. 时空视域下的楚文化——《楚文化概要·引言》[J]. 荆楚学刊,2014(1):16-21.
② 宋公文,张君. 楚国风俗志[M]. 武汉:湖北教育出版社,1995:2.
③ 刘大江. 湖北导游基础知识[M]. 武汉:武汉出版社,1999:65-66.
④ (西汉)司马迁. 史记(上)[M]. 长春:吉林大学出版社,2015:390.
⑤ 陈锽著. 超越生命 中国古代帛画综论(下)[M]. 北京:中国美术学院出版社,2012:844.
⑥ (春秋)左丘明. 左传[M]. 长沙:岳麓书社,1988:131.

特色。楚国的铜矿开采技术、青铜铸造技术，特别是青铜剑铸造技术，是在学习、借鉴吴、越人的技术基础上发展起来的①。倘若没有楚人革故鼎新、锐意创新的精神，而是单纯地模仿、搬用其他民族的文化长技，就不可能创造出一个"楚文化"来，更谈不到震古烁今的成就了。

(二)民族心理层面：崇火尚凤与亲鬼好巫

与中原文化尚土崇龙、敬鬼远神、天人相分、力主现实形成鲜明对比的是，楚人的先民不仅崇火尊凤，而且亲鬼好巫、天人合一、力求浪漫，这或许源于固有的信仰，又或是与楚作为颛顼、祝融的后裔，对颛顼祝融文化的承袭有着千丝万缕的联系，颛顼与祝融八姓的图腾大多是远古楚人图腾崇拜的对象②。据《史记·楚世家》记载，"楚之先祖出自帝颛顼高阳。高阳者，黄帝之孙，昌意之子也"。③《白虎通·五行篇》有言，南方之神"祝融"，"其精为鸟，离为鸾"，鸾即凤。楚人对凤的钟爱和尊崇，达到了无出其右的程度，"楚人以为，只有在凤的导引下，人的精灵才得以飞登九天，周游八极"④。降至春秋战国之世，在楚人的意识中，作为图腾的凤的神圣光泽已渐消退，但仍有图腾的某种象征作用和某些神秘意味。在出土的楚国文物上，凤的图像、绣像和雕像多得数不胜数，远非周代其他各国的文物可比，楚的凤虽有多种多样的体形和姿态，但都显得雍容华贵、伟岸英武，其中最奇特、最精美而且最硕大的是木胎漆绘凤雕像。有图腾信仰的人民，也有巫术信仰，而且图腾信仰总是与巫术信仰交缠在一起，他们惯于用象征或借代的手法，来表达自己的观念、欲望和理想⑤。楚国特殊的地位、历史和地理

---

① 后德俊.光耀东方——楚国的科技成就[M].武汉：湖北教育出版社，2000：2.
② 马世之.中原楚文化研究[M].武汉：湖北教育出版社，1995：37-43.
③ (西汉)司马迁.史记[M].北京：线装书局，2006：186.
④ 张正明.楚文化史[M].上海：上海人民出版社，1987：7.
⑤ 张正明，滕壬生，张胜琳.凤斗龙虎图象考释[J].江汉考古，1984(1)：96-100.

条件等，使楚人更多地保留了对鬼神的敬畏，造就了楚文化原始宗教的神巫性和瑰丽奇谲的浪漫性，楚文化中"畏鬼""信祀"的特点尤为突出，从宫廷到民间，鬼神之道倡炽，巫觋之风盛行①。

(三) 物质文化层面：青铜冶铸与文艺哲学

一种物质文化成就的获得，与它所依赖的资源状况关系紧密。楚文化的物质方面主要表现为漆器、木器及青铜器，丝织、刺绣及工艺品，郢都、宫殿及台榭建筑，帛画、壁画及屈骚庄文，编钟、琴弦及轻歌曼舞，祭祀膜拜等民俗②。其中最为突出的是青铜冶铸工艺、丝织工艺、刺绣工艺、髹漆工艺和建筑工艺。楚人利用丰富的生漆资源，创造出了光辉的"漆器文化"，又将西周时期主要用于礼器的漆制品，发展成为在社会许多领域都得到使用的日常用器。建筑是人类文明的一个重要组成部分，楚国的建筑是以木结构为主的建筑体系，在用材上喜用木材，砖、石、土材料相配合，色彩尚红、尚黑，注重与自然的高度协同，"天人合一"的思想始终贯穿于楚国建筑的设计、建造、装饰中，它所展现的是"自然与精神的统一"。楚建筑基本上反映出了楚文化的浪漫性和楚哲学的纯朴性，形成了在总的建筑视觉上鲜明的飘逸轻盈的浪漫建筑意向。作为楚国文化符号的载体，青铜器、漆器、陶器、玉器、琉璃器、金银器等形态，以及民间玩具、乐器、神像面具、生活用品、祭祀用品上都镌刻着楚国特有的文化符号。老庄哲学和屈骚楚辞也是楚文化中极具特色的代表性元素，对后世影响深远。

---

① 殷义祥，丹枫. 楚文化的特点及影响[J]. 吉林大学社会科学学报，2001(2)：93-97.
② 王毅. 江山重庆，奇迹之乡：重庆文化的壮美基调及其经济潜能[M]. 成都：电子科技大学出版社，2005：94.

(四)文化发展层面：多源性与阶段性

一个文化的产生，绝不是偶然的历史现象，而是有其源远流长的过程①。与其他伟大的文化一样，楚文化也具有区域性、多源性、阶段性等特点。对整个统一的华夏文化来说，楚文化只是一支区域文化，它同华夏文化的核心——中原文化——有千丝万缕的联系，同时，它又和南国的诸如百濮、百越、百苗、巴文化等有着不可分割的渗透和融合关系，是中原文化与"诸蛮"文化长期汇合融化而形成的产物，所以在体现其区域性的同时，又呈现出多元和综合的色彩②。也正因如此，楚文化才较多地保存了远古时期的原始遗风和瑰丽幻想，闪耀着神奇独特的光彩，特别是经过伟大诗人屈原的摄取、熔铸，创造出"酌奇而不失其真，玩华而不坠其实"的诗歌风格以及一代辞赋，标志着楚文化发展的高峰，也显示出中华民族古代文化的巨力③。张正明教授根据楚文化不同时期的发展特点，将楚文化分为五个发展阶段：(1)滥觞期(始自西周早期楚国始封之时，讫于两国之交楚国将盛之际，历时近三个世纪)；(2)茁长期(始于熊通继位，时当春秋早期的中叶，终于吴师入郢，时当春秋晚期中叶)；(3)鼎盛期(春秋战国之际，纪南城的兴衰，标志着楚文化鼎盛期的始终)；(4)滞缓期(顷襄王四传至负刍，约历半个世纪)；(5)转化期(从公元前223年秦灭楚起，到汉武帝前期止，历一个世纪有余)④。

三、楚文化的主要成就

作为区域性的古文化，楚文化的发展水平之高，影响之大，在中国

---

① 马世之.楚文化探源[C]//河南省考古学会.楚文化研究论文集.郑州：中州书画社，1983：73.
② 姚汉荣，姚益心.楚文化寻绎[M].上海：学林出版社，1990：155.
③ 巫瑞书.荆湘民间文学与楚文化——楚文化探踪[M].长沙：岳麓书社，1996：5.
④ 张正明.楚文化志[M].武汉：湖北人民出版社，1988：4-18.

文化发展史上是罕见的。一个个惊人的考古发现证明，以楚文化为代表的长江文明，与北方的黄河文明双峰并峙，甚至在许多方面，楚文化一度领先于北方中原文化。张正明教授根据现有的资料，认为楚文化主要有六个方面的成就："其一，是青铜冶铸工艺；其二，是丝织工艺和刺绣工艺；其三，是髹漆工艺；其四，是老子和庄子的哲学；其五，是屈原的诗歌和庄子的散文；其六，是美术和乐舞。假使可以把六个要素比作六根支柱，那么，楚文化的美轮美奂的高堂邃宇，正是凭借着它的六根支柱营造成功的。"①综合现阶段的考古成果及既有文献对楚文化主要成就的归纳总结，本书将楚文化的辉煌成就归纳为以下几方面：

（一）科学与技术领域

物质文化是其他一切文化的基础，楚国创造了那个时代科学技术的奇迹，这些处在世界前列的科学技术成就凝聚了楚民在利用自然和改造自然过程中的聪明才智，是楚文化的重要组成部分。楚国在铜矿的开采与冶铸、青铜制造、铁的冶炼与生铁柔化、黄金的熔炼与加工、髹漆、纺织、兵器制造等科技领域成果斐然。考古发现表明，楚国是春秋战国时期青铜器铸造最好的国家："铜器制作技术的尖端——熔模铸造工艺，唯楚国独精，其他国家都不能与楚国争美；铁器普及的关键——铸铁柔化工艺，乃楚国首创，比西方早1 700年左右"②。髹漆也是楚国独有的长技，制作精美的楚国漆器，是楚文化又一颗璀璨的明珠。相关资料显示，"春秋时期楚国的漆器品种，目前只发现有簋、豆、方壶、耳杯、甲、绕线棒、瑟、殳杆、戈杆、矛杆、雕花龙、珠、杆、木俑和镇墓兽，以及棺椁等10 余种；战国时期的漆器品种，则剧增达60 余种之多"③。东周文化的精华大半集中在楚文化里，"最早用失蜡法或漏铅法铸造的青铜器，是近十年前发现的楚器；最早的铁器，包括农器、匠

---

① 张正明. 楚文化史[M]. 上海：上海人民出版社，1987：6.
② 后德俊. 楚国科学技术史稿[M]. 武汉：湖北科学技术出版社，1990：9.
③ 陈振裕. 楚文化与漆器研究[M]. 北京：科学出版社，2003：366.

器、兵器乃至杂件，除去个别的例外，都是近三十年间出土的楚器；先秦的金币和银币，无一不是楚币；最早的一批精美逾常、完好如新的丝织、丝绣的衣衾，竟出自一座小型的楚墓；先秦的漆器，就数量之大、类型之多、图案之美而论，无过于楚器；先秦的木雕工艺品和竹编工艺品，凡已面世的，几乎全数出自楚墓……"①

(二)哲学与文学领域

楚人以哲学为世界观，楚国是一个哲学的国度，其创始人鬻熊是我国最早的一位哲学家②。鬻熊、楚庄王、申叔时、左史倚相、观射父、伍子胥、范蠡、文种、老子、庄子等与楚国有关的人物，在楚国的哲学思想方面都曾做出过突出的贡献。楚国哲学的中心问题是天人关系，经历了道治和法治两个阶段。道治时期的鬻熊哲学，以"道"为最高观念；法治时期的哲学中，《老子》的最高观念比"道"更进一步，主张"道法自然"，以为"自然"比"道"更高；《庄子》比"道法自然"又进了一步，主张道即自然、以为道"自本自根"，更是以"自"为本③。老子是我国古代杰出的思想家，以他为首的哲学流派，在中国古典哲学和世界思想文化史上都有深远的影响④。与哲学一脉相承的是，楚国的文学也很发达，出现了《庄子》《老子》《离骚》《九歌》《九章》《天问》等一大批凸显"楚风""楚味"等浓郁地方色彩的文学作品。这些作品中糅合了大量的神话故事、历史传说、现实事件和自然物象，借助不受现实束缚、超越时空限制的新奇奔放的艺术想象而作变化多端的艺术表现，从而构成了神奇瑰丽的艺术境界，具有浓重的浪漫色彩。其中，"以《庄子》和楚辞为代表的楚文学，是中国上古文学中，也是中国先秦文学中显示出丰富

---

① 张正明．楚文化志·序[C]//张正明．张正明学术文集．武汉：湖北长江出版集团，2007：801．
② 任光椿．任光椿自选集(上卷)[M]．长沙：湖南文艺出版社，2004：246．
③ 涂又光．楚国哲学史[M]．武汉：湖北教育出版社，1995：19-20．
④ 刘森淼，等．荆楚文化[M]．沈阳：辽宁教育出版社，1992：93．

的艺术表现和高度的艺术成就的文学"①。

(三)民俗与艺术领域

风俗是文化的载体和母本,决定着一种文化可能的变异幅度和发展向度②。楚人在积年累月的生活中制定了一套关涉饮食、居住和服饰等方面的系统的楚俗楚制,形式多样,种类繁多,构造复杂。楚人确信自己是日神的远裔,火神的嫡嗣,并由此形成了崇火、尚凤、亲鬼、好巫、尚赤、尚东、尚左、好细腰等习俗。在楚国大地上,流传着各种神话故事和史诗谣曲等民间艺术。楚国的艺术门类繁多,除了奇幻瑰丽的楚辞文学和自然无为的道家精神外,还包括青铜器、漆器、丝绸、玉器、金银器、琉璃器、雕刻和绘画等种类样式,这些洋溢着浪漫激情与生命活力的楚艺术,是中国上古时期南方艺术传统当之无愧的代表③。美术和音乐是楚艺术中的头角峥嵘,"楚国艺术家通过雕塑造型的手段逼真传神地摹写自然界的生灵,大至鹿、虎,小至蛇、蛙都是他们表现的对象","装饰性的纹饰多为龙凤纹和云雷纹,龙凤是楚艺术的母体。楚漆器上的凤纹变化多端,具有高度的抽象性;有些凤纹甚至有符号化了的凤头或凤尾纹"④。楚人以歌舞娱神,使神话大量保存,楚国晚期的音乐水平也很高超,用于王侯贵族的宴饮娱乐与祭祀仪式的编钟,音色丰富优美,音域宽广,人们演奏时,可以根据需要同时使用一至三组编钟。湖北随州曾侯乙墓出土的编钟共编成8组,是至今发现的古代保存最完好的编钟。曾侯乙墓还出土了很多战国时期的乐器,如十弦琴、五弦琴、排箫和篪等几种失传多年的古老乐器。

---

① 蔡靖泉.楚文学史[M].武汉:湖北教育出版社,1996:4.
② 宋公文,张君.楚国风俗志[M].武汉:湖北教育出版社,1995:5.
③ 皮道坚.楚艺术史[M].武汉:湖北美术出版社,2012:3-4.
④ 王金锋.陵墓遗存:古代陵墓与出土文物[M].北京:现代出版社,2015:27.

第二节　荆楚文化的流播及其当代价值

一定的文化会随着区域内政治、经济的兴盛而繁荣发达，也会因为它们的衰落而演变以至消失。楚文化的流播与楚人的活动轨迹基本保持同步，楚国在问鼎中原、争霸诸侯的过程中与周遭各国频繁接触，武力战争和移民迁徙一方面拓展了楚国的疆土，另一方面也有力地推动了楚文化这支兴起于江汉流域的区域性文化的流播。战国时代，楚国已跃居为当时疆域最大、民族众多的大国，"基本统一南方的江汉、江淮地区，囊括今湖北、湖南、安徽、江西、浙江的全部，北方至陕西、河南、山东，南方到广东、广西、贵州的一部分"①。虽然公元前233年楚国为秦所灭，但是作为一种观念形态，楚文化"并不像经济基础那样一举覆灭，而是各个领域有所区别地渐次衰微，或者是余音如缕，绵延不绝；或者为强弩之末，未几即销声匿迹"②。正如汉学家余英时所言，"文化变迁可以分成许多层，首先是物质层次，其次是制度层次，再次是风俗习惯层次，最后是思想与价值层次。大体而言，物质的、有形的变迁较易，无形的、精神的变迁则甚难"③。楚文化对整个南中国地区的文化和中华民族的思维模式与文化心理影响深远，直至当代，辉煌灿烂的楚文化在社会主义现代化建设中仍具有重要的现实意义。

一、楚文化的东渐

文化的影响与交流，离不开文化的载体，即人与物的媒介。楚文化

---

① 张灵芝. 中华巨龙：长江文明与历史渊源[M]. 北京：现代出版社，2015：149.
② 巫瑞书. 荆湘民间文学与楚文化：楚文化探踪[M]. 长沙：岳麓书社，1996：6.
③ 余英时. 中国思想传统的现代诠释[M]. 台湾：联经出版事业公司，1987.

的东渐，与楚人的东进同步。楚东进江淮的历史，实际上也是楚文化东进的过程。早在立国之初，楚国就把东进与北进定为长期战略，旨在通过在淮北区域的扩张进而"饮马黄河，问鼎中原"。自公元前656年"召陵之盟"始，楚国开始东进江淮，不断吞并淮河流域的国族，疆域很快便达于皖东。就在楚国高歌猛进地向东推进之时，崛起于东方的吴国也开始争夺群舒及淮河中下游地区的领地，这在一定程度上阻碍了楚国东扩的步伐。为了消灭淮河流域这一劲敌，楚国联合以越国为首的江淮诸侯国消灭了吴国，东进计划得以顺利推进。公元前333年，楚威王败越，囊括了整个淮南之地，楚境东达海疆。公元前306年，楚国又趁秦国发生争立国王内乱的历史机遇，把越国灭亡了，并设郡江东①。至战国晚期后段，秦将白起拔郢，迫使楚考烈王迁都寿春，楚国的政治、经济、文化中心也相应东移，寿春(今安徽寿县)逐渐成为楚国东境的政治、经济、文化中心。楚人的东进也将楚文化这枝文化奇葩从汉水传播到淮水，从长江中游传播到长江下游，并逐渐吹遍江淮大地。② 从现存史籍看，在江东东境无锡、苏州、上海、湖州等城市均能找到楚文化的历史轨迹。

楚国东进不仅结束了江淮之间小国林立、诸侯割据的局面，促进了地区经济的发展，还推进了区域文化的交流与融合，其先进的文化逐步渗透并影响至这一地区，最终融合了当地的淮夷文化③。有学者认为，"楚国在沿淮河流域不断向东扩大疆域的同时，也带来了楚文化的拓展与繁荣"④。在周文化早已深入淮河流域的基础上，"楚文化的东进及其与当地文化，还有自东而来的吴文化的融合，促进了该流域经济开发

---

① 杨宽. 战国史[M]. 上海：上海人民出版社，2003：364.
② 刘和惠. 楚文化的东渐[M]. 武汉：湖北教育出版社，1995：32.
③ 丁继龙. 试论寿春楚文化对中国文化的影响[C]//楚文化研究会. 楚文化研究论集(第11集). 上海：上海古籍出版社，2015：561-562.
④ 周显宝. 皖南巫风古傩与仪式的象征意义[C]//曲六乙，陈达新. 傩苑——中国梵净山傩文化研讨会论文集. 北京：中国戏剧出版社，2004：89.

的加速"①。从考古学资料看,战国中期以后,楚文化的东进,对吴越地区的文化面貌产生了一定的影响,因为这一时期吴越地区的墓葬在墓葬形制、棺椁和随葬制度上具有浓厚的楚系和中原文化因素,这反映了楚越文化融合和楚文化占据主导地位的历史态势;与此相应,颇具地域特色的吴越文化的埋葬习俗,也随着兴盛了数百年的吴国与越国的衰亡而仅见于级别较低的墓葬,随后逐渐消融于秦汉文化之中②。楚文化对吴越文化的影响主要有两种途径:一是楚人入越对楚文化的东进起着一定的推动作用;二是楚、越、吴争霸战交叉进行,带来了文化的互动,尤其是楚败吴越之后,随着一部分楚人的入境,大量的楚文化被直接带入吴越地区,文化间的渗透与融合成为无法抗拒的力量③。

二、楚文化的南渐

西周早期,楚国始封之时,只是睢山与荆山之间的一个小国,长江流域以南的广大地区,则是"百越"的聚居之地。春秋初年楚武王以降,楚国以惊人的速度拓土开疆,在向东扩张的同时也将触角伸向了江南及其以南地区。自西周末年灭聃(约公元前779—前774年)至战国晚期灭鲁(公元前256年),在长达530多年的对外扩张中,楚国共灭国61个,占《经》《传》有载之国1/3以上,为同一时期各国灭国扩疆之首④。在诸多被灭国中,罗国、麇国曾是与楚国同被周所封为子爵的邦国,三者同姓同祖。楚国将其兼并后,采取"迁权于那处"的政策,迫使罗、麇两国遗民迁徙江南,定居在今湖南岳阳市境内汨罗江下游和新墙河

---

① 王鑫义.淮河流域经济开发史[M].合肥:黄山书社,2001:143.
② 周书灿.合纵连横:战国中期的军事外交[M].郑州:河南人民出版社,2012:194.
③ 陈元甫.宁绍地区战国墓葬楚文化因素考略[C]//浙江省社会科学界联合会.2007当代浙江学术论坛集萃(上).杭州:浙江大学出版社,2009:210-211.
④ 何浩.楚灭国研究[M].武汉:武汉出版社,1989:8-9.

畔①。至战国中期，楚势力沿洞庭湖东西两线继续南下，将长沙、益阳等湘中地区、整个湘西、湘西南沅水上游地区置于其统治之下，长沙成为楚江南军事重镇②。楚怀王公元前 306 年灭亡越国后，楚人已经"完全征服了湖南境内的百越民族，将洞庭湖至五岭的整个湖南地区都归入楚国的版图"③。考古资料还显示，战国时期，楚国势力曾一度进入岭南地区，楚文化也随之南渐，岭南与中原文化交流更多更广泛，关系也日益密切④。至楚顷襄王十八年，楚国的领土周长超过一万五千里，南至江西的龙南、湖南的宜章、广东的英德、广西的梧州等地。

事实上，在楚人入主江南地区之前，中原文化就已传入该区域。随着楚国的扩张和楚文化的南渐，尤其是战国后期大批楚贵族文化精英的南迁，为地区的文化发展注入了新的活力。楚国统治时期，湖南在中原文化的直接影响下，融合原有的土著文化，形成了以长沙为中心的有独特风格的楚文化⑤。更为重要的是，楚国势力的强势南下，使湘地越人迫于民族斗争的压力不得不转徙岭南。湘地越人向南迁徙也给岭南地区带去了楚人的民风习俗、文化观念和先进技术，比如岭南地区的腰坑习俗就是湘地越人南迁带去的，与楚文化南渐和楚国扩张的历史史实吻合。荆楚文化随着北人南迁而逐步南渐，湘地越人在南迁的过程中无意识地充当了楚文化传播的中介，间接地推动了楚文化向更广泛的地区传播。有学者考证，楚文化对广东的影响主要表现在青铜文化方面，"在广东的近千件青铜器中，相当一部分与楚文化有关"⑥。然而，广东却

---

① 高至喜. 楚文化的南渐[M]. 武汉：湖北教育出版社，1996：31.
② 陈选保，孙义宏. 楚式铜镜及其反映的思想文化[C]//武清海. 荆楚文化与长江文明. 武汉：湖北人民出版社，2011：65.
③ 佘浩宇. 靖港史话[M]. 北京：当代中国出版社，2009：29.
④ 覃丽丹，覃彩銮. 广西边疆开发史[M]. 北京：社会科学文献出版社，2014：25.
⑤ 佘浩宇. 靖港史话[M]. 北京：当代中国出版社，2009：29.
⑥ 练铭志，马建钊，朱洪. 广东民族关系史[M]. 广州：广东人民出版社，2014：25.

从未被划入楚国的版图，广东境内迄今也未发现一座楚墓，甚至连楚墓中常见的楚币如金郢爰、蚁鼻钱也未见一枚，这或许只能通过楚人入粤将楚的先进技术和文化观念也一并带过去来解释了。

三、楚文化的西渐

西周晚期，楚国就逐渐强大，"凌江汉间小国"迫使巴人从湖北、陕西、河南边界地区向川东一带迁移①。春秋中晚期，楚国在东进和南下强力扩张的同时，也不忘对西部地区的经营。事实上，向物产资源丰富的西部地区扩张也是东周时期楚国对外扩张战略的重要组成部分。公元前381年，经吴起变法后的楚国国势逐渐强盛，不仅在伐魏救赵之战中收复了北方的失地，从而恢复了楚在中原的势力，还将西境川东的巴国变成其附庸国。公元前377年，楚"肃王四年，蜀伐楚，取兹方。于是楚为扞关以拒之"②。此后不久，"楚国受巴国之请，出兵救巴，趁机占据了巴国长江沿岸的大片国土，将巴国置于自己的控制之下"③。《史记·秦本纪》关于"孝公元年，河山以东强国六……楚自汉中，南有巴、黔中"④的记载，正好说明楚国已经占据了包括巴、渝、黔中在内的大片巴国领土。战国早期，由于频繁的征伐战争极大地消耗了楚国的国力，加上统治阶层内部争权夺利，楚国对西部地区的经营步伐趋缓，楚文化西渐进入过渡阶段⑤。公元前316年，秦灭巴蜀以后，楚国势力虽退出了四川盆地，但楚文化的影响依然存在。

考古研究发现，襄宜平原是楚文化的重要分布区，时代早，延续时

---

① 李玉洁. 楚史稿[M]. 开封：河南大学出版社，1988：57.
② (西汉)司马迁. 史记(上)[M]. 哈尔滨：黑龙江人民出版社，2004：198.
③ 沈仲常，孙华. 楚国灭巴考[J]. 贵州社会科学，1984(6)：52-57.
④ (西汉)司马迁. 史记(上)[M]. 哈尔滨：黑龙江人民出版社，2004：27.
⑤ 朱萍. 楚文化的西渐：楚国经营西部的考古学观察[M]. 成都：巴蜀书社，2010：282.

间长，是楚文化西渐的重要源头之一。楚文化不仅通过古族迁徙、上层人物之间的往来传播到四川地区，还通过战争的形式对巴、蜀两国的文化产生强烈的影响，而且楚文化的西渐在不同地区有不同的传播模式①。有学者将楚文化的向西传播分成五个阶段，即开始阶段（春秋中晚期）、过渡阶段（战国早期）、高潮阶段（战国中期—战国晚期早段）、分化阶段、遗风阶段②。通过对大量与楚文化有关的考古学文化遗存研究还可以发现，楚文化西渐的主要路线有两条，"北路为汉水，南路为长江，北路相对较早，南路后来居上"③。更具体地说，楚文化经由汉水西渐的主要通道是从襄樊、郧阳、安康、汉中的汉水河谷地带，到达汉水中源漾水，再从漾水源头越过低矮的山岭进入嘉陵江支流黑水河上游河谷戴家坝一带，然后沿黑水河谷进入嘉陵江河谷，大部分再经剑阁道即达成都平原，少部分则直接沿川北山地传到川西高原；长江三峡是另一条重要的文化交流通道，先秦时期楚、濮、巴文化在这一带交流频繁，楚文化然后又北上成都平原及其他地区④。

四、荆楚文化的当代价值

文化的传统性与现代化是一个永恒的话题。党的十八大以来，以习近平同志为核心的党中央尤为重视中华优秀传统文化的传承发展。习近平指出，中国传统文化博大精深，优秀传统文化是中华民族的精神命脉，是最深厚的文化软实力，因此要从国家战略资源的高度继承优秀传统文化，国家治理体系和治理能力现代化也必须立足于中华优秀传统文

---

① 朱萍. 楚文化的西渐[C]. 朱萍. 文物鉴定与考古系列讲座. 北京：中央民族大学出版社，2007：732.
② 朱萍. 楚文化的西渐：楚国经营西部的考古学观察[M]. 成都：巴蜀书社，2010：212-220.
③ 黄尚明. 蜀文化研究[M]. 武汉：华中师范大学出版社，2007：283.
④ 黄尚明. 蜀文化研究[M]. 武汉：华中师范大学出版社，2007：284-285.

化。习近平总书记在 2016 年哲学社会科学工作座谈会上的讲话更是进一步强调，"要加强对中华优秀传统文化的挖掘和阐发，使中华民族最基本的文化基因与当代文化相适应、与现代社会相协调，把跨越时空、超越国界、富有永恒魅力、具有当代价值的文化精神弘扬起来。要推动中华文明创造性转化、创新性发展，激活其生命力……要围绕我国和世界发展面临的重大问题，着力提出能够体现中国立场、中国智慧、中国价值的理念、主张、方案"①。荆楚文化博大精深、源远流长，是中华优秀文化的重要组成部分，具有鲜明的地域特色和巨大的经济文化开发价值②。湖北作为荆楚文化的发祥地，拥有厚重的文化积淀和宝贵的精神财富，历代许多重要的文化遗存和珍贵文物都曾在这里发现。深入发掘荆楚文化的当代价值及其成果转化，对唤醒荆楚文化基因、激活荆楚文化想象，具有重大现实意义和深远历史意义。

20 世纪 90 年代以来，伴随着经济全球化进程的日益加速和互联网的发展普及，全球化也逐渐渗透到文化领域，文化的传播正在突破国家壁垒、民族界限和地域限制。文化全球化在为民族文化提供新的发展机遇和呈现样式的同时，也给民族文化的发展带来种种矛盾和冲突，尤其是给那些弱势国家或地区的文化带来重创。文化全球化是一种强势文化总是向弱势文化的流动，这也符合文化传播的一般规律。在全球化的大趋势下，世界秩序正在进行调整和重组，"只有充分认识文化软实力在国家发展中的意义，才不会在全球化中错失良机"③。面对文化现代化与文化全球化的时代背景和历史语境，我们要重温荆楚文化的思想内涵，用荆楚文化中的爱国主义精神、筚路蓝缕的创业精神、追新逐奇的

---

① 习近平. 在哲学社会科学工作座谈会上的讲话[N]. 人民日报，2016-05-19(2).
② 刘俊梅，李勇. 论荆楚文化及其当代价值[J]. 社会科学动态，2017(1)：64-68.
③ 彭岚嘉. 中国梦的文化指向[M]. 兰州：兰州大学出版社，2015：116.

创新精神、兼收并蓄的开放精神、"庇民""宽民"的民本精神①等文化思想去审视当前文化冲突论、同化论的思潮。为了迎接经济、文化全球化浪潮的冲击，湖北省宜昌市深入挖掘当地文化资源，提炼出了长阳人、"长江"钢琴、嫘祖、屈原、三峡大坝、三游洞、石牌保卫战、王昭君、玉泉寺·关陵、中华鲟等"宜昌十大文化符号"。

第三节 基于荆州大遗址区的荆楚文化符号提炼

　　荆楚文化主要是指以当今湖北地区为主要辐射地的古代荆楚历史文化，如果说湖北是荆楚文化的故乡，荆州则是荆楚文化的发源中心。自公元前689年楚国建都纪南城，先后有6个朝代、34位帝王在此建都，是当之无愧的"帝王之都"。荆州素有"惟楚有才"之誉，境内历史遗迹遍布，迄今出土了西汉古尸、战国丝绸、越王勾践剑、整套石磬编钟等12万余件楚国珍贵文物，这些文化遗存无不折射出楚文化的熠熠光辉。据文物部门初步探明，"荆州境内有楚城遗址5座，楚文化遗址73处，有封土堆的大古墓葬800多座，18代楚王的墓葬就在此列"②。大遗址保护荆州片区位于荆州市郊，以荆州楚纪南故城为中心，还包括荆州市八岭山、熊家冢、雨台山、天星观、马山墓群，潜江市龙湾遗址、荆门市纪山楚墓群、宜昌市青山墓群，遗址分布面积300余平方千米。荆州片区东周楚文化大遗址的空间分布呈辐辏之态势：以楚纪南故城为核心，各层级聚落遗址和墓地、墓群分居四方。片区内所辖的文化遗产类型多样，既包括地面遗迹，又包括地下遗迹、居址和墓葬。文化符号是某种文化最具影响力和辨识度的象征形式系统，通过回溯相关史料，并

---

①　杨斌庆. 荆楚文化价值浅谈[C]//张锦高，袁朝. 荆楚文化的现代价值. 武汉：崇文书局，2005：21.
②　《中国城市发展全书》编委会. 中国城市发展全书(下)[M]. 北京：中国统计出版社，2004：1483.

结合大遗址荆州片区的文化遗存，本书提炼出了荆楚文化的三类代表性符号，即楚郢都纪南城、楚墓熊家冢和楚文化聚落江陵雨台山。

一、楚郢都纪南城

楚国故都纪南城坐落在湖北省荆州市荆北区枣林镇（中心地理坐标为东经112°9′~112°12′，北纬30°24′~30°26′），因在纪山之南而得名，是东周时期楚国郢都的遗址。自楚文王元年（公元前689年）始都于此，至楚顷襄王21年（公元前278年）白起拔郢后楚都迁往寿春（今安徽省寿县），先后有20代楚王建都于此，历时达411年之久。纪南城城址南起安家岔，北至枣林铺，东临邓家湖（与长湖相连），西近王场，整个城垣的平面呈长方形，除南垣中部偏东处有一段曲折外，西北、西南、东北角均呈切角。城垣东西长约4 450米，南北宽约3 588米，城垣周长约15 506米，设5座陆路城门，3座水门。南垣水门主体建筑系4排40

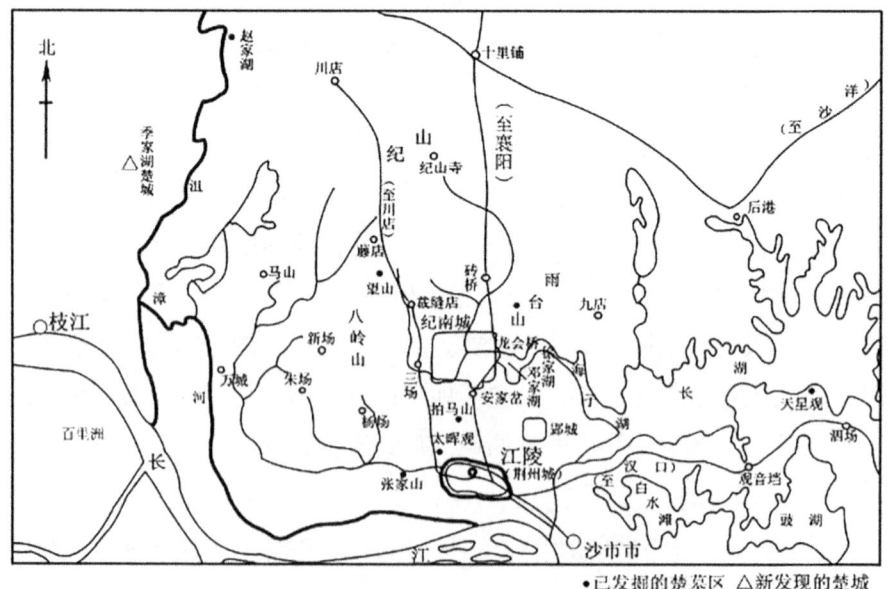

图1-1　纪南城遗址地理位置图

根木桩直立而成，每排 10 根，形成三道门，水门缺口两侧的城垣有内收变窄现象。水门为三层式建筑，下层为桥梁，中层安放闸门，上层作为瞭望和守城处所。四周城垣和城壕至今仍存，东西长 4.5 公里，南北宽 3.5 公里，南面靠东段凸出一块，城内面积约 16 平方公里，比现在的荆州城要大 3 倍多。北墙保存较好，高约 7.6 米，南墙残高约 3.9 米，城墙下部宽 30~40 米，上部残宽 10~14 米不等。城垣四周的护城河宽 40~80 米。

  城址现存地表遗迹有夯土城垣、护城壕、城门址、夯土台基等，已经得到确认的建筑台基就多达 84 座，它们大多集中在城内东部，尤其是东南部。城址内存在明显功能分区，东部和东南部台基分布密集，当为宫殿区，东部和北部已探到宫城墙基，在宫城以西的陈家台，曾发现两座铸锡炉，当为一处作坊区①。城址内发现有铸铜遗址、墓葬、陶窑址及 400 多眼水井等遗迹，还出土了铜、铁、铅锡、竹木、陶质等大量遗物，尤以建筑遗物（井圈、板瓦、筒瓦）和生活器具居多②。水井多分布在宫城以北的龙桥河两侧，多数水井的上部砌有陶井瓮，下部为土壁，有一部分为土井，还有一些竹圈井和木圈井，有的井底有一大陶瓮。纪南城内出土的遗物主要为陶器，器形有鬲、釜、盆、盂、瓮、汲水罐、豆、长颈罐等，也有一定数量的耒耜、镢、削刀、铁钳埚、斧等铁器，铜器数量较少，仅有矛和部分饰件。纪南城东南约 50 公里处的潜江龙湾遗址，被认为是"楚国行宫章华台"，地面遗迹保留有古城址和宫殿建筑基址群，并发现有高台、廊庑、庭院、道路广场、水榭等多个建筑体。在纪南城四周 25 公里的范围内，大量分布着密集的墓葬，八岭山古墓群至今仍保留有大量高大的封土堆的中上层贵族墓。

  作为春秋战国时期我国南方地区的政治、经济和文化中心，楚纪南城是楚国国力最强盛的时候兴建的，用时最久，着力最多，市貌最盛，

---

  ① 刘庆柱.20 世纪中国考古大发现[M].成都：四川大学出版社，2000：184.

  ② 郭德维.楚都纪南城复原研究[M].北京：文物出版社，1999：25.

其建制、规模与其他低级别的城市不可同日而语。西汉桓谭在《新论》中曾这样形容郢都的繁荣："楚之郢都，车毂击，人肩摩，市路相排突，号为朝衣新而暮衣敝。"①东周时期，各国都城从都城的选址到都城的形制及规模，从城郭的位置关系到宫殿与宗庙的地位变化，从手工业市场的布局到里坊制度的出现，较之以往都发生了重大的变化：都城的建设一般秉承"因天材就地利"的选址原则，绝大多数都城由宫城与郭城组成，城郭不必中规矩、都城面积巨大、宫殿盛行高台建筑形式等是其突出的特点②。楚国的建筑汇聚了楚人对天、地、人关系的探求，融合了楚人对时间、空间维度的关照。在楚国众多城邑中，典范之作应为楚国都城纪南城。据现有史料考察，楚国的城市、宫殿建筑十分讲究地形的利用和总体的设计，既考虑军事上的防御、经济上的运输、生产生活上的排灌，又注重容纳自然的湖光山色③。更具体地说，楚郢都不仅城址选择在纪山之南的地势较高、无长江洪水威胁之地，还建设了具有军事防卫和防洪双重功用的城墙系统，城门水路兼备，环城濠池和城内河道构成了一个较完整的城市水系，具有排水排洪和调蓄等多种功用④。

纪南城规模庞大，城内宫殿林立，样式繁杂，建筑既多又精。楚人在方向上崇尚东方，因而宫殿区就建在城市的东部，以显示其尊贵。至楚灵王时，楚人已掌握了烧制砖瓦技术，砖、瓦、青铜已用作建筑材料。除建有王宫外，宫殿周围通常还建有园囿而成为园林式建筑。楚王室修葺了众多的离宫，楚灵王所修建的章华宫（台），是我国古代第一座层台累榭，作为宫室建筑群和园林建筑群的鼻祖，在世界建筑史上也

---

① （西汉）桓谭. 新论[M]. 上海：上海人民出版社，1977：23.
② 刘庆柱. 中国古代都城考古发现与研究（上）[M]. 北京：社会科学文献出版社，2016：220-223.
③ 杨权喜. 楚宫的新发现[C]//方酉生. 楚章华台学术讨论会论文集. 武汉：武汉大学出版社，1988：59.
④ 吴庆洲. 中国古代城市防洪研究[M]. 北京：中国建筑工业出版社，1995：61-64.

有并非无足轻重的地位①。此外，楚国的宫殿也考虑到礼制的要求，拥有合理的布局与庞大的形制，宫殿区涵盖社会、政治、经济等职能。有学者认为，"楚国宫殿是先秦时期宫殿建筑的杰作，对于研究中国城市建筑史，尤其是宫殿建筑史，有无可比拟的意义"②。

目前，保存完好、被誉为"南国完璧"的纪南城已成为"十一五"时期全国 100 处、"十二五"时期全国 150 处重点大遗址之一，楚纪南城考古遗址公园也成为 2010 年国家文物局首批立项的国家考古遗址公园项目。

二、楚墓熊家冢

聚落遗存反映的是地上生活世界，而墓葬则是地下生活世界的反映。"九省通衢"的湖北省，曾是楚国崛起、兴盛、衰亡的主要地区。考古学家陈振裕先生将湖北境内的楚墓分为三大块，即汉水中游地区、鄂西地区、鄂东地区，又将以江陵—当阳为中心的鄂西地区喻作楚文化的摇篮③。楚纪南故城周围约三四十公里的范围内，分布着密集的楚墓群，如纪山楚墓群（由绿冢、仙大冢、梁家湾等墓群组成）、马山（南）楚墓群（由藤店、望山等墓群组成）、八岭山楚墓群、望山楚墓群、枣林岗楚墓群、熊家冢楚墓群等，墓葬数量庞大，且有些在地面上至今仍保留有封土堆。熊家冢墓地是长江流域发现的最大一处楚墓，其规模超过九连墩墓、马山墓以及包山墓，也是我国迄今已知的楚国高级贵族墓地中规模最大、规格最高、布局最完整的一处墓地，据说在 20 世纪 50 年代，熊家冢楚墓尚存有高大的封土堆，封土直径超过 100 米、高 10 余米④。熊家冢主墓和殉葬墓的墓坑、椁室的规模和面积之大，是已发

---

① 吴荣臻. 苗族通史 1[M]. 北京：民族出版社，2007：502.
② 姚伟钧，郑玉东. 荆楚社会生活[M]. 武汉：武汉出版社，2013：161.
③ 陈振裕. 楚文化与漆器研究[M]. 北京：科学出版社，2003：55.
④ 尹弘兵，黄莹. 荆楚古墓揭秘[M]. 武汉：武汉出版社，2012：42.

掘的大型楚系墓葬中无与伦比的，也是中国已知的东周、春秋、战国时期帝王棺椁中最大的，是楚墓中的杰出代表。

熊家冢位于湖北省荆州市荆州区川店镇张场村、宗北村与当阳市河溶镇星火村交界处，地处一条呈南北走向的西山岗上，东南距荆州古城约34公里，距楚故都纪南城约26公里，西南距当阳市季家湖楚城约11公里。据《江陵地名志》记述："熊家冢，因埋葬熊姓祖先而得名。"熊家冢墓地现存面积约15万平方米，它不是一处孤立的古墓，而是由主墓、陪葬墓、殉葬墓、车马坑、祭祀坑及附属建筑六大部分组成，为东周楚国大型墓地。主墓是一座近正方形、带斜坡墓道的"甲"字形竖穴土坑木椁墓，位于整个墓地的中心（东经112°00′37″，北纬30°37′12″），黄海高程58.6~68.2米。陪葬墓紧邻主墓东北，两者相距约14米，亦呈"甲"字形，墓口方向与主墓基本一致；主墓南边发现有4列24排计92座长方形竖穴殉葬墓，墓葬排列整齐，间距基本相等，大小、方向基本一致，填土为黄、红褐、黑褐、灰白、青灰等色土混合的五花土；陪葬墓北部勘探发现了35座殉葬墓（不含已发掘的两座），分布情况与主墓南边殉葬墓基本相同，但规模略小；主墓和陪葬墓西边发现车马坑34座①。另据《湖北荆州熊家冢墓地2006—2007年发掘简报》的相关资料，在熊家冢墓地周边尚有特大型古冢13座，大中型古冢数十座，小型古冢近百座，是东周楚国高等级墓葬集中分布区之一②。

熊家冢庞大的规模令人惊叹，出土的文物更叫人称奇。位于主冢和陪冢西侧的车马坑，由1座大车马坑和39座小车马坑组成。其中，大车马坑南北长132.6米，东西宽11.6~12米，深约2米，是迄今发现的最长的战国时期车马坑；小车马坑主要分布于大车马坑的西侧，呈南

---

① 周玉端．荆州熊家冢墓地形成过程的初步研究[C]//刘玉堂．楚学论丛（第4辑）．武汉：湖北人民出版社，2015：326．

② 荆州市博物馆．湖北荆州熊家冢墓地2006—2007年发掘简报[J]．文物，2009(4)：4-25．

图 1-2 熊家冢墓地位置示意图

北向的大致分为两排排列①。大车马坑亦为长方形竖穴土坑，内填黄、褐、灰、青灰、红、白等色五花土，坑深 1.7～2.7 米，坑底面北低南高。大车马坑的保存情况较好，已发掘出战车 43 乘，马 164 匹，从车马表面已碳化成深褐色的遗骸上看，这些车马被整齐地排成东西两列，每列约有车 40 乘，马头全部向西，排列有序。据此可以推断，这些马匹全部是被杀后摆放在里面的。车马坑内出土的车辆制作精美，类型多样，既有一般的战车、配件的修理车，又有运送物资的车（这类车的车辕普遍较长），运送物资的车，甚至还有 3 架马车是 6 匹马驾的车，车上不仅有车厢，还有（华盖）伞，与"天子驾六"的古代礼制相吻合。这些车辆均为木质榫卯结构，由双轮、单辕、单衡、双轭、方舆等组成，表面髹褐漆，有的车辆在车厢前面或毂上绘有红色纹饰，有的车辆装饰有铜构件，有的车辆上有伞并绘有精美纹饰。2006—2007 年，熊家冢墓地共发掘面积 3.1 万平方米，出土璧、环、珩、佩、牌、管、坠、珠等精美玉器 1 000 多件，还有部分铜、铁、锡、陶器、车辆和马骨等。

熊家冢规模之宏大，车马坑阵容之豪华，墓主人身份之显赫，出土

---

① 王巍. 中国考古学年鉴 2009[M]. 北京：文物出版社，2010：304.

玉器之精美，可与陕西的秦始皇兵马俑匹敌。著名词作家乔羽先生曾赞叹道，"北有兵马俑，南有熊家冢"。然而近年来，因人为破坏（多次盗掘和 20 世纪 60 年的生产建设等）和自然威胁（膨胀土危害等），墓葬的埋葬环境遭到严重破坏。令人欣慰的是，2005 年国家文物局已正式批准对熊家冢墓地车马坑和部分殉葬墓进行抢救性考古发掘；2013 年，熊家冢考古遗址公园成为国家文物局第二批批准设立的国家考古遗址公园。

三、楚文化遗址聚落江陵雨台山

聚落具有社会性，一个聚落的形成总是对应于一定的人群组织。换句话说，聚落是按照一定的生产关系和社会关系组成的共同体，是人们居住生活得以实现的空间，是居民居住生活方式的物质实体①。也有研究者指出，不是所有的考古学遗址都可以称为聚落，由于聚落必定是人们生活居住的场所，因此确定聚落的基本依据是看是否存在生活居住区，这在考古遗址中主要表现为是否发现有房屋建筑、窖穴、灰坑等文化遗存②。聚落深受区域文化差异的影响，表现出异常丰富的区域景观特点，因而聚落景观历来是反映区域文化景观差异的重要标志。中国文化久远，遗址众多，从古人类遗址到记录人类社会发展的古都古城遗址及古墓等不一而足，但是只有那些经过发掘并予以建设（诸如博物馆、展览馆、陈列馆等）后的遗址才能称得上文化遗址聚落③。大遗址保护荆州片区除纪南城和熊家冢之外，还发现有数量众多的东周时期各层级聚落遗址，如八岭山古墓群、雨台山墓群、马山墓群等，它们是楚文化所附存的物质载体，彼此间关系纵横交错，构成了东周时期楚国社会以

---

① 周星. 史前史与考古学[M]. 西安：陕西人民出版社，1992：113.
② 刘辉. 史前聚落与考古遗址[J]. 东南文化，2000(5)：20-24.
③ 陈国阶，等. 中国山区发展报告——中国山区聚落研究[M]. 北京：商务印书馆，2007：250.

都城遗址为塔尖，各层级聚落址为塔身和塔基的多层级社会网络结构。

楚人有凿山为陵、择高而葬的习俗，上层贵族往往选择离城远、地势较高的八岭山而葬，下层贵族和平民则就近埋葬在地势相对较低的雨台山。雨台山楚墓群由龙会河、马房山、施家洼、九店等十余处墓群组成，是楚国最大的平民墓地，同时也是楚文化最具代表性的聚落之一。雨台山位于湖北省荆州市荆州区九店乡雨台村境内，是一座高出周围地面3~10米的小山，南距荆州城约10公里，西临纪南城东城垣，它的东面和南面为长湖所环绕，北面是一片平地。墓葬区位于雨台山的南部，东西长1 050米、南北宽80米，分布面积约30平方千米。雨台山的墓葬多分布在南北走向的四道岗地上，十分密集，墓绝大多数是中小型，墓坑均为长方形竖穴，墓坑填土分为黄褐色五花土和黏性较强的青灰泥两种，其葬式皆为仰身直肢。雨台山主要分布有秦家嘴楚墓、施家洼楚墓、陕家湾春秋墓、东岳庙春秋墓、凤凰山秦汉墓等，现存有封土冢103座。1975—1976年，湖北荆州地区博物馆在江陵雨台山发掘了558座楚墓，经整理研究，其年代为公元前689—前278年（春秋中期—战国晚期）。在558座墓中，除28座葬具已腐朽外，其余530座墓葬的棺椁形制保存较好，按葬具的有无、多寡，可分无椁无棺、单棺、一椁一棺、一椁两棺、一椁重棺五大类①。

在1975—1976年的考古发掘中，江陵雨台山已发掘的558座楚墓共出土器物4 200多件，其中陶器2 455件，兵器500余件，漆木器1 000余件，出土器物数量之多，种类之繁，令人叹为观止②。雨台山楚墓出土的器物形制及组合具有自己的独特风格，陶器组合无论是鼎、簋、壶或鼎、敦、壶组合，还是两种组合同出一墓，大多器物是相同的两件；一墓同出两种组合即形成鼎四、簋二、敦二、壶四，这是江陵楚墓显著

---

① 湖北省荆州地区博物馆. 江陵雨台山楚墓[M]. 北京：文物出版社，1984：10.
② 王生铁. 荆楚文化百问[M]. 北京：中国文史出版社，2011：26.

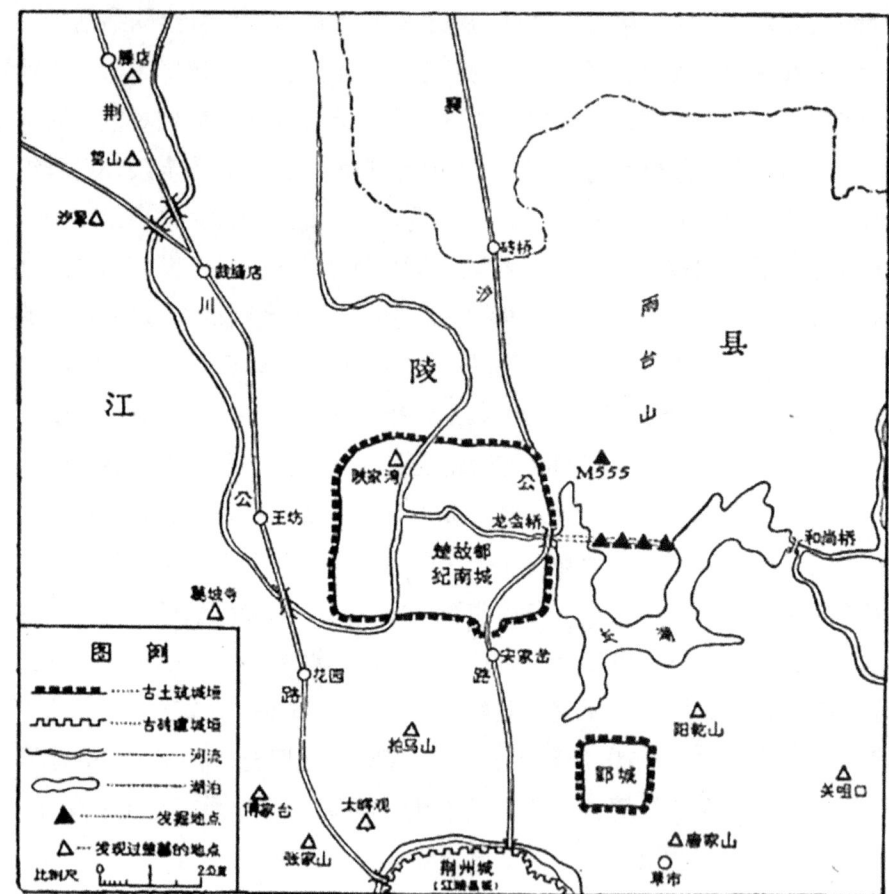

图1-3 江陵雨台山楚墓群位置示意图

的特点，反映出楚人丧葬及信仰习俗①。墓葬中出土青铜礼器的仅见于年代较晚的个别墓中，但是出土的铜兵器较多，尤以剑为最多，不仅大中型墓中有出土，单棺墓和无棺小墓也常出土有剑。墓葬中出土的漆木器数量多、种类繁，制作精美。其中，虎座飞鸟、虎座凤鸟悬鼓、方耳

---

① 刘德仁，盛义. 中国民俗史籍举要[M]. 成都：四川民族出版社，1992：9.

杯、漆木豆等都是楚墓中仅有的①。此外，一般随葬有成组仿铜陶礼器或铜礼器的有椁室的墓，都随葬有镇墓兽，一般的墓随葬单头镇墓兽，较大的墓随葬双头镇墓兽，这在一定程度上反映了楚人"信鬼好祀"的风习。

---

① 荆州博物馆.江陵雨台山楚墓发掘简报[J].考古，1980(5)：391-402.

第二章 传统文化视觉传播的
理论机制与媒介特征

  媒介是一整套传递和贮存人类文明的智力形式和技术手段,是技术与文化形式的有机结合体。技术、媒介与社会之间的互动关系最鲜明地体现在生产、文本/产品的各种变化上,以及与这种关系相关的种种事务上。媒体着迷于以各种不同的技术手段制造出"在场"的感觉,让用户体验到媒体所再现的对象是即时的、在场的和"真实"的。技术的聚合为媒体开启了更多可能性,无论是新的媒体形式,还是旧媒体的新发展,都创造出了一种在视觉图像上更为丰富的媒体景观和更加"逼真"的媒体再现①。麦克卢汉认为,技术对受众的影响不是发生在意见和观念的层面上,而是要坚定不移、不可抗拒地改变人的感觉比率和感知模式②。媒介生态系统的变革改变了人对视觉性的感知和体验,从现代到后现代社会转型过程中,文本的表达越来越趋向对"视觉"因素的关注③,视觉传播对传统文化的影响日益深远。正如美国学者保罗·M.莱斯特(Paul M. Lester)所言,"今天的现实是,我们周遭的世界以视觉

---

  ① Burton G.. Media and Society: Critical Perspectives [M]. McGraw-Hill Education (UK), 2010: 206-211.
  ② [加]马歇尔·麦克卢汉. 理解媒介: 论人的延伸[M]. 何道宽, 译. 南京: 译林出版社, 2011: 30.
  ③ 李健. 视觉文化语境中的艺术生产理论及其当代问题[J]. 南京社会科学, 2016(6): 128-134.

为主要媒介，我们对世界的理解不是通过文字，更多的是通过视觉信息。"①

美国理论家马克·波斯特认为，视觉文化与信息传播机器的广泛运用有关。近年来，随着视觉技术的进步与媒介生态的变革，以及消费社会及其文化的形成，以语言为中心的文化向正日益转向以视觉（形象）为中心的文化②，数字化与图像化成为当代媒介形态演变的核心趋势③。有学者认为，多媒体产品提供了一种"超沟通"形式，并由此引发了使用者的"超观看"。在互联网时代，视觉表达不仅成为人们获取信息的重要渠道，而且极大地改变了网民的传播行为、社交方式、集体行为与历史回忆等。事实上，在人类的五种感觉器官中，通过眼睛所感知到的视觉信息最多，超过信息总量的70%。列奥纳多·达·芬奇曾说，"距离感官最近的感觉反映最迅速。这就是视觉，所有感觉的首领。"④

第一节　视觉传播的内涵及作用机理

作为社会变迁的一个缩影，传播技术的每一次变革，不仅改变了媒介的生产、流通、接收和消费，还给信息的传播方式、表现形式、发展样式带来革命性的变革。在传播技术的驱动下，文化传播经历了从"印刷文化"（"读文化"）到"视觉文化"（"看文化"）的转移。婴儿自呱呱坠地开始，在还未学会说话时就已经开始张开好奇的双眼打量世界，建立

---

①　[美]保罗·M.莱斯特.视觉传播：形象载动信息[M].霍文利等译.北京：北京广播学院出版社，2003：446.
②　周宪.视觉文化语境中的电影[J].电影艺术，2001(2)：33-39.
③　李培林，李天语.拍客的"图谋"——泛视觉文化语境下的公民摄影现象研究[J].江苏社会科学，2016(2)：263-268.
④　张宇丹，吴丽.可视的文化——影像文化传播论[M].昆明：云南大学出版社，2009：18.

自我。可以说，视觉信息遍布于日常生活的各个角落，在人类进化发展的过程中扮演着至关重要的角色。视觉文化是以视觉为主因的当代文化，威廉·米歇尔(1994)、伊雷特·罗戈夫(1999)、尼古拉斯·米尔左夫(1999)等人对"图像转向"和"视觉文化"理论进行了阐述。研究者认为，"看文化"的初期主力是电影电视、广告等刺激视觉的文化产品；之后，"摄影、电影和电视开始渗透和移入视觉艺术作品(和其他艺术形式)，产生出各种各样的高技术的混合物，包括从器具到数字技术……在这个新阶段，文化的范围扩展了，文化不再局限在其早期的、传统的或实验的形式，而且在整个日常生活中被消费，在购物中、在职业工作中、在各种休闲的电视节目形式里，在为市场生产和对这些产品的消费中，甚至在每天生活最隐秘的皱纹和角落里被消费。通过这些途径，文化逐渐与市场社会相连"①。

一、视觉传播的概念及内涵

作为一门新兴交叉学科，目前学术界对视觉传播还没有一个确切的定义。学者冯涛(2008)描述为："视觉传播(visual communication)，即以视觉可以认知的表现形式传递信息的过程。"②学者葛玥(2005)则认为，"现代视觉传播泛指由视听媒介或视觉媒介传播信息所形成的一种社会文化传播，主要以数字技术、网络技术及多媒体技术为手段，以视觉为中心，视觉形态为特点而构成现代视觉传播"③。还有学者认为，可以将视觉信息分为三类：第一类是直接的，是眼睛从现实世界和现实场景中直接获取的，包括姿态表情、自然景观、光线色彩等；第二类是

---

① [美]弗雷德里克·詹姆逊. 文化转向[M]. 胡亚敏，等译. 北京：中国社会科学出版社，2000：107-108.
② 冯涛. 过渡阶段的困惑——浅谈视觉传播对传统社会审美观念的影响[J]. 现代企业教育，2008：8.
③ 葛玥. 现代视觉传播中的图像艺术语言[D]. 成都：四川美术学院，2005.

间接的，是通过媒介间接转述的图像化的视觉信息，比如书中的插画、电视屏幕上的画面等；第三类则是在大脑里存在的虚构的视觉信息。任悦（2008）认为，"用视觉进行评价和解说的功能，实际是在同时描绘人们现实中的经历和头脑中虚构的视觉景观，这些表达便是视觉传播研究的重点"①。

要想弄清楚视觉传播的研究对象，首先要了解"图像"的概念。什么是图像？视觉传播学者盛希贵认为，"中文'图像'对应的英文单词是 picture 或 image；图像既包括图画，又包括摄影图片，意义较为宽泛"②。图像研究学者付爱民认为，"'图像'一词主要来自西方艺术史译著，通常指 image、icon、picture 和它们的衍生词。"③W. J. T. 米歇尔的定义更加清晰："图像是形象得以出现的具体的再现的客体。"④由此可见，图像是将现实的三维世界二维化的视觉信息产物，它可以实现视觉信息的记录、保存和传播，从而达到对信息的分享和交流的目的。因此，图像作为符号的集合，是视觉传播的主要研究对象。任悦认为，"对图像语言的讨论应该是基于视觉的，从视觉传播特点出发的，而不是套用传统的文本理论，而这正是视觉传播研究的重点和难点所在"⑤。

随着技术手段的进步，图像生成方式也经历了三个阶段的变化。在手工生产阶段，人类使用画笔、刻刀等工具直接创造出手工艺品，这些最原始的图像素材带有本雅明所称"光韵"的神圣感和疏离感。进入机械复制时代，图像开始由机器进行大量复制、生成，比如打印机、照相机等，机器的使用显著降低了图像传播的成本，并大大提高了图像传播的效率。而如今的数字时代，真实与虚拟的信息共同组成合成图像，比

---

① 任悦. 视觉传播概论[M]. 北京：中国人民大学出版社，2008：10.
② 盛希贵. 影像传播论[M]. 北京：中国人民大学出版社，2005：64.
③ 付爱民. 现代图像学引论[N]. Tom 美术专稿，2004-10-23.
④ W. J. T. 米歇尔. 图像理论[M]. 北京：北京大学出版社，2006：4.
⑤ 任悦. 视觉传播概论[M]. 北京：中国人民大学出版社，2008：12.

如一张通过电脑人工合成的合照，这些数字时代的产物更是进一步扩展了图像信息的可能性。三个阶段的图像生成方式并非一一迭代，而是互利共生，同时存在。探究不同形式图像的传播特性，有助于我们采取更加行之有效的视觉传播策略。

视觉认知是通过视觉认识、加工、处理、传递信息的过程，视觉认知过程包括主体通过视觉感官接收视觉信息，再通过大脑的处理而获取并理解信息的过程。它包括感觉和知觉两个部分，具有自下而上的直接感知与自上而下的整体感知相结合，主体主动选择与主观建构，对物体恒常感知等特点。① 知识可视化理论的创始人马丁·爱普（Martin J. Eppler）指出，知识可视化的理论基础是视觉传播与视觉认知，二者可作为可视化研究的出发点和立足点。② 大众传播学者派特森·沃根斯（Patsy Watkins）将视觉传播研究划分为六个领域：美学、生理学、历史、符号学、感知学和文化研究。学者约翰·贝尔（John Bell）则认为，视觉传播的研究通常从以下四个角度切入：机器和生物学角度——眼睛"看见"；文化和图像学角度——眼睛"选择观看"；内在的眼睛——眼睛虚拟出的影像；电影和电视的角度——"运动"的眼睛。另有学者提出"视感觉——视知觉——视觉记忆——视觉表象及表象编码——形成视觉思维"③的视觉传播范式。

综上所述，本书所指涉的视觉传播是以视觉认知为基础的，综合视觉记忆、视觉表征等共同构成完整的可视化过程，即以视觉认知过程作为生物学基础，以视觉表征作为可视化的基本元素，将可视化视觉传播过程分为：（1）识别，即视觉认知过程；（2）理解，即视觉表征的生产过程；（3）沟通，即视觉传播过程。这些过程既是接续，又有交叉，共

---

① 任悦. 视觉传播概论[M]. 北京：中国人民大学出版社，2008.
② 国玉霞，颜士刚. 论视觉传播视野下的知识可视化过程[J]. 电化教育研究，2016(3)：20.
③ 莫永华，吕勇峰. 以人类分层传播模式探讨视觉理论的整合[J]. 现代教育技术，2008(11)：13-16.

同构成了可视化视觉传播实践的完整过程。

二、视觉传播的发生过程

(一)视觉认知的生理过程

了解视觉认知的生理过程是对视觉传播进一步探究的理论基础。人们是如何接收视觉信息的？接收之后如何处理？处理之后呈现怎样的结果？这些问题对于进一步利用视觉传播理论解决实践问题来说都至关重要。正如前文提到的，人体所接收到的所有信息有超过70%来自眼睛。眼睛是一个非常复杂的系统，也是我们能够接收视觉信息的结构基础。下图是一个眼睛的构造图，它描述了眼睛作为视觉感官捕捉图像的基本运行过程：物体反射的光线透过角膜，经过调整方向进入晶状体，并在晶状体的作用下精确聚焦，穿过玻璃体，到达眼球后壁的视网膜成像，最后通过视网膜上遍布的视神经传递给大脑皮层，并最终完成视觉认知。

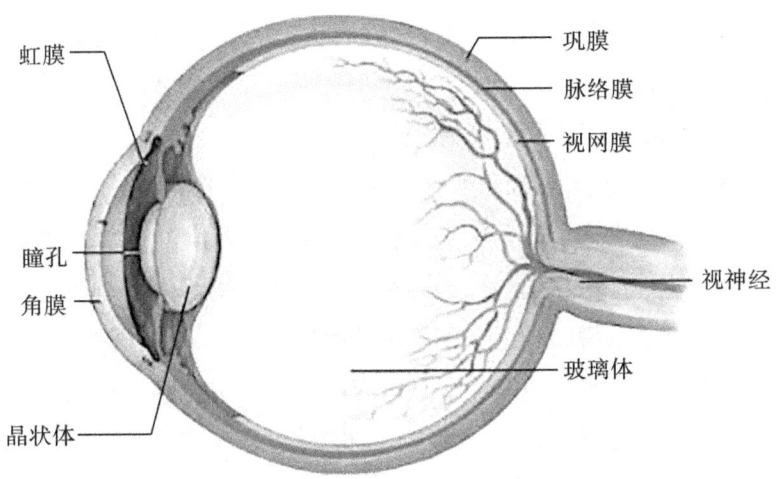

图 2-1 眼球的基本结构

人类的正常视野为左右各 90 度，上下各 80 度。在光线穿过角膜、晶状体、玻璃体等结构并最终成像的过程中，各个结构协调合作，缺一不可。其中，视网膜是由大约 1.25 亿个视觉细胞构成的一个网状结构，是形成视觉的重要组成部分。视网膜上的整个视觉区域可以分为两部分：中央凹视野（foveal field）和外围视野（peripheral field）。中央凹负责细节的精确聚焦，但只能覆盖两度范围，且无法在光线微弱时发挥作用。视觉区域的外缘叫做外围视野，它实际上是人类进化的遗留物，发展程度很低，起到防止受到野外各方敌人侵害的作用，因此对细微动作敏感，但无法清晰分辨细节。此外，视网膜上包括两种类型的视觉细胞：视杆细胞形状细长，共约 1.18 亿，主要负责夜间视物；视锥细胞形状像倒置的漏斗，共约 700 万，主要负责颜色和细节的分辨。光线在到达视网膜后，激活不同的视觉细胞，以产生不同的视觉认知效果。

此外，大脑在视觉认知的生理过程中也起到了至关重要的作用。物体反射的光线在到达视网膜成像后，通过遍布在视网膜上的视觉神经，将视觉信息传递给负责视觉感官的大脑皮层，经过大脑的简单处理，才算是真正完成了视觉认知过程。以立体视觉为例，实际上，人类的左眼和右眼所接收到的视觉信息之间存在细微的差别，大脑正是通过对这一细微差别的处理，使两只眼睛共同作用，从而达到立体的视觉效果，在看远近不同的物体时出现纵深感。

当然，作为一个复杂精密的仪器，眼睛同样存在着一些奇妙的缺憾，比如存在视觉盲点。"为了传递光信号，视网膜的神经元要与一束视神经相连，视神经穿出眼球再绕回大脑。但是由于视神经在视网膜的前方，它穿过视网膜的那个孔就不可能有感光细胞，这样就造成了视网膜上有一点无法感光，也就是所谓盲点。而我们平时感觉不到盲点的存在，是因为大脑能根据从两个眼睛得到的信息取消彼此的盲点，形成完整的图像。"①盲点的消除过程同样体现了大脑的处理对于最终视觉信息

---

① 方舟子. 达尔文的眼睛[J]. 科学世界，2002(1)：74-82.

呈现的重要作用。

(二) 视觉认知的特点及规律

你为什么会记住一些特定的视觉信息，而忘掉其他的大多数？这是因为大脑在我们意识不到的情况下首先对眼睛接收到的视觉信息进行了选择，而选择的标准很大程度上取决于你希望了解这一信息的欲望有多大。其次，你需要反复唤醒这一信息，每次唤醒都是一次印象的深化。这样这段视觉信息才会在你的脑海中从短暂记忆变为长久记忆，从而对你的行为产生影响。视觉传播者的目的并不是简单地让受众接收到信息，而是希望通过引人注目的视觉形象，利用视觉认知的特点及规律，使他们能够牢牢记住信息，从而引起行为改变。

鲁道夫·阿恩海姆在《视觉思维》一书中论述道："视觉感知并非是记录刺激物质的被动过程，而是大脑的主动关注，视觉是选择性的工作。对外形的感知包括对形式分类的应用，因其简单性和一般性又被称为视觉概念。感知与解决问题密切相关。"雅莱丝·汉森在她的《了解视频》一书中引述的数据同样惊人："据估计，进入大脑的信息中有75%来自视觉，进入或离开中枢神经系统的纤维细胞占38%。当前的研究表明，视网膜上有1亿个传感器，但只有500万个能够从视网膜传递到大脑。这表明，实际上眼睛处理的信息要多于大脑处理的信息，甚至可以说眼睛过滤了信息。"

阿尔多斯·赫胥黎(Aldous Huxley)曾于1942年创作《观看的艺术》一书，其中详尽描述了自己观看事物的过程，并将其总结为一个公式：感觉+选择+理解＝观看①。"感觉"在这里是心理学中的概念，即指人的眼睛能够接收到的视觉信息。"选择"则是从接收到的所有视觉信息中挑选出一个特定的元素进行固定，它是由意识和智力控制的行为，也

---

① [美]保罗·M.莱斯特. 视觉传播：形象载动信息[M]. 霍文利, 等译. 北京：北京广播学院出版社, 2003：4.

就是所谓眼睛的"聚焦"。而"理解"则是从更高的认知程度上对所选元素进行加工，理解其要表达的内涵，只有这样才能让这一信息成为你的长久记忆。赫胥黎曾说："你了解的越多，看到的也就越多。"①正如一位职业运动员在观看一场比赛时的效果与普通观众相比必然有天壤之别。可见，大脑的信息处理过程对于视觉信息的最终接收具有重要影响。

看不等于看"见"，"视而不见"一词描述的正是接收到的视觉信息并未被大脑选择的情况。大脑对于视觉信息的处理过程并非简单的接收信息，而要进行理解和记忆。赫胥黎所总结的观看的公式，其核心概念是加工。了解这一加工原理并加以运用，才能更好地进行视觉传播活动。

那么大脑在对视觉信息进行加工处理时，更加偏爱哪些因素呢？任悦在《视觉传播概论》一书中提到，"大脑对视觉信息的认知操作可以分成四个具有不同功能的系统，分别处理形状、空间、颜色、运动等信息"②。正是对应的这四个因素决定了大脑在加工信息时不同信息之间的优先级。

1. 色彩

光线和色彩是如何进入眼睛并在人脑中呈现图像的？了解光线、色彩是如何塑造我们所接收到的视觉形象，以及大脑对于不同形象的反馈规律，对于我们分析、塑造视觉形象具有指导意义。

色彩具有三个基本特性，分别是色品、纯度和明度。色品（chroma），或者叫色调，是指色彩的种类名称，科学地讲，它是指不同色彩之间波长的区别。纯度（value），也叫饱和度，是指色彩的浓度，浓度越高的颜色越明亮；相反则越灰暗。明度（brightness），是指物体表面的反光率。

---

① ［美］保罗·M. 莱斯特. 视觉传播：形象载动信息［M］. 霍文利，等译. 北京：北京广播学院出版社，2003：4.

② 任悦. 视觉传播概论［M］. 北京：中国人民大学出版社，2008：61.

色彩感知具有恒常性和记忆性的特点。恒常性是指不管在偏白还是偏黄的灯光下，在你看来红裙子永远是红裙子，不会变成其他的颜色。这是因为视觉处理会结合所处环境，并保持一定的恒常性。记忆性是指视觉信息处理往往会与记忆相结合，最终形成对于颜色的感知。比如小朋友在绘制图画时，会根据自己记忆中物体的颜色进行复原。此外，色彩能够吸引人们关注细节，更容易影响观者情绪。比如，红色代表着热血沸腾，黄色代表着活力四射，绿色代表着生机盎然，黑色代表着庄严肃穆，白色代表着纯白无瑕等。

2. 运动

罗伯特·E. 奥斯坦因在《知觉心理学》中提到，"我们的眼睛一贯是积极活动的，一直处于运动中——大量的眼睛飞快扫视和眼睛震颤，每秒钟眨一下眼睛，转动眼球、头部与身体，然后追寻正在移动的物体"。眼睛的每次"扫视"约需 1/20 秒，这也是视觉暂留所需的时间。利用视觉暂留现象（persistence of vision），人们可以使断断续续的画面连贯起来，这就是电影画面能够流畅播放的视觉原理。电影画面实质上也是"连续的静止画面"，法国人皮特·罗杰特（Peter Roget）发现，电影胶片通过一定的速率投射在银幕上产生了运动的视觉效果。这种现象也叫做错觉位移，是指静态物体呈现运动状态。

3. 空间

正如前文中所提到的，大脑对于空间的感知来自于左右两只眼睛所接收到的视觉信息的细微的差别，经过大脑校正，产生物体的纵深感以及立体视觉。艺术作品中经常出现的透视关系，就是典型的立体视觉的效果。如图 2-2 所示。

（三）感觉与知觉的区别

仔细观察图 2-3，看的时间久了之后，它是否发生了变化？究竟哪个平面在上，哪个平面在下？

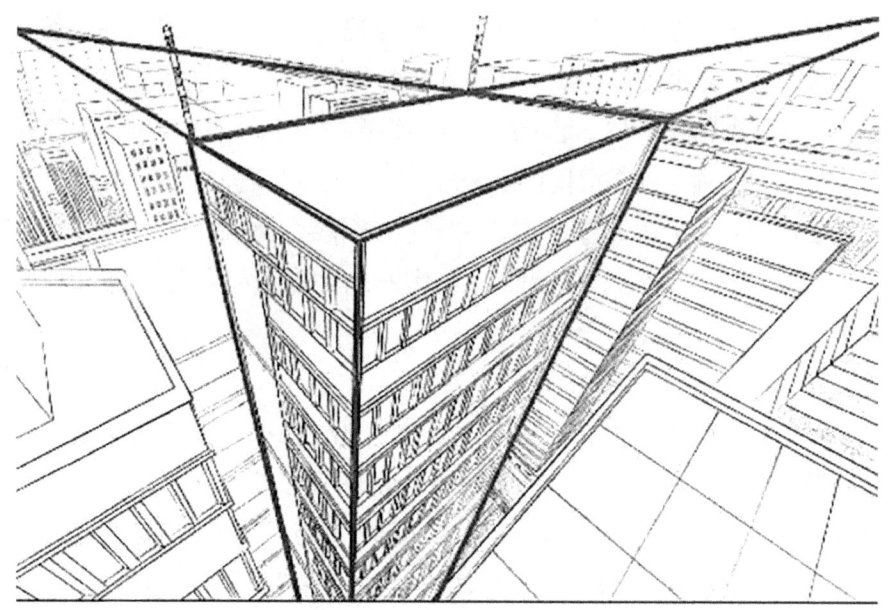

图 2-2　空间立体视觉效果图

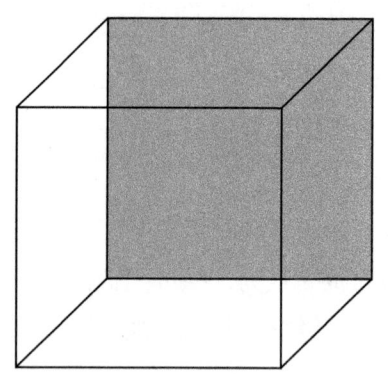

图 2-3　尼克尔立方错觉(Necker illusion)

同理，观察图 2-4，你能从中看到几个形象？

弗兰西斯·克里克在他的著作《惊人的假说——灵魂的科学探索》中，归纳了观看的三点本质：(1)你很容易被你的视觉系统所欺骗；

图 2-4　伏尔泰半身像消失的奴隶市场

（2）我们眼睛提供的视觉信息可能是模棱两可的；（3）看是一个构建的过程。① 可见，正如上文所说，看不等于看"见"，从感觉到知觉的过程，是人们经过信息处理，对事物从局部到整体的理解过程。

感觉理论通常包括格式塔理论、结构主义理论、生态学理论等，它们认为直接形象或媒介形象是由光和极少数其他元素构成的。形象感觉是指外界的简单刺激激活了感觉器官中的神经细胞，比如汽车的鸣笛声激活了耳朵中的听觉感官细胞，让我们听到了鸣笛的声音；烤箱中的鸡翅激活了鼻子中的嗅觉感觉细胞，让我们闻到了鸡翅的香味；电视上的画面激活了眼睛中的视觉感官细胞，让我们看到了美景。感觉是对刺激做出的低级物理反应，只能对信息进行简单识别，并不包含任何意义的诠释。

---

① ［美］保罗·M. 莱斯特. 视觉传播：形象载动信息［M］. 霍文利，等译. 北京：北京广播学院出版社，2003：32.

知觉理论主要包括符号学理论、认知理论等，它们主要关注人们对所见物体产生的意义联想。换句话说，知觉是大脑在处理信息之后所得出的理解和结论，比如鸣笛声提醒我们交通拥堵，鸡翅的香味让我们感到嘴馋，风景的画面使我们身心放松。也就是说，感觉是原始数据，知觉是接收感觉刺激后得出的意义结论。

第二节　视觉传播的代表理论和主要观点

"视觉表征"来自英文词汇"visual representation"，它意指用符号表现意义，主要研究视觉符号的内涵，探寻其如何表现现实，以及观者如何理解图像等诸多问题。在很多人看来，视觉符号似乎是一种再现媒介，一种图解性质的符号，因此他们轻易地觉得，视觉表征所承载的意义，较之文字语言是一个非常简单易懂的意义提取过程，只要看到就可以理解。然而事实并非如此。视觉表征虽然是对事物的图像化呈现，确实更加生动形象，但并不是对现实一对一的反映。不管是多么忠实于现实的图像，都可以在多个层面进行不同的解读。

任悦认为，图像和它所代指的现实之间有着复杂的意义关联，包含以下三个层面：第一，任何图像都包含着不同层面的意义，包括但不限于内涵和外延的差别；第二，这些意义的本质取决于他们所处的语境或环境，并且意义之间是相互关联的；第三，意义的某些层面是相对中立的，或者说是相对客观的，而另外的某些层面是充满了社会意义的，需要结合社会话语进行理解；第四，对不同意义的认识或阐释包含了分析或解码，它们通常依赖于被分析的知识和经验的本质。① 下面将要介绍的符号学理论，可以帮助我们更好地理解视觉表征的生产过程，以及视觉语言如何通过视觉表征来传递意义。

---

① 任悦. 视觉传播概论[M]. 北京：中国人民大学出版社，2008：89.

一、格式塔原理

1910 年的夏天，德国心理学家马克思·威尔特海默（Max Wertheimer）在一次火车旅行中发现了一个有趣的现象。当火车在德国乡村驶过，窗外的风景本来应该被车窗栏杆以及昏暗的墙壁遮挡一部分，使他无法获得完整的视野，然而实际上，他却看到了窗外完整的景物。结合当时风靡一时的"手翻书"玩具，每页纸张上分别绘制卡通人物的一个连续动作的不同时刻，当你快速翻动"手翻书"时，这些原本断断续续的动作就会连贯起来，形成一种"动画"的效果。据此，马克思·威尔特海默提出，眼睛只负责收集视觉刺激，而大脑能够将它们整理成连续图像。这一观点就是格式塔理论研究的起点。

格式塔（gestalt）一词来自德语，意为形式或形状。可见，格式塔理论是从形式和形状的角度研究大脑的认知问题。格式塔派心理学家通过对威尔特海默理论的进一步研究后提出，形象感觉是大脑将视觉元素或视觉形式组织成不同群落的结果，并进一步衍生出著名的观点：整体不等于部分相加。换句话说，知觉是各种感觉综合处理后的结果，而不是个别感觉元素相加的结果。格式塔学派认为："人类对于任何视觉图像的认知，是一种经过知觉系统组织后的形态与轮廓，而并非是所有各自独立部分的集合。简言之，'格式塔'心理学的基本理论认为：'部分之总和不等于整体，因此整体不能分割；整体是由各部分所决定。反之，各部分也由整体所决定'。"[①]

格式塔心理学（gestalt psychology）的基本原理是，人对物体的感知并不是通过大脑中某种自动存储的装置，而是通过对物体所呈现内容的能动的、且往往是无意识的诠释。我们所见不一定是真实存在的，而是那些看似真实的——它们是我们根据自己对世界的现有理解而构造的、

---

① 任悦. 视觉传播概论[M]. 北京：中国人民大学出版社，2008：70.

可以预料的"图像",它们的意义在我们所处的情境之中①。"格式塔学派认为人类的经验使其倾向于从整体上感知事物,而且他们不仅有这种把握整体的能力,同时更有着这种对于事物进行'格式塔'处理的天然倾向。"②这种天然倾向具有两点特性:一是补足未完成的图像,二是在杂乱的环境中找出想要的图像。这是大脑主动选择的结果,可以为大脑节约能量,提升认知效率,节约认知成本。

格式塔理论认为大脑在认知的过程中存在以下法则:

(1)优良性法则(law of pragnanz)。人们倾向于朝更加优化的方向认知形状,优良指的是更加有规律、有秩序、简洁、对称等的形状。比如,图 2-5 的这一不规则形状,人们更加倾向于把它解读为一个圆形与一个三角形部分重合,而不是一个钝角扇形、一个锐角扇形和一个不规则的类似梯形。

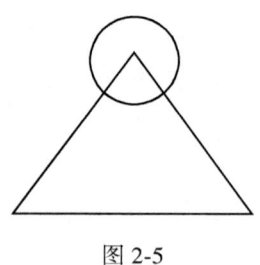

图 2-5

(2)完整性法则(law of closure)。假如图形中有缺失的地方,视觉会倾向于把这部分补足。图 2-6 是非常著名的"Kanisza 三角",几乎所有人在观察这张图片时都能够非常自然地看到一个三角形。实际上,图片上并无完整的三角形,我们凭借大脑的想象填补其中的空白,于是就看到了一个三角形。空白所在的位置让我们产生了错觉,似乎真的有一

---

① [美]托马斯·吉洛维奇. 吉洛维奇社会心理学[M]. 周晓红,秦晨,等译. 北京:中国人民大学出版社,2009:8.

② 任悦. 视觉传播概论[M]. 北京:中国人民大学出版社,2008:71.

个三角形覆盖在黑线画成的三角和三个圆圈上面。这个图形非常清晰，然而它完全来自于我们的知觉器官和我们对于视觉世界的背景假设。这些自动的、无意识的假设几乎没有被推翻的可能。

图 2-6

（3）相似性法则（law of similarity）。人们会把具有相似性的图形组织起来，将其视为一个整体形状。比如，人们更加倾向于将图 2-7 解读为一个十字形的圆形群体，和一个被分割成四部分的三角形群体。

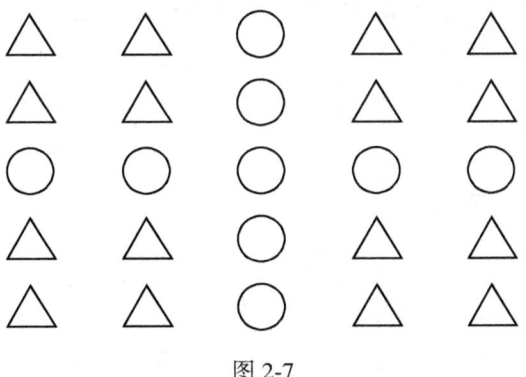

图 2-7

（4）接近性法则（law of proximity）。位置上越靠近的元素越容易被归为同一属性认知。比如，图 2-8 中的线条更有可能被划分为四组，而不是七组或其他。

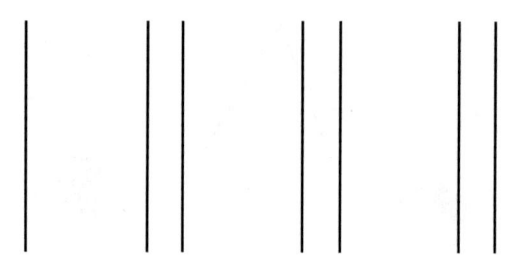

图 2-8

（5）对称性法则（law of symmetry）。视觉会将具有对称属性的元素归为一个整体。比如生活中常见的剪纸或窗花等。

图 2-9

（6）连续性法则（law of continuity）。视觉会保持延续，将中断次数最少的元素划为一个群体。比如图 2-10 中沿着箭头方向的一行圆形是一个群体，另外的四个圆形是一个群体。

（7）图形和背景（figure-ground）。格式塔理论最早的应用之一，就是解释主体和背景的可逆性现象。1915 年，丹麦的格式塔派心理学家埃德加·鲁宾（Edgar Rubin）做了一个有关主体和背景的试验。图 2-11

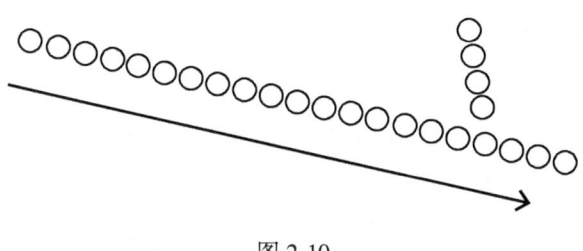

图 2-10

就是著名的彼得(Peter)和保罗·高布莱特(Paul Goblet)错觉效果图，也叫做"鲁宾杯"，该图既可以被解读为一个花瓶，也可以解读为两张面对面的人脸。然而大脑不能同时接收到这两个形象，观者必须有意地做出选择，并且这一选择是可逆的。

图 2-11

同样道理的还有上一节中曾经出现的图 2-4《伏尔泰半身像消失的奴隶市场》，这是由超现实主义画家萨尔瓦多·达利创作的著名的双重画像，观者可以轮流采用两种不同的方式观看画作。

总之，格式塔理论关注部分与整体之间的关系，因此可以指导我们如何从整体中提取元素，或者如何通过元素组合成一个整体，从而通过巧妙的视觉信息表达想要表达的意义。

二、符号学理论

符号一词使用得非常广泛,可以说我们的日常生活中处处都有符号的印记。人们对于符号的认识,可以追溯到人类文明的古代。无论是中国古代的《易经》,还是古希腊把病人的"症候"看作符号,无不渗透着符号的思想。正如亚里士多德的名言"口语是内心经验的符号,文字是口语的符号",符号正是利用一定的媒介来代表或指示某一事物的东西。

符号学是研究符号规律的学科,它研究人类社会与非人类社会使用符号和各种规律,或从使用符号的方式入手,研究这个社会的文化、文学艺术或其他方面。费尔迪南·索绪尔是现代符号学的奠基者,1920年以后,单纯在语言学领域产生影响的现代符号学经过布拉格结构语言学派、哥本哈根语言学派、列维·施特劳斯、罗兰·巴赫等人的推广后,逐渐应用于非语言学领域,法国结构主义——符号学从此兴起。紧接着罗兰·巴特的《符号学原理》于1964年问世,标志着符号学正式成为一门学科,符号学开始渗透入多种现代理论的思潮之中,这门学科又可以作为总体方法论,可以用来研究语言学、文学、艺术学、心理学、人类学、文化学等许多学科。

皮尔斯将形形色色的符号大致分为三类:图标型(icon)、索引型(index)和象征型(symbol)。图标型符号最易被解读,最简单快速,因为它最接近于要表达的事物,强调其相似性(比如照片)。索引型符号与它所要表达的事物间存在常识性或逻辑性的联系,它通过提供一定的逻辑线索,从而导致联想和行动(比如红绿灯)。象征型符号最为抽象,与它所要表达的事物之间没有逻辑性或代表性关联,需要通过学习,并且在一种约定俗成的基础上才能了解其意义(比如宗教符号、国徽的含义等)。由于象征型符号往往根植于特定的历史文化背景,所以更容易引起观者的情感反应。

三、视觉刻板印象

正如前文中所提到的格式塔理论，大脑对于视觉形象的认知依赖已有的图示或版式，这一现象同样出现在视觉表征的过程中——大脑对于视觉形象的理解同样依赖一定的模式，这就造成了非常常见的视觉刻板印象。

李普曼认为，刻板印象是我们脑海中的图像，是对纷繁复杂的现实世界的简化和重构。卡茨和布雷利进一步细化了这一定义，他们认为刻板印象是一种固定的印象(fixed impressions)，是人们对某一社会群体所共享的观念(shared set of beliefs)[1]。刻板印象具有三个特征：对人群进行分类，提炼该群体的特征并予以概括，该特征与实际特征并非完全符合[2]。从认知心理学的角度来看，刻板印象是通过分类的方式提高处理信息的效率，是人们所普遍具有的认知结构的基本特征。而视觉刻板印象主要是以视觉信息为表征元素，也是刻板印象中最为常见、比例占有绝对优势的一种情况。

在认知心理学的指导下，刻板印象被看做是大脑对所要识别的物体进行分类的过程，也是人类普遍存在的一种认知特征。其中一种观点认为，刻板印象塑造了某种物体的"原型"(prototype)，当人们遇到同类别的新个体时会将其与"原型"相匹配。这样可以帮助人们在第一时间以最快的速度获得对新个体的基本认知，节约大脑成本，提高效率。也有观点认为，刻板印象是以人们生活中一个具体的个体形象储存的，比如你对老人的刻板印象最早就来自于你自己的爷爷奶奶外公外婆。视觉刻板印象并不一定是一个负面词汇，而是正面负面兼备。比如人们对女性

---

[1] D. Katz, K. W. Braly. Racial Stereotypes of 100 College Students[J]. Journal of Abnormal and Social Psychology, 1933, 28(3): 280-290.

[2] Secord P. F., Backman C. W.. Social Psychology[M]. New York: McGraw-Hill, 1964: 66.

的视觉刻板印象,既包括"弱不禁风""手无缚鸡之力"等偏负面词汇,也包括"面容姣好""风姿绰约"等偏正面词汇。因而,了解刻板印象的原理一方面有利于传播者充分利用刻板印象进行形象提取,节约认知成本;另一方面也可以颠覆刻板印象,塑造全新的形象以吸引观者眼球,带来足够的新鲜感和视觉冲击力。

第三节　传播媒介的可视化特征

随着视觉技术的进步和消费社会及其文化的形成,以视觉为主因的视觉文化开启了一个"世界图像时代",其典型症候是世界被把握为图像,并逐步趋向于"奇观的社会"①。视觉文化本质上是一个在视觉符号的表征系统内展开的视觉表意实践,它蕴含了许多隐而不显的体制、行为、意识形态和价值观。事实上,由于新技术的采用,越来越多的新的视觉装置嵌入人们的日常生活,人们不但大批量地生产图像,而且无所不在地消费图像,视觉消费已经成为人们建构并确认自己身份的主要途径。在此背景下,作为视觉技术和消费社会二者最佳结合点的大众传媒,其视觉化趋势也愈发明显,"世界被把握为图像"成为一种普遍的文化取向,可见性成为当代社会和文化中最重要的文化资源之一,当代文化竞争在一定程度上就是"可见性"资源的争夺。视觉文化的领军人物米歇尔认为,视觉文化的研究应"集中于视觉经验的文化建构,这种视觉经验就蕴含在日常生活、媒体、再现和视觉艺术之中"②。

回顾人类社会的发展历程,人类文明的发展史,其实就是人类使用传播媒介的历史。人类一共经历了口语传播时代、文字传播时代、印刷

---

① 周宪. 视觉建构、视觉表征与视觉性——视觉文化三个核心概念的考察[J]. 文学评论, 2017 (3): 17-24.
② W. J. T. Mitchell. Interdisciplinary and Visual Culture [M]. Art Bulletin, 1995: 540.

传播时代、电子传播时代和信息时代五次信息技术的重大发展历程,每一次信息技术变革都对人类社会的发展产生巨大的推动力。第一次信息技术革命以语言的产生和应用为特征,语言的出现改变了人们交流的原初方式,成为人类社会化信息活动的首要条件。第二次信息技术革命以文字、纸张的产生和使用为特征,至此传播媒介完成了从听觉符号到视觉符号的跨越,信息的交流终于可以跨越一定范围的空间和时间。第三次信息技术革命以印刷术的发明为特征,印刷术的产生和普及极大地加快了人类文明的传播速度,扩大了文字和语言的影响力,使得全球范围的交流更为频繁。第四次信息技术革命以电信传播技术的发明为特征,电子技术解决了印刷时代传播介质的不足问题,使得信息传播真正破除地域隔阂,让世界的交流范围扩大,并且更为迅速、生动和及时,真正意义上实现了跨越空间和时间的人类交流。第五次信息技术革命以电子计算机和通信卫星的出现为特征,海量的信息通过数字化技术的展现,真正意义上实现了跨越时间和空间限制的频繁交流。人们不仅可以针对信息进行灵活及时的反馈,信息的传递也从原来的"一对多"变成了"多对多",世界因为数字网络而拉近了彼此的距离,变成了信息传递上的"地球村"。

根据英国传播学者巴勒特对媒介作为信息载体的具体表现形式的定义,媒介通常用来指所有面向广大传播对象的信息传播形式,包括电影、电视、广播、报刊、通俗文学和音乐,本书将从纸质媒介、电子媒介、数字媒介、户外媒介、未来媒介等层面考察传播媒介的可视化特征。

一、纸质媒介的可视化传播特征

传统媒介,是相对于互联网时代的新兴媒介而言的概念,主要是指按照某种固定流程定期向社会公众发布信息的平台媒体,包括报刊、广播、电视、户外广告等。纸质媒介是传统媒介的重要组成部分,它们在传递信息方面突破了时间和空间的局限，但仍旧缺乏如新媒体一般，拥有消解地域之间、社群之间、产业之间、信息发送者和接收者之间边界的力量。

一般来说，经营传统媒介需要时间沉淀，内容的发布需要经过把关，总体来说，从事传统媒体工作的人员专业素质较强。传统媒介在信息传播过程中，仍然具有不可替代的重要地位。

（一）报纸的可视化传播特征

报纸是指以刊载新闻和时事评论为主的定期向公众发行的印刷出版物。它是大众传播的重要载体，也是家喻户晓的传播媒介。报纸的起源，实际上远远早于纸张的出现。公元前 6 世纪，古罗马政治家恺撒将罗马及国家发生的事件记录刻在白色木板上，用以告示市民，这是世界上已知的最古老的报纸。在 2 世纪的西汉，邸报是我国最早的报纸。

得益于印刷术的发展和普及，报纸从"贵族化"走向"平民化"，开启了大众传播的篇章。1450 年，古登堡发明的金属活字印刷技术，让印刷的报纸开始发行。但是当时的报纸发行尚未形成周期性规则。1609 年，德国率先发行定期周报；1660 年，世界上第一张日报在德国发行。随后，法国、英国和美国等地报纸相继发行，用以刊载重大的政治事件。19 世纪末到 20 世纪初，报纸完成从"小范围群体"到"大范围传播"的过程，这个时期报纸的发行量剧增，读者的群体范围扩大，读者阶级不再局限于上流社会，而是普及到从上到下各个社会阶层。

大众化的廉价报纸出现后，开始了自由出版和独立经营。报纸的内容变得多样，大众信息刺激了报纸的发行，广告成为了降低售价、提升报纸盈利的重要来源。伴随工业革命后经济的迅速发展，特别是商品经济的繁荣，报纸的商业属性地位也逐渐明晰。大量早晚报、日报、周报等周期性刊物如雨后春笋般出现。彩色图片、多样排版和丰富信息成为了报纸的主要内容。

一般来说，报纸由报头、版位和栏目等基本板块组成。不同的版面设计也传达着截然不同的风格和定位。报头是最为鲜明的板块，也是区分其他报纸的鲜明标志。报头的色彩、图文运用，决定着报纸的整体基调。例如《人民日报》的报头，选取毛泽东主席的手写题字，搭配鲜明的正红颜色，凸显报纸的严肃感和权威性，而《新快报》的报头，以淡蓝色背景搭配橙色线条，活泼字体搭配"知情就是力量"的话语，视觉冲击力强，风格偏向新锐和活力。报纸的版面，是传达信息的重要位置。字号、排版和内容的不同运用，具有多元的视觉冲击效果。如果是商业性报纸，在其他栏目里常常会穿插商业广告、通知和启事等，这些广告往往图文并茂，话语具有煽动性，它们也是报纸传达信息的重要组成。

报纸作为展现静态图文信息的媒介，在视觉传播上具有明显的优劣特征。从优势来看，报纸的留存性强，可反复阅读，不受时间的绝对限制，不会错过转瞬即逝的信息；报纸的静态呈现，使得受众的专注程度较高；报纸的篇幅比较适合深度传播，受众耗费一定时间吸取报纸信息，从而让受众对信息有更为透彻的了解；纸张的可触性、折叠性和易标记，相对于电子屏幕来说，更能提高受众的阅读效率，从而激发受众的阅读和思考。

不过，相对于许多大众媒介，报纸也存在明显的劣势。第一，报纸的静态图文相对于其他媒介的动态呈现来说，其感染力较差，这在现场性突发事件的报道中尤为明显。例如 2008 年汶川大地震时期，报纸的静态图文展示，其感染力远远不及电视上声音、画面动态并行的现场；第二，纸张过多、版面过大，让读者在阅读的过程中稍感不便，用户在繁多的版式中选择信息时，往往要翻折许久，不便于读者快速锁定信息目标。第三，报纸的信息时效不及电视、广播等。同样的突发事件，广播电视可能反应迅速，而报纸因为印发流程较长，会损耗信息的新鲜度。

(二)杂志的可视化传播特征

杂志是有固定刊名，以期、卷、号或年、月为序，定期或者不定期连续出版的印刷读物，它也是图文并茂的纸质媒介，相对于报纸来说，杂志的刊载取向，更为广泛和细化。杂志的开篇，得益于印刷时代的起步。世界上第一本杂志于 1665 年在阿姆斯特丹诞生，它是法国人萨罗出版的《学者杂志》，杂志的封面印有黑白图案，并配有标题。后来，英国出现了介于报纸和杂志之间的定期刊物《评论》，美国模仿英国杂志的月刊，于 1741 年发行了美国大陆最早的《美洲杂志》和《将军杂志》。

我国的杂志起步，比西方国家晚了近百年。中国最早的杂志，是德国汉学家郭士立 1833 年在广州创办的《东西洋考每月统记传》。最初的杂志，在内容刊载上与报纸差别不大，容易混淆。后来，杂志的内容选取与报纸差别越来越明显。杂志更为广泛地选取常识、游记、深度评论和娱乐性内容，内容板块更为细致。

中华人民共和国成立后，我国的杂志发展更为多元。20 世纪 60 年代开始，市面涌现了《红旗》①《群众艺术》《人民文学》《人民画报》《中国国家地理》《中国新闻周刊》《小说月报》等许多优秀的杂志期刊。随着时间发展，杂志内容分化程度提高，后期更加入了《儿童文学》《幽默大师》《知音》《VOGUE 服饰与美容》《中国新闻周刊》等覆盖儿童、妇女、老人等多种年龄对象、多种社科领域的杂志。

杂志继承了报纸图文并茂的可视化特点，且较报纸的图文排版更为精美。现在大多数杂志都是彩色印刷，在图片的色彩呈现和还原上更为细腻丰富。例如《国家地理》杂志，注重摄影图片的艺术、构图和色彩，2014 年该杂志摄影作品总冠军《黑暗中的屏幕微光——香港地铁中的手机党》，用奇妙的光影构图和色彩设计，呈现了文字难以表达的视角，给读者更多想象的空间。相对于报纸来说，杂志呈现的内容更加注重信息的深度，马克思曾在《新莱茵报》中指出，杂志相较报纸的优点是"能更广泛地研究各种事件"，杂志的涉猎范围更广，研究深度较报纸快讯

---

① 《求是》杂志前身。

更深。另外，杂志以册为单位，相比多张纸张组合的报纸，更易收藏和检索信息。不过，在可视化传播上，杂志和报纸面临一样的缺陷。静态的图文呈现，表现力和感染力不及动态播送，信息反应速度较报纸更为滞后。

二、电子媒介的可视化传播特征

电子媒介可视化传播家族重要的成员当属电视。电视是当代社会最重要的媒介，也是大众媒介中最适合传统文化生存的媒介形态，追求视觉、听觉体验。传统文化的电视传播的仪式路径，一方面来自于传统文化的内在文化特质，另一方面是由电视这一媒介传播下的程式所决定的。传统文化的电视仪式构建了一种模拟具有历史感、现实感的社会生活结构的象征秩序，而受众也因此获得有关认同、神圣与信仰的文化体验[1]。电视的诞生，开启了可视化传播异彩纷呈的篇章。得益于电子传播技术的迅猛发展，普通的声、光信号可以转变为电信号远送千里之外的地方。信息的传递实现声画同步，前所未有地加大了信息的丰富度和传递广度。

"电视充分利用和开发了人类认识事物的两种主要途径：视觉和听觉，是现代技术综合运用的产物，以动态代替了书本的静态表现，以具象代替抽象，以形象代替概念。"[2]电视诉诸视觉符号系统，并期望借此来劝服观众。辉煌时期的电视行业，善于捕捉灵感并发挥视觉艺术，视觉内容的呈现大大加深了传播信息的现场感。不同的电视内容，通过不同的视觉元素试图营造不同的传播语境。

谈及我国的电视传播历史，不得不提及中央电视台的《春节联欢

---

[1] 晏青. 仪式化生存：中国传统文化的传播面向与表征模式[J]. 福建师范大学学报(哲学社会科学版)，2014(2)：113-118.

[2] 吕萍. 电视文化：消费社会中视觉文化的主流形态[J]. 新闻爱好者，2010(12)：8-9.

会》。这场在每年除夕时节播出的大型直播晚会，从 1983 年开办以来，一直是华人世界规模最大、影响力最广、收视率最高的综艺晚会节目。春晚通过诸多视觉符号，传递着丰富的中华优秀文化和中国精神。作为一档电视直播节目，春晚通过绚烂的舞台灯光、创意的图案展示、契合主题的布景舞美和多元的服装道具等，试图营造热情洋溢、热闹非凡的中华大家庭氛围。契合生肖主题的吉祥物设计、多民族的歌舞演绎呈现、永恒不变的红色基调，都在向电视机前的观众精准地传达着中华民族的气质与图腾。

严肃新闻类电视节目的视觉元素构成异于娱乐性综艺节目。在各卫视的《新闻联播》节目里，主持人通常穿着正式、体态端庄，背景通常以地区地图、节目标志或者新闻标题为主，力求简洁注目。常伴以文字下方滚动的动态条，增加新闻的时效性和可读性。在新闻内容的呈现上，突出画面素材的选取，力求现场感效果的增强；在调查性新闻栏目中，节目还会用到 3D 模型现场还原、Flash 动画解释原理等方式，将信息准确地传递到观众的脑海中。

广告也是电视媒介视觉传播的重要形式。广告选取视觉创意，通过真实的记录或者艺术的演绎，解构生活中的现象和隐喻，来重组话语表达，借以传递相应的信息。广告的出现，对于观众来说通常是无意识的。它们会打断节目内容突然进入，或者植入在节目内容中。这种伴随性的视觉刺激，随着观众在收看内容时被他们一并接收。例如，植入性的广告通常会依附在演员的台词中，在念及广告词时，画面里通常会有产品特写，或者内容方会将产品与当下的某一个画面、某一段文字、某一个演员的表情紧紧相扣，画面在这一刻产生较强记忆点，给无意识接收的观众一种"猝不及防"的深刻印象。

值得一提的是，从传播特点上来说，电视媒介具有伴随性。相较于报刊，电视对受众的注意力吸引程度较低，观众可以在多任务同时进行的情况下收看电视，这种情境下，因为受众注意力被分散，此时电视作为视觉传播媒介，影响力会削弱。此外，电视画面随着时间的行走而流逝，在尚未出现具有"回播"功能的智能新型电视前，电视内容不易保存。画面稍纵即逝，不易于受众对内容的深度理解，也难以传递画面的多层次内涵。电视媒介，更擅长塑造一种"印象"，电视剧、电视广告、综艺节目等，都是增强文化符号的方式①。当然，电视相较报刊来说，在视觉传播的特征上优势也较为明显。电视画面极具张力，流畅的视觉体验和多元的视觉表达，带给受众一场唯美的视觉盛宴。电视画面能进一步刺激受众的想象力，不过也可能将观众的想象力囿于创作者的世界中。

三、数字媒介的可视化传播特征

互联网的出现，让电子媒介的发展有了巨大飞跃。数字媒介，又被形象地称为"第五媒体"，它是继报刊、户外、广播、电视四大传统媒介形态之后出现的新型媒介。科技的迅速发展，改变了人们接收信息的习惯。

关于新型媒介的说法众说纷纭。美国《连线》杂志将其定义为"所有人对所有人的传播"，依靠互联网技术支撑的新形态媒介，催生着丰富的传播陈展方式和多元化的选择取向。数字电视、手机报、手机 App、网页 Flash 动画、H5 移动端页面等平台，都属于新型媒介范畴。清华大学熊澄宇教授认为，它是在计算机信息处理技术基础之上出现和影响的媒体形态。简而言之，跟计算机相关的，都可以称为新媒体。阳光文化集团首席执行官吴征认为，新媒体区别于传统媒体最突出的特征就是消解力量，消解传统媒体、社群和国家之间的边界。② 美国学者亨利詹金斯认为，数字媒介的出现，不仅加速了全球化和本土化的进程，而且可以摧毁一切传统的边界，"暴力符号"既让文化的生长趋于同质化，

---

① 张超. 报纸新闻可视化编排的反思与操盘策略——以《新华每日电讯》为例[J]. 中国记者，2016(9)：111-113.

② 钱岳林. 新媒体与新兴媒体[J]. 广播与电视技术，2009(8)：46.

又增强了文化异质因素成长的可能①。

尽管新媒体的说法众多，但不可否认的是，新媒体与互联网技术有着密不可分的关系，可以说新媒体是指由互联网联系起来的一切面向大众进行传播的平台，例如网页、视频网站、SNS 社交平台和游戏等。大量互联网平台如雨后春笋般出现，不断争夺着受众的注意力。传统媒介相对单一的传播方式、因较长制作流程而滞后的内容、纸张屏幕等硬件的体验局限，容易造成受众注意力的损耗和流失。而网站、视频和社交平台的多元信息，不仅传播及时，更能通过大数据精准预判受众的喜好和习惯，从而根据其兴趣量身定制视觉传播方案，在短时间内迅速吸引受众注意力，受到现代越来越多受众的青睐。

（一）官方文化网站

官方网站，是官方机构对接大众的前线，也是官方机构能第一时间向网民发声的平台。网站丰富的展示功能，能让受众更为直接、迅速、全面地了解信息，同时还能与受众产生多样互动，及时收集反馈。官方网站的建设，对于品牌形象的塑造和传播均具有重要意义。

2017 年，故宫文创在博物馆圈刮起一阵飓风，成为年收入 10 亿的新晋"网红"。故宫博物院的文化网站和延伸品牌，不仅将故宫凝粹的中国文化精致呈现，更紧贴时下流行的网络文化，抓住了年轻受众的喜好，深化了故宫的品牌形象。

故宫博物院的网站页面，颇具设计特色。一级菜单共分为八大板块，分别为首页、导览、展览、教育、探索、学术、文创和关于。透明度较高的菜单条置顶于页面上方，视觉上简洁大气。首页大背景图为夏季荷花塘漫画，一池碧水、满塘锦鲤，整个画面基调为绿色，契合夏季主题，富有意境。荷塘边两位少年，穿着现代，戴着帽子的少年指着荷

---

① ［美］詹金斯. 融合文化：新媒体和旧媒体的冲突地带［M］. 杜永明，译. 北京：商务印书馆，2012：3.

花。整幅画面除了拥有契合夏季的主色调外，更体现了古典与现代、古老与年轻两种文化相互碰撞的意境。另外，展览菜单下的"全景故宫"，也运用了互联网技术，将故宫宏观的架构立体呈现，让受众从一个现实中难以观得的视角去了解和探索故宫。除此之外，相关新闻、主题展览、学术沙龙、藏品展示等多元信息入口，让故宫宛若一幅珍品画卷，向受众徐徐展开。官网中，故宫文创板块特色鲜明，文创板块是根据故宫展品和宫廷文化进行创意设计的延伸板块，本质是网络电商，即文化周边的线上售卖。设计团队将古色古香的宫廷纹路与现代社会使用率高的日常物品结合起来，形成了一种严肃与轻松、古典与现代的反差对比。例如印有卖萌皇帝的手机壳、繁复花纹的文具胶带、以古代叫法命名的颜色笔记本等。年收入破10亿的背后，是故宫文创团队紧贴时代、独具匠心的设计智慧。

中国国家博物馆的官网也独具特色。打开页面，映入眼帘的是一段由文字和logo组成的Flash动画。黑色背景，暗红色边框，加上金色的文字，凸显出国家博物馆深厚积淀的形象。不仅如此，在"现在展览"的入口，受众不仅可以看到时下的最新展览，而且可以获取语音导航，边观看画面边聆听讲解，进入网站仿佛就进行了一次身临其境的参观，还可以在语音讲解后留下评论，提供建议或参与讨论，增强了传者与受者之间的互动性。

网站不同于电视、报刊等传统媒体，其信息的时效性更强、展示的方式更多元、展示的互动性更强，受众掌握更多自由选择权。以故宫博物院官方网站为例，有关故宫的陈展、讲座等都会在第一时间形成新闻页面被公布于网站上，其发布的灵活性和设计的自由度要高于传统媒体。展示的内容可以是文章、新闻、图文信息、漫画、Flash动画等。定期关注的受众，可以通过查询喜爱的板块进一步了解详细内容，相较电视单一的播放顺序，受众在网站的选择顺序不受制约，他们可以随意跳过不感兴趣的板块，而这一切都由受众自己做主。同时，对于感兴趣的内容，网站还设置了一键分享到微信或微博，这为受众的进一步传播和互动提供了可能。

不过，网站的传播也有一定的不足。第一，相较于声画兼有的视频而言，网页图文信息现场感和直观性不够强。第二，网站的关注程度高度依赖于受众的主动搜索，不少"游客"人群把网站当做查询信息的工具，只在参观前去进行功能性的搜索以获取展示信息、其他学术沙龙等深度内容，受众范围有限。

总的来说，关于博物馆的官方文化网站，本质上是一个播报新近活动的线上官方平台，就目前来看，网站的新闻功能性更强，学术和互动讨论等其他功能的深度尚待挖掘。

(二)视频类平台

互联网的到来，也带来了信息超载的困扰。受众的注意力有限，文字传播的仪式感在逐渐降低，新闻的生产及接收层面向游戏化、视觉化、轻悦化转变，更加注重受众的交互体验。据中国互联网信息中心统计数据，截至 2018 年 6 月，我国网民总量已达 8.02 亿，其中网络视频用户规模已达 6.09 亿，网民使用率为 76.0%，较 2017 年 12 月增长了 5.2%。① 随着 4G 网络的进一步完善以及手机资费的下调，网民在微信、微博等主流 App 上观看短视频的行为变得更加普遍。视频平台巨大的受众量，成为各大平台相互争夺的焦点。网络视频门户网站如爱奇艺、腾讯视频、优酷土豆、PPTV 等正不断抢夺用户市场。

2016 年，一部由叶君、萧寒导演的，在央视、爱奇艺和凤凰视频联合播出的故宫纪录片《我在故宫修文物》获得了较高的关注度。有人在该片的弹幕里写道"这简直是故宫的招聘广告！"，说明许多人被纪录片的内容所吸引。网上关于该纪录片的评论很多，有人认为，该纪录片收获关注的成功之处在于，导演并未将故事的基调单单定格在"文物修

---

① 中国互联网络信息中心. 第 42 次中国互联网络发展状况统计报告[R]. 2018.

复"这个严肃主题中,而是穿插了故宫修复师们日常的生活,遛猫、打杏子等极具生活气息的片段,庄严与轻松的反差,成功地塑造了博物馆纪录片。内容成功的背后,也不可忽略平台的影响力和贡献力。截至2017年7月15日,该系列纪录片在爱奇艺的播放量达到875.1万,由独立音乐人陈粒演唱的纪录片主题曲《当我在这里》MV在爱奇艺的播放量达到356.2万。① 一篇爱奇艺推广微博《评分超〈琅琊榜〉!大家为何把膝盖献给这部故宫纪录片》互动量达到500。在1.5万人参与的微博测评中,该片的好评度达到81.9%。互联网时代,视频平台的受众影响力不容小觑。

除了视频网站,近年来兴起的视频分享形式——直播,热度也居高不下。各大新闻客户端纷纷开起了直播功能,弥补图文阅览欠缺的现场感,让受众深入考古、制作和展览的现场去体验更为真实的现场。例如,腾讯新闻客户端运用直播采访的方式,现场记录了毕业于中央美院"90后夫妻"许明笙和朱悦回到家乡后,接手父辈泥塑工艺的工作日常。直播中通过多个镜头,记录了两位主人公补缝、封漆、上腻子等多道工序细节,客户端直播当日共有22.3万人参与观看,除了画面直播外,主播厅的直播员会实时滚动图文消息,包括现场照片和主人公采访文字。受众也可以随时参与直播厅讨论,与主创人员进行互动。

继直播大热之后,2017年,互联网行业又迎来短视频风口。短视频,通常指时长为5分钟内的视频。越来越多的内容聚合型平台,如新浪微博、网易新闻、UC头条等,纷纷开始短视频战略布局。有数据显示,2016年短视频内容创业共发生超过30笔融资,融资规模达到53.7亿元。腾讯以3.5亿美元投资了快手;另一边,百度已经看上了人人视频;而阿里巴巴则直接把自家沉寂多时的土豆网乔装打扮一番,摇身变成了短视频平台。无论是专业型还是综合类短视频平台,短视频的大热

---

① 数据来源:爱奇艺客户端平台。

本质上反映了一种趋势：在资讯爆炸的互联网时代，受众的关注力有限。① 内容的价值再次被重视，如何结合创意在短时间内讲好故事、展示主题并吸引受众，成为短视频传播的关键。未来博物馆的数字化传播，也可借鉴短视频的内容形式，进行独特的创意设计。

视频类平台作为视觉传播媒介的重要环节，具有许多独特的优势。最具特点的是双向互动、反馈及时。弹幕、评论区和直播发言功能的嵌入，让视频类平台大大拉近了受众与主创团队的距离。受众不仅可以留言观感、提出建议，在直播环节中与主创实时对话，甚至可能影响主创团队的制作走向。受众的地位得到无比的重视，传者与受众形成了双向互动的传播环，刺激着视频内容的生产。另外，创意视频的创作，可以赋予传播内容更具时代特征的符号和意义。视频类平台的自由度和开放度，鼓励所有用户的发散创作，更紧贴时代，更灵活多元。

不过，相较电视而言，视频平台的内容管理较为滞后。大量粗制滥造的内容充斥其中，让平台内的视频质量良莠不齐。内容整体质量较难保证。希望未来依靠大众审美的提升、优质视频的带领和相关监管的及时审核，能够让视频平台的自我成长生态更加完善，继而确保内容平台蓬勃发展。

(三) SNS 社交平台

信息时代，也是深度社交的时代。"地球村"时代，技术不仅拉近了人与人之间的距离，还为人与人之间的互动创造了更多可能。在微信、微博等 SNS 社交平台如日中天之时，推送文章、可视化新闻、H5 页面和短视频等成为了受欢迎的传播形式。众多推送文章，展现了博物馆在 SNS 的传播方向。如《但愿人长久，千里共 VR！足不出户可以逛的全景数字博物馆》里提到的 Google Arts & Culture、百度百科数字博物

---

① 阿宝. 短视频风口之下，行业能否最终走上商业化变现之路？[EB/OL]. [2017-05-25]. http：//www.myzaker.com/article/5925e7ad1bc8e0025 d000067/.

馆及其最早推出的全景博物馆云冈石窟、全景故宫等。文章中的二维码及相关链接，可让受众直达目的地。这种多链接的图文信息与朋友圈相结合，能逐渐形成基于社群分享的传播链。文章末尾的评论板块，不仅可以让受众参与留言，点赞功能更加强了不同受众之间的互动。

2014 年刷爆朋友圈的"今年不可阻挡"链接刮起了一阵关于 H5 的热潮，随着时间的推移，H5 在新闻报道与专题中的应用越来越普遍，同时它也在改变着已有传播模式。H5 是指第 5 代 HTML，也指用 H5 语言制作的一切数字产品。所谓 HTML 是"超文本标记语言"的英文缩写。我们上网所看到的网页，多数都是由 HTML 写成的。"超文本"是指页面内可以包含图片、链接、甚至音乐、程序等非文字元素。其在页面制作方面展现了优势，页面的层次结构更为优良，极具设计感，同时集图文、音频、视频等于一体，给用户带来更深层次的交互体验。越来越多的自媒体开始在 H5 中尝试全景 VR 技术，他们将拍摄的博物馆 360 度全景嵌入 H5 的视频展览中，给受众留下更多的探索空间，去自主发现画面中的细节。还有一些 H5 会邀请明星在视频中与受众进行虚拟互动，从而引导受众打开最终的链接并参与活动。这种跨越时空的互动形式，也带来了更多人的主动参与。这让我们不禁想象，未来的 H5 有没有可能实现历史人物与受众的全景对话场面呢？

从单纯的图文信息、视频内容到互动性强的 H5 页面，受众的参与度不断提高。社交平台的可视化传播，总体来说拥有以下几个优势：（1）制作成本较低，创作自由度较高。页面的制作主要涉及编程、文案和设计，相较于电视节目来说成本较低，创作的自由度较大，依靠技术支撑拥有更多发挥想象的空间。（2）传播便捷，影响力强。一键即可进行分享、评论和点赞，在特定的社群中进行传播，影响力强。（3）可实时跟进用户反映，数据易得。互联网平台对于受众的参与反馈较为及时，阅读量、点赞数、评论内容实时可见，方便传播中的统计和方案调整。

总的来说，新兴媒介依赖互联网技术，成本低廉，反应及时，给予受众更加强烈的互动性和现场感,这些优势在传统媒体中较难见到。它们作为除传统媒体之外的传播媒介,正肩负着越来越受重视的传播使命。新兴媒介的崛起,让人们看到了数字化视觉传播的新未来。

四、户外媒介的可视化传播特征

(一)户外广告

除了电视和移动端的"小屏",我们日常生活中还经常接触户外"大屏"。户外广告,作为经典的视觉传播媒介,传播效果和价值不可小觑。户外广告主要有两种呈现形式:静止广告牌和LED屏动态广告。众所周知,城市广告牌主要设立在城市公交站、百货楼、地铁站等人流量巨大的地方,因而户外广告的受众量广,且覆盖的受众群体更多,既包含平时接触传统媒体和新兴媒体的人群,也包含较少接触这些媒体的人群。例如我国旅游宣传、国家形象片登上纽约时代广场LED广告屏的新闻,特别是近几年屡见不鲜的粉丝自掏腰包让偶像登屏的事件,充分证明了户外广告的传播影响力。

不过,户外广告也有其不足。第一,受众人群针对性不强。户外广告更像是一场"大海捞针"的商业赌局,受众群体庞杂,因而无法精准地直达目标人群。第二,成本较高。户外广告的位置较贵。第三,传播效果难以量化统计。户外广告的收看人群,难以用具体的指标衡量,给后期的效果统计带来了难题。

(二)传统手工艺品

传统手工艺品包括蜡染、木雕、竹编、纸扇等传统民间工艺品,一直是民间常见的文化特色。手工艺品集民间智慧、传统审美和文化精粹于一身,是最能直观反映文化智慧的展品。

以湘西凤凰古镇的蜡染技术为例。蜡染是一种浸染布料的技术,使得布料上出现"冰纹",为贵州、云南等地苗族独特的制作技术。制作者需要先用蜡对布料进行处理。蜡染既考验美术功力，也讲究泡染手法。2006 年，蜡染被国务院列入第一批非物质文化遗产名录。现在，凤凰古镇出现了不少出售手工蜡染布料的店铺，蓝白相间的独特花纹散发浓郁的民族气质。传统手工艺品里的功夫，见于点滴细节，是文化传播中重要的环节，也是最为直观的传播方式。

现在，我国不少的博物馆、旅游景点，都专门开设了相关的民间工艺品街道或店面。如苏州园林的丝绸制品、秦兵马俑的陶俑人偶、云南地区的干花制品等。这些手工艺品极具地域特色，象征着如无价瑰宝一般的民间智慧。不过，由于技术的发展和商业的竞争，手工艺品的生产日趋同质化。未来手工艺品的竞争，更多地聚焦于创意和研发中，这一点故宫文创作为领先尝试，创造了不错的成绩，将古典与现代融合，紧贴时代步伐的创意做法，也值得更多人借鉴。

手工艺品的传播特征，主要是直观可感。这种可视可触的感受特征，超越其他媒介，成为文化传播中最直观的传播方式。不过手工艺品较难在日常生活中随意接触到，且不少物品较为笨重，传播不够方便。

(三) POP 广告

POP 广告主要指销售点广告，包括橱窗、柜台和货架的陈列，销售点的现场广告以及相关的海报、招贴等，也涉及包装纸、小册子等其他组成。①

POP 广告对于品牌形象的塑造至关重要。例如各大护肤品、珠宝、钟表的展柜、橱窗和宣传册，直接从色调、灯光、文字和图像直观地推广了消费品的质感，营造或华丽或个性的视觉印象。

例如"悦诗风吟"护肤品牌，在橱窗布置时，注重品牌所提倡的天然植物护肤理念，大面积采用绿植和绿色卡板作为背景，配以白色的简

---

① 章晓岚，金泠泠．商务视觉传播［M］．上海：上海交通大学出版社，2013：26．

洁布置和原木色系的礼盒包装，总体凸显了"天然"的特色，营造了"自然"的视觉气氛。这种视觉体验总体来说具有诱导消费、提升消费体验的作用。

第四节　媒介可视化的未来趋势

回顾传播媒介的发展，人们经历了从口口相传、文字传播、印刷批量传播、声画并行的电子传播，到全方位立体的信息传播。传播从传者向受者的单一传播，演化成了传者与受者的双向传播，受众的地位在不断提升。参与文化和集体智慧在媒介传播过程中，拥有愈加重要的地位。

信息爆炸的今日，琳琅满目的媒体平台和受众有限的注意力，必然导致受众在信息传播过程中不再是被动接受的一方，他们拥有了更多自主权，可以自由地对媒体品牌进行选择。在注意力资源有限的时代背景下，媒体视觉设计所营造的用户体验，会给受众留下最为直观的品牌印象；传播内容的视觉化效果，将会第一时间影响受众对信息的感知和判断。因而，媒体在迈入市场化的过程中，也在同期思考如何更好地运用视觉化效果强化内容的可视化和品牌影响力，继而扩大用户基数，提升他们的参与度。

近年来，纸质媒介在可视化传播方面进行了一系列的尝试与改变。

内容上，可视化新闻成为了重要尝试。可视化新闻主要是指客观价值高的新闻，通常是指对数据的整合，相比于文字，能产出更为直观的图示信息，包括统计图表和各类示意图，具有内容图解和活跃版面的双向功能。① 2009 年开始，英国《泰晤士报》《卫报》、BBC 和美国的《纽约时报》等国际知名的主流媒体陆续开始探索可视化新闻的生产模式。

---

① 程海声. 微信和报纸的可视化传播增效方法探析[J]. 新闻战线，2016(17)：119-120.

意大利《晚邮报》的周日增刊曾刊登了一则信息图表，分析了1901—2012年所有诺贝尔奖得主的情况，将部分指标与音乐音符进行联系。该图表新闻获得了2013年Information is Beautiful Award"可视化数据类"金奖。

同年，可视化新闻在国内受到行业的热切关注，可视化内容受到受众和行业的欢迎，越来越多的媒体品牌开始整合自身平台信息，建立自有的可视化内容团队。财新可视化实验室任远曾言："一个优秀的可视化设计师，需要同时具备数据分析、交互设计、视觉设计和程序开发的知识。"① 可见重视数据挖掘和视觉呈现，是可视化新闻生产的核心要求。财新网是国内最早实践可视化新闻的媒体之一，它的"数字说"栏目，以《老虎关系——周永康案关系图谱》《星空彩绘诺贝尔》《2015中国社交媒体影响报告》等代表作，在受众心中树立了独特的传播风格和品牌影响力。② 在文字的有限影响下，以图构的形式弥补其直观性的不足，能让读者快速梳理交织复杂的数据关系。几何图形和色彩的运用，高亮和暗淡的图形处理，能让人物关系变得更加明晰、数据重点和走势更加直观。可视化新闻正发挥越来越大的传播作用。

除了内容之外，纸质媒介也更加注重品牌包装的视觉传播。以报纸为例，头版的色彩与图形布局，与品牌的定位息息相关。《参考消息》的报头，黑色毛笔书写的四个大字赫然醒目，字体遒劲有力，没有其他多余和花哨的色彩装饰，凸显其严肃时政类报纸的品牌形象。《南方周末》则采用了大面积的红色作为报头背景色，也体现了它作为新闻深度评论类报纸的庄严性，但其杂志化的图文排版，大面积彩图的运用，又增强了它的可读性和休闲感。除了实体报刊，专业的网络媒体也非常重视页面的视觉效果。"澎湃新闻"和"新京报"两大网站，诉诸简洁感和

---

① 任远. 财新设计师：数据新闻可视化经验谈[EB/OL]. [2014-04-06]. http://djchina.org/2015/01/27/caixin_dataj_intro/.

② 舒丽萍. 从财新网"数字说"看国内可视化新闻的生存之道[J]. 东南传播，2016(8)：13-15.

通透度，均采用白色全背景以凸显内容，强化区别于其他网络媒体的庄严性和精英风格。

电视作为媒介的重要组成，仍旧在可视化传播领域发挥着重要作用。电视节目通过视觉引导新闻情节、节目风格特色和特效设置等，不断吸引观众的注意力。电视虽然视听兼备，但它缺乏像纸质媒介长篇文字那样的解读力，观众也没有足够的时长和注意力去消化。因此，电视的可视化传播设计就变得十分重要了。中央电视台《新闻联播》曾经播过《渔民杨德勃换船记》的新闻，节目从个人角度切入，讲述了主人公通过深海养殖新技术培养班的训练和政策补贴，提高了作业效率的故事。详细地解释了国家海洋局出台的相关海洋科技政策和海洋产业政策。平面媒体可以深入浅出地诠释一段文字，而电视媒体并不适合长篇累牍地播送政策，长期的电视工作，让人们逐渐探索出了"用事实稀释理论、用形象化解抽象"的可视化诠释技巧。① 不仅如此，越来越多的综艺节目都开始重视"字幕包装"环节，综艺《爸爸去哪儿》第一季的画内文字给不少观众留下了较为深刻的印象，无论是五颜六色的交代类文字、恰到好处的气氛烘托类文字还是古灵精怪的拟声文字，都具有十分形象生动的特点。这些文字在视觉上强化了人物形象、渲染情感并引起观众的共鸣。② 现在的电视节目，开始越来越注重后期的包装，这也是电视节目可视化的趋势之一。

互联网媒介的可视化趋势则更加明显。网络媒体，包括网络索引、网络视频、平面宣传、动画、论坛、微博等，都包含着大量的视觉传播。网络视频的首页，大量图文信息扑面而来，信息流自媒体充斥着文字、图像和视频信息。微博更是赶上了近年"短视频"的风潮，以快、短、有趣的视觉内容吸引受众。即使是听觉类媒体——广播，也会借助

---

① 刘小峥. 电视深度报道中论据的可视化处理[J]. 当代电视，2012(4)：62-63.

② 张笑寒，张莹莹，刘禹. 涂鸦式字幕在《爸爸去哪儿》中的运用特点分析[J]. 视听，2015(5)：62-63.

网络诉诸视觉文字和图片、影像，为视觉传播提供了新的媒介平台。①以"喜马拉雅FM"App为例，它是聚合了大量纯音频内容的平台，依旧对视觉传播做了精心的设计。首页主流推送的音频内容都带有各式各样的图片封面，运营者们借助封面的内容来提升内容的吸引力，运用红白相间的色调来凸显品牌的视觉特色，简洁扁平的操作界面提升体验。另外，以音乐为主要内容的QQ音乐移动端App，在首页也运用了显眼且富含设计创意的焦点图和歌单封面来吸引受众。总而言之，诞生于信息时代的互联网媒介，都离不开视觉传播的主题。

可以想象，未来的可视化传播，跨越多种媒体平台的信息流动将更加频繁，多种媒体和产业之间的合作也会源源不断，同时，内容的垂直分类和对应市场也会不断壮大。美国《连线》杂志主编认为，把足够多的非热门产品组合到一起，可以形成一个堪与热门市场相匹敌的大市场。这让互联网媒介不仅重视头部的媒体大传播，同时也专注于小众的垂直分类市场，例如动漫、影视、音乐等。②

另外，游戏产业也可能成为文化视觉传播的重要媒介。随着近年《王者荣耀》《阴阳师》《倩女幽魂》等历史改编类手机游戏的大热，特别是以腾讯系《王者荣耀》为代表的手游，除去精美的视觉界面设计，游戏本身是将中国众多历史名人与二次元审美相结合，树立游戏独立的世界观。例如王昭君、貂蝉、小乔等，英雄的视觉设计解构了历史中原有的庄严形象，变得更为生动有趣，贴近动漫和游戏玩家的审美。未来将历史人物的形象解构重建，并还原进游戏场景中，让玩家通过不同的剧情去体验游戏趣味的做法，会成为一种独特的视觉传播创意。不过，目前游戏市场运作偏向商业化，许多游戏中的历史人物被改得面目全非，作为传递信息的媒介，它很容易传递给青少年错误的历史信息和人物印

---

① 章晓岚，金泠泠. 商务视觉传播［M］. 上海：上海交通大学出版社，2013：25.
② 陈力丹，霍仟. 互联网传播中的长尾理论与小众传播［J］. 西南民族大学学报（人文社会科学版），2013(4)：148-152，246.

象，从而影响他们对历史的理解。期待未来有一款游戏，能以更为严肃的态度，来完成传播中华文化的使命。

在长尾理论的影响下，垂直领域的人群细分会做得更具针对性，如专门为某一个电视剧开展的短视频传播，为某一个音乐歌手制作的 H5 页面传播等。不过，面对新兴媒介的挑战，传统媒体会有更多的思考和改革。他们害怕新兴媒介将其市场逐渐侵蚀或彻底碎片化，因而会更加考虑自己的生存布局和传播可视化，并更注重受众的反应、建议和决策地位。

媒介形态层出不穷，而技术却已超越当下继续向前探索。近年来，互联网科技行业的前沿话题——人工智能、AR（增强现实）、VR（虚拟现实）等新技术，成为不少团队的研究重点，如以百度为代表的公司就在紧锣密鼓地研究中。随着支付宝推出 AR 实景红包、网易尝试 VR 新闻、爱奇艺开设 VR 电影功能以及更多 VR 游戏的开发，在未来，视觉传播可能演变为一场让受众足不出户即可身临其境的现场展示。随着虚拟技术的逐渐成熟，视觉传播的体验将会变得无可替代。

第五节　视觉传播与跨媒介叙事对文化传承的意义

随着现代社会工业化、信息化的快速发展，文化遗产所赖以生存的社会文化环境已经发生了翻天覆地的变化。移动互联网和手机等新媒体的迅猛发展，以及信息呈现与传播的方式不断更新，在给传统的文化传承与传播方式带来一定冲击的同时，也给中华优秀传统文化带来了新的发展机遇。正如前文所述，图像化与数字化成为当今媒介演进的主要趋势，传统文化唯有主动与视觉传播载体融合，通过建构跨媒介叙事平台、推动移动新媒体的场景入口建设、借用 IP 运营实现传统文化模因的产业化发展等思路，才能使优秀传统文化焕发出新的生机。

视觉传播媒介对于文化遗产保护与传承的意义主要体现在以下两个方面：

其一，利用各种视觉传播载体，帮助文化遗产重回大众视野。李普曼在其著作《舆论学》的开篇即提出"外部世界和我们脑海里的图像"，认为正是大众传媒把"外在世界"变成了"我们头脑中的图像"。之后伯纳德科恩提炼和发展了关于媒介效果的论断："新闻媒体远远不止是信息和观点的传播者。也许在多数时候，它在使人们怎样想（what to think）这点上较难奏效，但在使受众想什么（what to think about）上十分奏效。"①简单来说，媒介的议程设置就是指媒介的议程通过传播会转化为受众的议程，"即在一段时间里凸显在媒介议程中的内容也会在公众议程中显得突出"②。可见，受众对于文化遗产的关注与认知，在很大程度上取决于媒体的刻画和引导。通过视觉传播载体对文化遗产的形象进行塑造和宣传，能够让文化遗产重回大众的视野，引起他们的关注，为进一步理解与传承文化遗产打下基础。

其二，通过视觉传播手段对文化遗产所蕴含的信息进行放大和强调，从而形成文化增值。"传播所带来的文化增值，实际上是传播媒介的信息符号的放大作用。它一方面表现为量的增放，一方面表现为质的扩充。"③其中，"量的增放"主要体现在传播媒介打破时空的限制，提高传播效率和传播覆盖面，同时提高了文化遗产在大众文化生活中的出现频次。"大众传播及其借助报纸、杂志、广播、电视、电影等大众媒介不仅改变了文化传播单向流动的性质，而且由于它跨越时间、空间的障碍，克服或打破了区域及文字的限制，因此可以使文化增值成倍增

---

① ［美］斯坦利·巴兰，丹尼斯·戴维斯. 大众传播理论：基础、争鸣与未来（第3版）[M]. 曹书乐，译. 北京：清华大学出版社，2004：306.
② 麦克斯韦尔-麦考姆斯，郭镇之，邓理峰. 议程设置理论概览：过去，现在与未来[J]. 新闻大学，2007(3)：55-67.
③ 刘双，于文秀. 跨文化传播：拆解文化的墙[M]. 哈尔滨：黑龙江人民出版社，2000：157.

加。"①而"质的扩充"主要体现在，通过视觉传播作品的再创作，文化遗产及其所蕴含的历史文化都拥有了新的文化内涵和外延，甚至产生了全新的历史文化形象，使文化遗产真正融入大众的日常生活，成为大众文化生活中不可或缺的部分。

---

① 刘金龙. 文化社会学[M]. 济南：泰山出版社，2000：186.

第三章　荆楚文化可视化传播的现状分析

2014年，在中央电视台综合频道、央视纪录频道及湖北卫视热播的大型历史文化纪录片《楚国八百年》，不仅以全新的视角解读了楚文明，而且再次激起了人们对于楚文化的关注。那么，荆楚文化传播的现状如何？人们对于荆楚文化的了解又有多少呢？荆州电视台通过对楚文化的发源地——荆州市民的采访调查发现，人们对荆楚文化的关注情况并不乐观：提起楚文化，大多市民会想到荆州的一些著名景点，而有些市民则喜欢把楚文化和三国文化联系起来，但是在具体的答题过程中，大家更多的是凭着自己的印象来选择。电视台的记者共挑选了8位市民来答题，其中没有一位市民全部答对，成绩最好的市民只答对了三道题，其中一道题是"楚国第一美女是谁？"没有一个市民答对；而另一道题"沙市中山公园有哪一位楚国名相的墓？"也仅有两位市民回答正确。

鉴于此，本章从影视作品中的荆楚文化、新媒体中的荆楚文化和博物馆中的荆楚文化等维度对荆楚文化的传播现状进行梳理。

第一节　影视作品中的荆楚文化

美国心理学家吉尔福特在其智力三维结构模型中把传播媒介承载交流的信息内容分为5种：视觉、听觉、符号、语义和行为。一般来讲，媒介承载交流的信息种类越多，表明该媒介的信息传播能力越强①。据此，影视作品作为一种传播媒介，几乎包含了所有的 5 种信息内容，因而具有极强的信息传播能力。

在荆楚文化的可视化传播案例中，影视作品正是因其受众范围广、传播门槛低、传播效果好等特点，为荆楚文化的传播提供了极大的助力。第一节将对电影、电视剧、纪录片、综艺节目四种影视作品的主要类型，通过对经典案例的分析，总结归纳荆楚文化的传播现状。

一、电视剧

相较于其他影视作品类型，电视剧所具有的最大传播优势就是其虚拟的剧情设置，以及超大的剧情容量，使其在创作上的自由度最高、限制最小。因此，电视剧为荆楚文化的植入和创作提供了更大的空间。目前，针对荆楚文化的电视剧作品大致可分为三种类型。

第一类，以荆楚历史文化作为故事背景和框架，在剧情上进行艺术化处理或直接虚构。此类电视剧作品往往是套用了荆楚历史外壳的其他剧种类型（如宫斗剧或爱情剧等），艺术化程度较高，剧情的戏剧冲突性较强，因而更容易吸引观众，收视率更高。比如，2011 年播出的《美人心计》以西汉孝文窦皇后的人生经历为历史框架，通过虚构的剧情细节，描述了汉室后宫之中、幔帐幕帘之后的美人们尔虞我诈、斗智斗勇的故事。该剧自 2011 年 4 月 4 日登陆安徽、福建、山东、深圳、河南五大卫视以来，收视率几乎稳坐 29 城同时段的冠军宝座，网络指数更是长期居高不下。可见，强大的传播能力是此类作品的巨大优势之一。

同时在此类作品中，荆楚文化虽然仅仅作为背景出现，如以电视剧的布景（见图 3-1）、演员服饰（见图 3-2）、各种道具作为载体传播荆楚文化中的物质文化部分，但其华美精致的灵韵以及极具感染力的历史厚

---

① 高晓芳. 物质文化遗产的电视传播研究[D]. 吉林：吉林大学，2012.

重感均贯穿作品始终,随处可见,使观众在不知不觉、潜移默化之中对荆楚文化进行了符号化的认知,产生了初步的了解与印象。并且通过虚拟的剧情设置,使得这一印象不断被放大与强化。

图 3-1 《美人心计》布景

图 3-2 《美人心计》演员服饰

然而，由于制作成本、艺术化表达等因素，剧中经常会出现一些不符史实的布景细节，这与剧情上的虚构不同，观众很难分辨细节处布景或道具的历史真实性，因而很容易被误导，从而形成错误或模糊的文化印象。以 2015 年热播的电视剧《芈月传》为例，图 3-3 中演员刘涛所穿服饰在剧中被称作"翟衣"。依照周礼，皇后祭祀时所穿的服饰被称作"六服"，包括袆衣、揄翟、阙翟、鞠衣、展衣和褖衣。前三种（袆衣、揄翟、阙翟）统称"三翟"，正是因其服饰上绣有华贵的翟鸟纹而得名。然而剧中刘涛所穿"翟衣"并无翟鸟纹饰，属于历史性错误。因此，涉及历史文化题材的电视剧作品在创作时应当更加严谨负责，提高创作质量，尊重历史史实，避免误导观众形成错误的文化印象。

图 3-3 《芈月传》翟衣

第二类，以荆楚历史文化作为剧情的重要组成部分。此类电视剧作品通常以传播荆楚文化的历史进程，重要历史人物或历史事件，代表性文学哲学作品，或以荆楚文化为核心的民族精神为主要表现内容，有着质量高、专业性强的特点，往往相对来说更加尊重史实。以 2008 年出品的电视剧《大秦帝国》为例,该剧讲述了战国时代的秦国由弱转强进而一统天下,以及最后走向灭亡的过程,是一部以秦国为主要视角来展现战国历史的优秀作品。该剧尊重史实,融合了不少最新考古史料。为了尽可能还原历史真相,传播最真实的荆楚文化,剧组力邀数位历史学家担任历史顾问,仔细考证剧中的人物、器物、历史事件,以电视剧的表现方式让更多的观众重新认识这段历史①。然而因制作成本较高,制作周期较长,且收视风险较大,此类电视剧作品的数量相对较少,且优秀的代表作均出品于 2010 年之前。

  第三类,以近现代革命战争为历史背景,以荆楚文化所滋养的后代为表现对象。此类电视剧多以抗日战争或国内革命战争为主题,剧中的主要人物出生或生长于湘鄂等地区,受荆楚文化影响而传承了其革故鼎新、开放融合、善于谋略的民族精神,从而以较为隐晦的方式体现荆楚文化的精神内涵及其延伸。代表作有《铁血红安》《洪湖赤卫队》《中原突围》《国门英雄》《大汉口》等。以《铁血红安》为例,该剧是由中央电视台、中共湖北省委宣传部、湖北广播电视台等联合出品,于 2014 年 11 月 9 日登陆央视一套黄金时段。《铁血红安》讲述了出生于湖北省红安县(原名黄安)的刘铜锣、方杠子、戴慧平三兄弟,虽身处不同的革命阵营,但在相同的革命历程中锻炼成长的故事。红军时期,刘铜锣血战红安,发明"水牛阵"成功突围渡江,将荆楚文化中注重谋略的民族精神显露无遗。在之后的抗日战争时期,方杠子邂逅了一段与日本女子宽子的凄美爱情,该剧情可以视作荆楚文化观念中"开放融合"的代表。得益于"革故鼎新"的精神内核,三兄弟均成长为革命浪潮中的中坚力量。虽然此类电视剧以一种较为隐晦的方式间接表现了荆楚文化的民族精神,使得观众很难自主联想到"荆楚文化"这一符号,但其仍然是传播传承文化内涵的重要组成部分。

---

① 王淳. 历史正剧能否干掉雷剧神剧大妈剧?[N]. 重庆商报,2013-09-06.

二、电影

相对于电视剧来说，电影虽然同样以虚构的剧情作为主要表现形式，但与动辄三四十集的电视剧不同，电影通常浓缩在 2 个小时左右，其容量更小，主题更鲜明，制作更精致，具备很多模式化的叙事方式，善于塑造典型形象。此外，电影会花费大量的时间营造氛围，烘托气氛，对观众的情绪感染力较强。不同于电视剧观众的观看时间较为分散且不可控，电影是在短时间内进行集中灌输，因而更容易给观众留下深刻印象，所以在品牌化效应方面排在各类影视作品的首位。目前，有关荆楚文化的电影作品主要分为三类。

第一类，仅仅把荆楚历史文化当做故事背景，剧情纯属虚构，甚至涉及穿越等题材。1990 年 4 月 12 日于香港上映的影片《古今大战秦俑情》就是此类影片最经典的代表。该影片改编自香港女作家李碧华的小说《秦俑》，集合了巩俐、张艺谋、于荣光等重量级明星，以秦始皇苦练丹药，寻求长生不老为历史背景，讲述了秦朝郎中令蒙天放与少女韩冬儿跨越三世的爱情故事。影片中，蒙天放被泥封为俑，置于秦始皇陵，在两千年后被重新唤醒，并带领一众复活的兵马俑消灭了盗墓贼（见图 3-4）。虽然剧情是完全虚构的，但影片精准地提炼出秦朝文化的经典元素——兵马俑，并对其进行了艺术化的呈现。不得不说，很多观众对于秦朝兵马俑以及古代气势磅礴的军队最早的视觉化印象，就来自于这部影片。

同时，影片以爱情为主线，为这段历史注入情感，使观众能够代入具体的人物形象进行记忆。比如在影片的最后，时间来到 20 世纪 90 年代，蒙天放成为兵马俑坑内修补技工，他在兵马俑博物馆再一次见到了由韩冬儿轮回转世的日本女孩山口靖子，蒙天放呆呆地凝视也是电影中的经典画面之一（见图 3-5）。影片中的这一场景，既作为关键性桥梁，在秦朝文化、兵马俑这一文化符号以及兵马俑博物馆这一地域性的实物

图 3-4　秦始皇陵兵马俑大军

三者之间建立了具象的联系，同时用两人之间轮回隽永的爱情深深地打动观众，赋予兵马俑以及秦朝文化一种感性化、情绪化的加工。这非常有利于形成深刻记忆，从而获得观众的心理认同，并引起他们继续了解的兴趣。

图 3-5　蒙天放凝望山口靖子

总之，这部 1990 年上映的电影《古今大战秦俑情》获得当年香港票房第 5 名，并荣获 1991 年法国巴黎"奇情动作"电影展最受欢迎影片奖等诸多奖项。可见，不管是业内评审还是电影观众都对该影片非常认可。最可贵的是，影片直接将"兵马俑"变成了一个非常典型的历史文化符号，形成了非常成功的品牌化效应，2005年上映的由成龙主演的电影《神话》就是对其的模仿。

第二类，以历史人物或历史事件作为剧情的重要组成部分。此类影片通常基本框架符合史实，但在故事细节或人物塑造上存在虚构以及艺术化的呈现。相较于电视剧，电影作品中几乎没有完全尊重史实的影片，因为这样的作品更像是下文将要提到的"纪录片"。此类影片非常适合用作面向海外的文化出口，以2008年、2009年分别上映的影片《赤壁(上)》和《赤壁(下)》作为经典案例，如图3-6所示。《赤壁》系列影片以著名的"赤壁之战"为历史背景，在基本尊重史实的情况下，将周瑜、曹操、刘备等历史人物的性格进行戏剧化的改编，最终共斩获5.8亿元的内地票房。值得一提的是，影片在国际上取得的成绩同样可圈可点。导演吴宇森凭借该片获得第六十七届威尼斯电影节"金狮奖"终身成就奖、第十二届上海国际电影节华语电影杰出贡献奖。电影获得第十三届中国电影华表奖、美国拉斯维加斯影评人协会最佳外语片和日

图3-6 《赤壁》电影海报

本每日电影大奖最佳外语片,并入选《电影看中国》。虽然影片中存在很多历史性的争议,但仍然掩盖不了它对中华历史文化的海外输出所做出的杰出贡献。

第三类,动画电影。2016年6月1日,由湖北省博物馆、湖北省文物考古研究所共同创作的中国首部考古主题动画电影《曾侯乙》(图3-7),在湖北省图书馆举行了动画捐赠仪式,并邀请了数百位小朋友一起观看这部影片。该影片以湖北省随州市曾侯乙墓考古发现为素材,根据历史文献和考古研究资料,将这座墓葬虚拟成一座神秘的水下宫殿。同时设置"馆长爷爷""好奇小观众"和"神鸟立鹤"三个主要角色,讲述他们的探险之旅。影片共展示了包含9件国宝在内的32件珍贵文物,并荣获首届中国公共考古"金镈奖",是湖北省博物馆进行文化传播形式创新的优秀成果。

图3-7 《曾侯乙》动画电影主要角色

不同于真人饰演的电影,首先,动画电影面向的是低龄人群,扩展了荆楚文化的传播受众,以寓教于乐的方式向小朋友们传播历史文化,知识性相对更强。其次,动画电影需要对荆楚文化中的经典元素进行抽象化提炼,以及符号化呈现,以小朋友们更容易接受的方式进行传播活动。此外,该影片将实物与动画——2D和3D相结合,使得呈现效果更加生动直观，对于小朋友们来说更容易理解记忆。最后，影片通过剧情设置使主要角色来到曾侯乙墓进行探险，其中还处处穿插"闯关"和"问答"的元素，使得小朋友们在被激发观看兴趣、吸引注意力的同时，了解到很多常常被忽视或误读的荆楚文化知识。

当然，该动画电影的制作还不够精良，且影响范围不够广，毕竟是一部公益性质的影片。可惜的是，目前能够查询到的同类作品仅此一部，略显遗憾。

三、纪录片

与电影、电视剧作品恰好相反，纪录片在荆楚文化传播中采用的是更加写实的表现方式，以真实场景的记录或历史故事的再现，带给观众以视觉和内心的双重震撼。

在荆楚历史文化传播中，传统风格的纪录片通常以恢弘的气势、庞大的叙事视角为特色，充分凸显纪录片高质量的视听效果和精良的制作优势，如《楚国八百年》《汉江》《凤舞神州》等。其中，《楚国八百年》是由中央电视台与湖北广播电视台于2014年联合出品的大型纪录片，它第一次完整、系统地讲述了楚国近八百年恢弘庞大的历史，以全新的视角解读令人叹为观止的荆楚文化，共分为《初生》《觉醒》《受挫》《称霸》《歧途》《劫难》《变革》《涅槃》8个篇章。该纪录片通过"真实再现"的方式，并辅以CG动画的创新表现形式，让观众仿佛亲自见证历史的重大变迁。该片在豆瓣获得高达8.3分的评分（满分10分），可见其文化传播效果获得观众认可。

以《楚国八百年》为代表的传统风格的纪录片，以其真实性作为首要传播优势，通过历史的宏大与个人的渺小形成鲜明对比，从而带给观众以震撼。它在荆楚文化传播中能够最直接地对观众进行历史文化的教育与传承，"既能将真实的生活物化成一种可以复制、保存、传播的形态，留给人们一段活的历史，又能给观众提供一个创作者对生活的独特的、个性化的视角,供观众评介和欣赏"①。然而,传统风格的纪录片作为一种传播载体,本身就面临着受众范围较窄、影响力较小的问题,大大限制了纪录片对于荆楚文化的传播效果。因此,传统纪录片应当寻找与最新传播热点的结合点,从而焕发新的生机。虽然目前并无以荆楚文化为主题的代表作,但以《我在故宫修文物》为代表的新一代纪录片对于荆楚文化的创新性传播有着重要的借鉴意义。

《我在故宫修文物》是我国第一部展现故宫文物修复工作者不同寻常的故事的纪录片,是故宫90周年纪念的献礼纪录片。值得注意的是,该片于2016年1月7~9日在中央电视台纪录频道播出后反响平平,却在随后登陆知名弹幕视频网站哔哩哔哩后迅速走红,短短几天播放量突破百万次,豆瓣评分高达9.4分,并在微博上引起747万次的话题阅读②。

《我在故宫修文物》之所以能获得超越传统纪录片的传播效果,主要得益于其传播内容、传播受众与传播渠道三者的完美契合。当前以荆楚文化为素材的传统纪录片所面临的重要问题之一,就是在年轻人这一传播与传承的主体人群中的脱节与疏离。卡尔·霍夫兰认为:"大众传播媒介在设计劝服性传播前,首先需要做的工作就是要了解受众需求,这种需求会受到个人兴趣爱好、社会观念和行为态度等诸多方面的影响。在此基础上,来选择与不同受众个体差异相符合的信息进行传播和分享。如若不然,背离于受众差异性特质和不同需求的信息,在信息传播过程中,就会遇到来自受众的回避甚至是拒绝接受。"③当下的年轻人生活在一个"信息过载"的时代,大量的同质化信息已经不能引起他们的兴趣。而《我在故宫修文物》选取了"文物修复工作者"这一非常小众的群体,通过呈现距离观众日常生活较远的工作内容,反而带给他们以

---

① 朱羽君.对电视的生命感悟——朱羽君自选集[M].北京:北京广播学院出版社,2004:171-172.
② 杜诗画.《我在故宫修文物》网络走红的传播学分析[J].新闻世界,2016(11):63-66.
③ 李彬.大众传播学(修订版)[M].北京:清华大学出版社,2009:199.

新鲜感,激发观众观看与交流的欲望。观众在哔哩哔哩网站上更是以弹幕的方式,共同完成了该作品的再创作。同时,该片一改传统纪录片严肃庄重的语调,加入了更多符合年轻观众口味的调侃式旁白,如周一闭馆时一位女修复师在太和殿广场骑自行车,片中配以旁白:"上一个这么做的人是溥仪。"再如书画组组长指着《崇庆皇太后八旬万寿图》里的一个人物说:"你看,这个人像赵本山!"轻松诙谐的呈现方式与故宫本身的历史厚重感形成有趣的反差,使该纪录片收获了豆瓣上超过 4 万人打出的高达 9.4 分的评分,并引发了观众对于文物修复工作以及故宫文化的深度关注。

可见,荆楚文化纪录片可以以此为借鉴,在保持原有的写实性、震撼视听效果等传播优势之外,注重对受众喜好的分析以及传播渠道的选择,从而拓展受众群体,获得更好的传播效果。

四、综艺节目

较之其他的影视作品类型,综艺节目以其庞大的收视群体、巨大的影响力为主要传播优势,但同时也因其过度娱乐化的倾向遭到了学者和受众的质疑。目前,涉及荆楚文化的综艺节目大致可分为三类。

第一类,仅仅将荆楚文化相关场馆(如博物馆)作为拍摄背景,或选取历史性话题作为节目主题。以浙江卫视的真人秀节目《奔跑吧,兄弟》为例,2014 年 12 月 19 日播出的第一季第 11 期节目曾于湖北省中国武钢博物馆取景拍摄,并展开激烈的撕名牌活动;第 10 期节目甚至直接以"楚汉之争"作为主题,进行队伍之间的比拼。但此类节目往往只是将荆楚文化中的某一元素作为切入点,使其扮演影响力较小的配角,因此对于荆楚文化的传播力度较弱且多停留在表面。同时,在博物馆场景内进行激烈的撕名牌活动还会引起大家对博物馆藏品安全性的质疑。对于观众来说,博物馆对于荆楚历史文化与知识的传承等传播目的并未达成,取而代之的是与博物馆文化气质并不契合的过度娱乐化倾向，使他们产生本末倒置的担忧。

第二类，文化类节目中有关荆楚文化的章节。此类节目往往更加注重知识性和专业性，是对荆楚文化最为直接的解读及传播。它们涉及的内容也往往更加聚焦，针对某一切入点进行更加深刻的解读。比如，以中央电视台推出的《鉴宝》节目为代表的一系列鉴宝收藏类综艺节目，其中涉及荆楚文化的藏品，专家会以此为切入点，对其背后的历史背景及文化内涵进行深入剖析。"中国传媒大学教授田维钢和顾洁认为，像《鉴宝》这样的节目，对提高大众文化素养和收藏意识，促进中国传统艺术品价值的回归，起到了一定的促进作用。"①此外，还包括《国宝档案》节目"镇馆之宝"系列对于越王勾践之宝剑的介绍，《百家讲坛》节目"镇馆之宝"系列对于曾侯乙墓的介绍，以及《文明密码》中秋特别节目"荆楚秋时"部分等。可见，该类型的综艺节目以知识性为主，可以对受众进行最直接的荆楚历史文化普及。但是在激烈的收视竞争下，文化类节目正面临着受众群体老年化以及受众流失等问题。

第三类，介于以上两种类型之间。此类节目通常采用较新的表现方式（如真人秀），但主题紧紧围绕荆楚文化展开。以 2017 年 1 月 15 日在北京卫视首播的全新文化体验类节目《非凡匠心》为例，该节目由匠心体验引领者张国立，每期邀请一到两位明星好友与他一起寻访中国瑰宝级文化与技艺，体验打造匠心之作的过程。在 3 月 5 日播出的第七期节目中，张国立、龚琳娜、老锣一起探访了编钟复原大师李明安，并以此为切入点了解了荆楚文化卓越的音乐成就，以及编钟复杂的制作工艺，如图 3-8 所示。该节目的体验感丰富，带入感极强，创新性地将新老匠人对于传统技艺的传承与创新融合在一起，同时将门外汉与行内人对传统技艺的不同理解进行碰撞。明星全程参与其中，为节目带来一定的关注度、冲突性以及可看性，与此同时，节目紧紧围绕传统技艺的主题，

---

① 张立行. 浅谈收藏报道（节目）的勃兴——兼论当下传媒存在的几个突出问题[J]. 新闻记者，2008(2): 17-20.

图 3-8 《非凡匠心》之编钟

带领观众领略到这一技艺背后的历史文化。节目的最后,具有当今最高修复水准的编钟铸造大师李明安,致力于填补编钟音乐空白的德国作曲家老锣,以及他的妻子——音色不凡的新民乐歌者龚琳娜,共同献上了一曲贯穿古今、独一无二的编钟音乐秀,达到了非常震撼的视听效果,如图 3-9 所示。

图 3-9 龚琳娜演唱《湘夫人之歌》

第二节　基于数字技术的荆楚文化可视化传播

媒介技术的革新不断重构着人们的视觉表达，在新媒体环境下，文物除了会在实体博物馆展出外，一些有条件的博物馆还在网上设立了虚拟展厅，使用户能够足不出户就可以欣赏到博物馆的珍贵文物，有效地扩大了博物馆的传播范围。对于荆楚文化而言，基于数字技术的博物馆展陈，亦是传播荆楚文化的重要途径和渠道，网络阵地建设的好坏直接关系到荆楚文化的传播效果。

一、武汉市博物馆的可视化传播现状

（一）智慧武博——数字武汉博物馆

在现代科技迅速发展、媒介融合传播的时代背景下，博物馆也借助"数字化"延展出全新的发展空间和发展前景。20世纪90年代末，文博界逐步拉开了博物馆数字化建设的帷幕。目前关于数字博物馆的定义说法不一，就其本质而言，数字博物馆应该是"对实体博物馆及其相关现象统一的数字化再现和认知"①。它采用数字化方式对自然遗产和文化遗产的各方面信息进行收集、加工、存储和管理，并通过计算机网络为用户提供数字化展示，实现文化传播、教育和研究等各种服务。

而从传播学角度看，博物馆数字化技术向参观者的倾斜显示出尤为重要的意义，它不仅使参观者更直接地参与、介入博物馆叙事，影响博物馆叙事的城市认同实践方式和意义设定，而且拓宽了博物馆叙事的

---

① 陈刚.数字博物馆概念、特征及其发展模式探析[J].中国博物馆，2007(3)：88-93.

边界①。

"智慧武博·数字武汉博物馆"（图 3-10）开通于 2014 年 5 月 18 日，是武汉市深入建设"博物馆之城"的重要举措之一，市民可以通过手机和电脑随时观赏武汉博物馆的展览及展品。2015 年，"智慧武博"成为武汉市智慧城市建设示范项目。

图 3-10　数字武汉博物馆首页

"智慧武博"包含线上、线下两大板块。线上平台由虚拟博物馆、城市记忆、藏品档案、教育空间、我的博物馆五大板块组成（图 3-11）。观众不仅可以在虚拟场馆参观、浏览与藏品有关的图像、文献、视频、三维模型等信息，而且可借助个人平台发布自己的藏品照片，与其他爱好者交流。博物馆方运用多彩生动的页面，融合了用户访问和体验、文物三维展示、场景复原漫游等多项内容，让文物浏览变得更加真实、全面。用户不仅可以观看文物的相关介绍影片，还可以自行选择感兴趣的文物进行观赏。

此外，"智慧武博"还重视线上线下结合互动，在展览现场，用户

---

① 陈霖. 城市认同叙事的展演空间——以苏州博物馆新馆为例[J]. 新闻与传播研究，2016(8)：49-66.

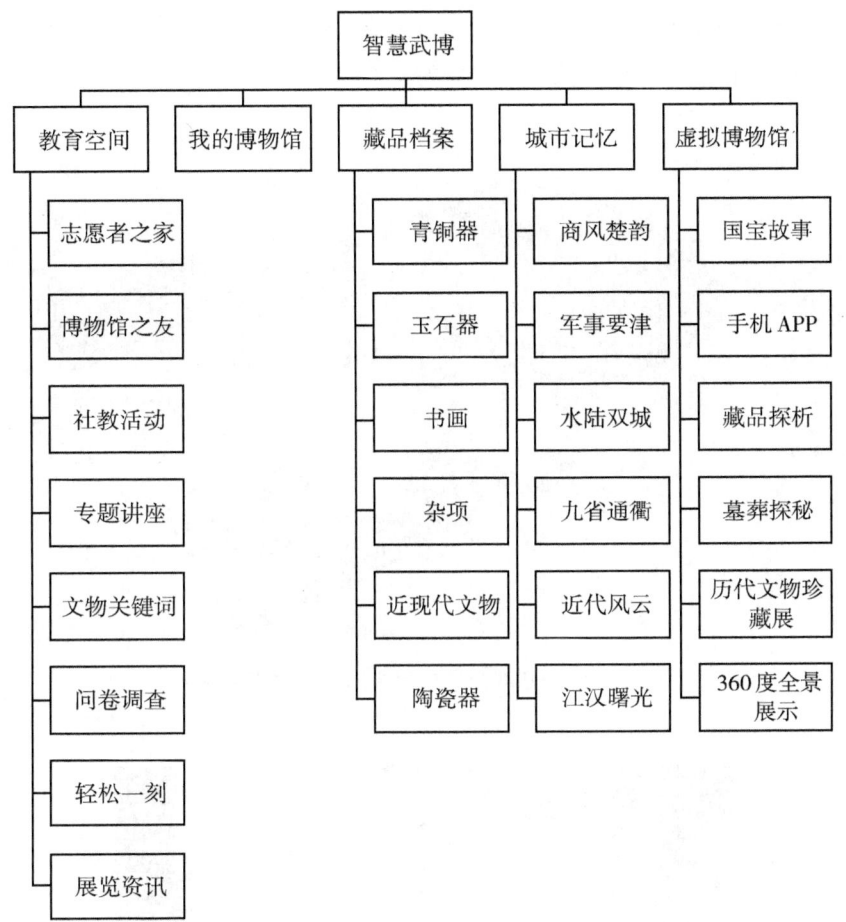

图 3-11　数字武汉博物馆内容结构图

可以下载移动智能终端应用进行自助式导览服务,并以扫描二维码的方式获取展品的详细信息。下面将对数字武汉博物馆的特色功能进行分条介绍。

1. 根据不同受众提供差异化讲解

在"虚拟博物馆——360 度全景展示"部分中,馆方根据不同受众群体的需求,提供了成人导游/儿童导游/自主浏览三种不同的电子讲解方式,如图 3-12 所示。其中,成人导游讲解内容知识性较强,而儿童导游讲解内容则更加注重对儿童的引导与互动,并随时提出简单的问题使儿童观众保持注意力,教育效果较好。如图 3-13 所示。

图 3-12　360 度全景展示选择讲解方式页面

图 3-13　儿童导游讲解截图

2. 部分三维场景复原设计

"智慧武博"将"历代文物珍藏陈列展"整体陈列厅及展品进行了三维场景复原，观众可以通过自行调整视角对整个大厅内的任意展品进行近距离观察，点击展品还有高清图片展示及讲解，如图 3-14 所示。

图 3-14　三维场景复原页面

3. 通过动画片及 3D 顶视还原对明楚昭王墓进行深度展示

明楚王墓位于武昌城东南 40 公里处江夏区龙泉山，系明朝八代九位楚藩王的陵寝，布局规整，保存完好，对于研究明代藩王的葬制、葬俗具有重要的学术价值。1982 年，初代楚王昭王陵经历了较大规模的修整之后，逐渐被开辟为风景区。

数字武汉博物馆利用 3D 顶视技术对明楚昭王墓进行了还原，并将普通观众无法深入的地宫部分也进行了部分还原，其间还穿插了简单的考古及墓葬知识介绍。针对儿童观众，馆方还特意制作了简短的动画片，用妙趣横生的方式，带领小朋友们"穿越"回六百年前的明楚昭王墓，将现在保存在博物馆内的文物摆放回它们本来所处的位置，使得儿童受众对文物和背后的人物历史有了更生动的理解。如图 3-15、图 3-16、图 3-17 所示。

图 3-15 "墓葬探秘"选择探索方式页

图 3-16 3D 顶视技术还原明楚昭王墓地宫部分

图 3-17 "墓葬探秘"动画片截图

目前,数字武汉博物馆(网页版)的建设还存在部分板块不完善、与手机 App 未能联通等缺陷,但在已呈现的虚拟博物馆部分,数字武汉博物馆利用动画片、3D 还原、高清图片等可视化手段充分地展示了馆内的珍品馆藏和武汉地区具有代表性的墓葬遗址,并创造性地对成人受众与儿童受众加以区分,为不同年龄层的受众提供了差异化的讲解和展示方式。

(二)武汉博物馆 App

当博物馆的服务理念由"以展品为中心"向"以观众为中心"转变,不免要利用新兴的技术与观众交流。

欧美及日本最早将先进的智能手机移动通信技术引入到博物馆的展示与导览中。早在 2003 年,日本国立科技博物馆就尝试使用手机导览,并由此开创博物馆手机导览的先河①，随后欧美国家也开始利用手机应用进行辅助导览，而我国博物馆 App 的发展也在这样的大环境下进行着探索，2015 年上线的武汉博物馆 App 就是其中的代表之一。如图 3-18 所示。

图 3-18　武汉博物馆 App 进入页面

武汉博物馆 App 包含"畅游博物馆""文化遗产""最新资讯""互动空间""为您服务""更多"6 个部分，观众不仅能及时获取最新展讯，了解丰富的文物知识，还能将自己参观博物馆时的照片上传到照片墙。

在"畅游博物馆"板块，"历代文物珍藏展""中国古代陶瓷艺术"

---

①　吴昌稳. 移动互联浪潮下的 APP 及其在博物馆中的应用[J]. 福建文博，2012(2)：75-77.

"武汉古代历史陈列""武汉近现代史陈列"等常设展览被分成若干个展区,观众轻点手机就能获取文物的详细信息。

这款 App 收录了两百余件馆藏精品文物的高清图片和文字解说,俨然一座小型可移动博物馆。包括武博"镇馆之宝"——元青花四爱图梅瓶——在内的 10 件重点文物,还将从最细微的局部进行动态展示。

除了展览和文物,这款 App 还详细介绍了以楚剧、汉绣等为代表的 12 项非物质文化遗产,并精选 21 组图文资料,系统展示武汉城市文明的发展脉络,"以黄鹤楼为例,观众只需点击'大开影界'中的相应内容,就能看到唐代黄鹤楼四季风景的变换,直观地感受这座江南名楼的宏伟气势和当年的盛唐气象"。

此外,App 中还设置了拼图、寻宝小游戏,使观众在享受游戏的同时可获得丰富的文物知识。

(三)社交媒体与武汉市博物馆

进入新媒体时代后,博物馆传播的边界也在不断延伸,即不仅要服务来到博物馆参观的受众,也要辐射到未到馆但对博物馆相关知识感兴趣的受众,这就是所谓的"博物馆公众"概念。"不仅仅是到馆参观的观众才是博物馆的受众,有潜在可能接收到博物馆传递信息的人都是博物馆公众,一个博物馆需要很清楚地明白他们的辐射范围大致是多少,不仅仅是利用博物馆进行传播,大众传播手段能够覆盖的公众也要包括在博物馆公众的范畴里,同时博物馆也要试图去了解这些潜在的受众他们大致是什么地方的什么样的人,需要怎样才能获得他们的了解和支持"[1]。博物馆要想实现传播效果的最大化,就必须尽量吸引博物馆受众并与他们进行互动沟通。

与大部分公共服务场所一样,在社交网络兴起以前,中国博物馆很

---

[1] 史吉祥,郭富纯.博物馆公众——一个饶有趣味和意义的研究领域[J].中国博物馆,2004(2):28-36.

难与公众进行直接有效的沟通，而当以微博、微信公众号为代表的社交平台兴起之后，由于其具有的信息传播的及时性以及与公众互动方式的多样化，很快成为博物馆与公众间建立联系的良好渠道。到现在，社交网络在博物馆文化传播的过程中开始占据越来越重要的比重，博物馆的社交网络形象构建也越发受到博物馆运营方的重视。在国家文物局2016年发布的《博物馆定级评估标准》中，提供"多媒体（微博、微信、App等）服务情况说明及软件页面截图"亦成为了其中一项评论标准。

武汉市博物馆作为湖北省三所国家一级博物馆之一（其余两所为湖北省博物馆及荆州博物馆），不仅积极建设数字博物馆，在社交网络平台也同样有着较好的表现。新浪微博账号"@武汉博物馆微博"创建于2013年2月，截至2017年3月，有粉丝12 298人，发表微博563条，微博主要内容为新展介绍、藏品推荐、活动预告以及一些与观众的互动，如在2017年2月，有观众通过微博反映某展品摆放位置不正确，就得到了@武汉博物馆微博及时认真的回应。如图3-19所示。

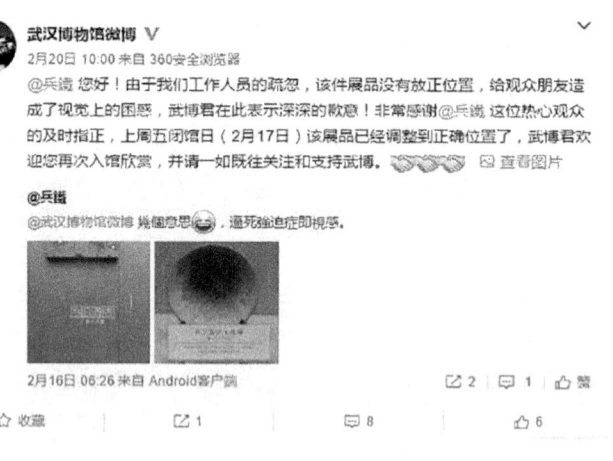

图3-19　@武汉博物馆微博接受观众意见微博

通过微博内容我们可以看到，@武汉博物馆微博自称"武博君"，这与微博账号的"人格化"有关。由于大部分微博用户是个人账号，所以在使用微博沟通交流的过程中，用户多是在进行"人"与"人"之间的沟通，这样的使用习惯也影响了机构账号，很多机构账号会通过"拟人化"建立机构的网络人格，通过亲切的人与人之间的沟通方式，削弱现实生活中机构与受众沟通时容易体现的呆板生硬的特质。但与其他博物馆微博账号对比，@武汉博物馆微博的内容紧扣日常馆内活动，虽然使用了第一人称与受众进行沟通，却尚未建立起独特的微博人格来吸引未曾到馆的潜在受众，每条微博的转发、评论、点赞数量也相对较低。不论是活跃程度还是粉丝数量，@武汉博物馆微博都有进一步发展的空间。

除微博之外，微信公众号也是新媒体平台的主要活跃元素，根据腾讯发布的 2016 年微信年度生活报告数据显示，微信平均日活跃用户已达到 7.68 亿①。微博微信两手抓已经是不少公共机构的共识，与微博单纯发布消息、注重互动的特质不同，微信公众号不仅可以每日推送消息，还可以提供诸如订票、导览等服务功能。从传播形式来看，微信公众号每天仅能推送一条消息，其核心模式是基于单一信息源对多数受众的传播，相对于微博来说更加封闭，却可以通过各种服务功能增强用户的黏性。同时，H5 页面等依托微信公众号的新型展示方式则可以通过动态画面、文字、音乐、视频等多种媒介元素的结合，更加生动、直观地展示博物馆方推送的信息，具有吸引受众、分享方便、传播路径不断扩大的优点。微信基于熟人的社交模式相比微博根据兴趣划分人群的关注模式，则更容易让推送内容实现跨越不同年龄、学历、喜好背景的跨圈子传播，对于博物馆这种旨在向全年龄段人群传播历史文化内涵的机构来说，微信的传播模式无疑与其诉求相匹配。

根据这样的现状，武汉博物馆也在微博、微信这两个不同的平台提供了不同的服务和信息。武博微信公众号自 2016 年 2 月到 2017 年 3 月

---

① 搜狐. 2016 微信年度生活报告：日活达 7.68 亿[EB/OL]. [2016-12-30]. http://mt.sohu.com/20161230/n477364230.shtml.

推送消息不足 100 条，但观众可以进入公众号的服务界面，通过高清图片及解说、掌上虚拟博物馆等方式对馆内各常设展览及珍贵藏品进行深入了解。如图 3-20、图 3-21 所示。

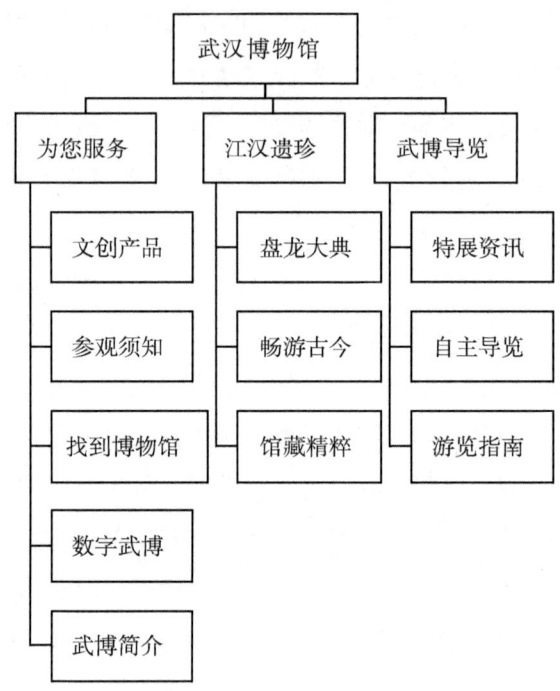

图 3-20　武汉博物馆微信公众号服务功能列表

二、新媒体时代传统文化可视化传播优秀范例

（一）虚拟参观：故宫养心殿数字展

北京故宫博物院前身为明清两朝皇家庭院，是历史意蕴丰富的文化遗产，但种种客观条件限制受众走进故宫的每一个宫殿，去按照原样欣赏摆放其中的藏品。为了弥补这种缺憾，故宫也做出了多种尝试，其中最具代表性的当属与首都博物馆合作布置的临时展览——"走进养心殿"。

图 3-21　武汉博物馆微信公众号展示展览截图

2016年9月，因为故宫修缮工程，养心殿部分文物首次走出故宫，首都博物馆也专门在馆内开辟出空间，按原样还原了养心殿的结构与布置，并利用多种手段还原了养心殿内曾发生的具有代表性的事件，以"雍正皇帝的一天"为叙事主线，向游客展示了养心殿的主人——清朝帝王的生活。

养心殿位于故宫内廷部分乾清宫西路六宫之东南，清朝入关后的第一个皇帝——顺治皇帝即逝世于此，之后康熙皇帝在此设立御膳房、造办处，日常学习、私下接见近臣也在养心殿进行。雍正皇帝开始将养心殿作为寝宫，一直到清朝灭亡，共有8位帝王曾在养心殿居住。可以说，清朝大多数与国运相关的重要决策都是在养心殿做出的，而在中国近代历史上产生深远影响的"垂帘听政"就发生在养心殿东暖阁。

故宫对外开放后，养心殿仅有30%的面积开放参观，观众如果想观赏殿内文物的话也只能隔着玻璃，无法进行近距离参观，更不用提"走进养心殿"进行感受了。而这次特展按照原样还原了养心殿主殿、东西暖阁、佛堂等建筑与内部陈列，首次揭开了保留至今的唯一一间帝王起居住所——养心殿的神秘面纱。

养心殿是清雍正朝以后的天子起居场所，也是每天政治活动上演的主要背景场所。在养心殿曾发生过无数影响中国历史进程的事件和对话，而展览也通过多种形式对这些历史片段进行了还原，进一步表现出了养心殿的历史地位。

在主展厅两侧有两个投影，分别投影出雍正皇帝与慈禧太后和臣子的对话，对话界面设计与现代社交软件界面近似，最大限度地吸引了观众的注意，也方便不同年龄段观众直观地理解古代君臣的对话内容。

在主展厅东侧，即为复原的养心殿东暖阁，再现了同治、光绪年间慈禧太后两度垂帘听政的知名历史场景，直观地表现出幼君居于前座，太后在半垂的帘幕后听政的场景，此时的慈禧太后可以说是清朝真正的掌权者。在东暖阁的桌案上还摆着相关的文字资料。

除此之外，展览方通过"雍正皇帝的一天"这一形式，将清朝君王自晨起到晚上休息的日常生活全景式地展现了出来，对于其中牵涉的文物、官职、历史事件等知识也进行了详细的介绍。

在解说介绍方面，"走进养心殿"特展不仅采取"聘请工作人员进行解说"的传统形式，还通过"首都博物馆"微信公众号进行自助语音导览，在微信对话框中输入展品解说编号，即可接收展品的文字及语音介绍信息，极大地方便了观众的自助游览需求。在主展厅西侧，博物馆还提供简易 VR 眼镜，利用手机网页对养心殿内部进行虚拟现实展示，点击相关文物还会出现背景知识的普及。

（二）当博物馆成为 IP——以故宫为例

近年来，文化产业出现了一股"IP"（知识产权）热，许多受众广泛的文学作品被改编成影视作品或推出相关的游戏和周边产品，而诸如"西游记"等富有代表性的文化符号更是在互联网的介入下成为极富商业和文化价值的品牌，这种互联网与文化产业相结合，打造以某一"IP"为核心的泛娱乐格局也成为目前社会的发展热点。而作为我国最具代表性的皇家园林和最负盛名的博物馆，"故宫"本身就是一个价值极高的"IP"，不论是故宫博物院的运营方本身还是相关的企业，都正在试图最大限度地开发其内涵，力争实现文化传播与商业利益的共赢，让古老的故宫借助社会发展的热点焕发新的生机。

2016 年下半年伊始，故宫博物院就宣布与腾讯公司合作举办"NEXT IDEA 腾讯创新大赛"，此次比赛主要涉及"社交网络中的表情包设计"和"创意游戏开发设计"两大领域。这次比赛并不是让参赛者根据"故宫"这一巨大而宽泛的概念进行泛泛发挥，而是由故宫方提供具体到某一藏品的元素，交由开发者进行再创作，这次故宫就提供了自身开发的移动应用和动态漫画形象元素以及诸如《胤禛十二美人图》《韩熙载夜宴图》等知名画作的美术元素，并提供了明朝皇帝的画像，使得不苟言笑的威严皇帝有机会变成表情达意的社交利器——表情包。

在近半年的比赛过程中，来自全国各地的游戏开发团队根据故宫原有的历史溯源和文化特色，开发出了大量玩法创新、内容精致的"故宫系"游戏，如结合故宫建筑结构特点的 3D 游戏《观宫》，结合中国古代"祥瑞"（吉祥物、神兽）元素的《故宫迷画》等。而在社交网络平台表情包设计比赛中，参赛者将自己依据故宫提供元素制作的表情包上传到QQ平台，由用户自行选择下载使用，在近一个月的时间中，这些肩负传播历史文化"重任"的表情包总下载量就突破了四千万次。这些表情包以故宫提供的美术素材和相关资料为基本参考，结合社交元素，开发出一大批富有故宫文化内涵，同时不失互联网时代特色的表情包，如"皇帝很忙""Q 版韩熙载"等，使得以前更多地出现在学习资料中的古代名画和人物焕发了新的生机。

进入 2017 年，"NEXT IDEA"与故宫博物院展开了进一步的深度合作，涉及的领域则是故宫为人称道的"建筑"和至今仍与当代人生活息息相关的领域——"服饰"。在"传统服饰"领域，故宫博物院与《奇迹暖暖》这一腾讯旗下广受年轻人特别是女性用户喜爱的模拟换装类休闲游戏进行合作，开发与古代传统服饰特别是故宫馆藏服饰相关的游戏副本，将故宫珍藏的精美宫廷服装、配饰以深受年轻人欢迎的游戏方式，展现给更多的受众。在游戏的过程中，精美的服饰及其背后的历史文化内涵也将更生动、更有趣地呈现出来。如图 3-22 所示。

2017 年 1 月，故宫博物院与游戏《奇迹暖暖》合作剧情副本"宫苑芳踪"上线，活动除了延续游戏一贯的换装通关模式之外，还设置了历史知识问答环节，通关玩家可以在游戏内获得宫廷服饰套装及《胤禛美人图》套装。精美的游戏内套装及历史知识的植入也获得了游戏玩家的好评，有历史学及建筑学专业的大学生在游戏官方微博评论区表示，在游戏剧情和问答中收获了很多之前并不知道的东西。

"NEXT IDEA"大赛一方面使得故宫内的文化元素深入到表情包、网络游戏等互联网场景中，另一方面，也通过比赛的形式为博物馆文创产业的发展选拔了新的人才，这样的尝试也为构建可持续的文创产业发展路径提供了助力。

图 3-22　腾讯游戏《奇迹暖暖》发布"胤禛美人图"主题服装(左)与原画(右)

除了积极寻求与互联网企业的合作外，故宫早在 2012 年就开始尝试探索基于移动设备的观众服务及藏品介绍应用程序，其中具有代表性的是 2013—2014 年，故宫博物院自主研发并上线了三款 iPad 应用《胤禛美人图》《紫禁城祥瑞》和《皇帝的一天》。这三款应用分别以清代宫廷绘画、院藏文物、宫廷生活为蓝本，从艺术、游戏、教育等方面对故宫文化进行传播。这三款应用设计精美、功能丰富，分别获得了应用商店编辑推荐和年度优秀移动应用的荣誉。

在进行了成功的尝试后，故宫还推出了"韩熙载夜宴图"全卷高清大图鉴赏、"清代皇帝服饰""每日故宫""故宫陶瓷馆"等移动应用软件，在文物复原、历史知识普及传播和轻量知识分享等方面均作出了有益的尝试。这些应用制作精良，内涵丰富，深受手机用户欢迎，在应用市场得到了下载者的高度评价，体现出了故宫的创新精神和良好的传播效果。

第三节　湖北省内博物馆受众参观行为分析

博物馆(尤其是遗址博物馆)是受众接触人类早期文明的最主要场所，也是进行属地文化传播最有效的媒介之一。对于荆楚文化而言，湖北省内的博物馆自然承担着荆楚文化传播的重任。博物馆的受众研究对于博物馆而言，是进行创新和未来规划的重要基础。全面了解博物馆受众的基本结构、特征以及参观动机、参观行为模式、态度、愿望和要求，对博物馆的存在和发展具有重要参考价值。这里以湖北省博物馆和荆州市博物馆为例做具体分析。

一、湖北省博物馆及其受众参观行为分析

湖北省博物馆筹建于1953年，是湖北省最重要的文物征集与收藏、陈列展览与宣传教育机构，考古勘探、发掘和文物保护研究中心，是国家一级博物馆、中央和地方共建的八家国家级重点博物馆之一，国家文物局挂牌的饱水漆木器保护基地，现有藏品23万余件，国家一级文物近千件。以屈家岭文化、石家河文化为代表的史前陶器，盘龙城和曾侯乙墓为代表的青铜器，春秋中期楚墓到汉墓出土的大量漆器，曾侯乙墓、郭店楚墓、望山楚墓、包山楚墓、云梦秦墓出土的大量竹简，梁庄王墓、郢靖王墓出土的藩王文物最具特色，是馆藏文物的代表。其中郧县人头骨化石、越王勾践剑、曾侯乙编钟和元代青花四爱图梅瓶被誉为湖北省博物馆的四大"镇馆之宝"。湖北省博物馆目前举办有《楚文化展》《曾侯乙墓》《梁庄王墓——郑和时代的瑰宝》等十个基本陈列，每年还引进十几个临展，以满足广大观众的需求。

自2007年在全国率先对公众免费开放之后，湖北省博物馆每年平均参观人数达160万人次，尤其是在"五一"等节假日期间，日参观人

数超过万人。2017年元旦当天,更是有8 829名游客挤爆省博物馆参观。从2010年开始,湖北省博物馆就开始做观众行为调查,以此作为依据来不断调整省博未来的发展规划,评估工作质量,最终提升核心竞争力。

湖北省博物馆采取的研究方法是发放问卷、半结构式访谈以及行为观察,抽样方法是随机抽样,以2013年的观众体验调查为例,除了整体情况调查之外,还特别调查了少儿观众、家庭观众、海外观众和特展观众四个特殊的受众群体,从而有针对性地进行观众分析和布展规划。

先看普通的观众特征分析,通过问卷和结构性访谈得出的特征结论如下。首先从基本信息上来说,男女基本持平,女性略多于男性,年龄集中在21~30岁,普遍受教育程度较高,大多为在校学生,且大部分为外省观众。

参观的方式和目的也较有趋向性,大部分观众在参观之前对湖北省博物馆本身了解较少,且为初次参观,参观目的也指向为"了解历史文化"和"专程来看某一展",结果方面的指向也很明晰,大部分观众觉得参观之后有所提升,而且会向朋友推荐,有时间也会再来。

普通观众的特征总结起来体现在,被博物馆本身的文化价值所吸引,参观最多的项目除了综合馆之外就是"楚文化"展厅。除了数据统计结果之外,结合访谈数据可以从特征中提炼出这样的结论:多样性的教育活动和丰富的展览室是吸引更多观众来到博物馆的主要因素,大多数观众仍然将博物馆当做"学习的地方"而不是"休闲娱乐会去的场所",这说明博物馆自身仍需提升趣味性。

再看少儿观众的特征,基本信息方面和普通观众吻合,在参观意愿方面,大部分小朋友都是自己要求前来参观的,且表现出非常有兴趣的态度,都是带着明确的学习目标前来,最后大部分孩子也表示能够学习到真正的知识,未来继续参观的意愿也非常强烈。因此少儿观众的参观特征可以归结为几个部分:(1)吸引他们来博物馆的主要因素是可以学到知识和参观许多珍贵的宝物;(2)他们理解展品的主要方式为听解说和看文字；(3)展品吸引他们的原因是精湛的制作工艺和文物的造型及艺术感；(4)和课堂不一样的是，博物馆的不同之处在于更加有趣和自由；(5)参观过后虽然表示学到了东西，但是同时感觉到闷。

可以看出，对于儿童观众来说，博物馆仍然是另一个学习的场所，虽然较之课堂来说是有趣的，但是仍然无法完全释放他们的天性来接收这些新鲜事物。

再从家庭观众方面来看，主要特征表现为，女性家长普遍多于男性家长，年龄集中在31~40岁这个阶段，家庭大多数来源于本市，且家长本身的受教育水平较高，博物馆经验也高于其他观众。家庭参观的主要目的是培养子女的文化兴趣，有半数以上的家长在参观之前为孩子设置了学习目标，大部分家长也会对子女进行一些讲解。参观过程中，大部分家长认为参观博物馆能提升孩子的民族自豪感和对传统文化的兴趣。

从这些特征可以看出，家长们也将博物馆作为对下一代进行教育的重要场所，由此也可知博物馆的布展和规划，还肩负着教育的重要职责，但同时如何教育，如何达到教育致效，这些都是需要思考和发掘的。

在湖北省博物馆做的观众调查中，还有一类特殊的人群是海外观众，海外观众的特征主要表现在参观目的和意愿大部分是因为旅行社安排，参观时间也较短，且之前对湖北省博物馆了解较少，但整体满意度较高。不过在问卷和访谈的过程中，也有很大一部分海外观众表示听不懂或者看不懂语音或文字信息，展厅内各种标识也不是那么清晰，最重要的是，湖北省博物馆在信息传播渠道方面仍然存在一定的滞后现象，官网或者其他渠道很难同步更新信息，这对于海外观众自发参观其实是存在一定阻碍的。

海外观众的出现说明博物馆本身就是一个与外界进行历史文化传播与沟通的枢纽。这里展示的本民族的历史同样也是宏观上全人类的瑰宝，对于构建国家形象，提高世界地位都有着不可估量的作用，所以由海外观众特征所生发出的一些问题,应该得到及时而妥善的解决。

最后一类是特展观众,这一类观众其实是最靠近博物馆核心内容的人群,他们有着自己的需求和看法,为了一定的目的而来探寻特定的某个特展,他们的特点主要表现在:首先,主要是集中在21~30岁的学生,大学生是其中最主要的群体,这也和一开始普通观众"学历越高参观意愿越明确"的特征吻合;其次,参观者中绝大多数拥有美术馆和博物馆的参观经验,其中一半参观者过去曾来过湖北省博物馆;再次,仅有10.8%的观众是通过官方网站或其他媒体来得知特展信息的,其余绝大部分都是偶遇展览;最后,普遍满意度较高,但参观速度普遍很快,在15分钟左右,并不会仔细研究。

从这些特征可以看出,湖北省博物馆的特展观众群体,本身就是一群有博物馆诉求的人,应该有很大一部分这样潜在的观众,但是由于湖北省博物馆本身在宣传和通知方面表现不佳,展览信息并不能通过各种渠道有效地传播给这群人,这就导致在举办特展前就已经流失了很大一部分潜在观众,这一部分的空白,也是未来博物馆可视化可以填补的,互联网和多媒体的交互使用也是达到传播致效的一个重要手段。

二、荆州市博物馆及其受众参观行为分析

荆州市博物馆位于国家历史文化名城荆州城内,是一座融陈列展览、宣传教育、文物收藏与保护、考古发掘与研究等多种功能于一体的地方性综合博物馆,拥有馆藏文物13万余件,绝大多数是考古发掘的出土文物,也有一部分传世文物和革命文物,其类别包括铜器、陶器、瓷器、漆木器、玉石器、丝织品、金银器、古字画、简牍等。其中国家一级文物553件套,荆州博物馆在做好馆藏文物的科学保护方面取得了可喜的成绩,尤其在饱水漆木器脱水与古丝织品保护技术方面已居全国前列,并成功地为北京、云南、湖南、江苏、河南、安徽、江西等地的饱水漆木器、竹简进行了脱水保护,取得了显著的效果。

2016年,荆州市全市的博物馆、纪念馆累计免费开放4 530天、接待观众246.32万人次,其中,荆州博物馆接待观众约116万人(比上年增加11万人次),讲解接待2 189批次。全市各级博物馆组织开展"5·18国际博物馆日"系列活动,"手拉手心连心"进社区,"荆楚瑰宝趣味讲堂"进校园,"荆博文物风采"绘画比赛,关爱老人、盲人群体,走进社区、学校、军营等20余个具有文博特色的宣教活动。

第四章 荆楚文化可视化传播的路径与策略

　　大遗址是指占地面积较大，具有较高价值的遗址。这是一种特殊的文物资源，记录着人与自然的长期共存关系，凝结了人类的早期文明，是人类长期从事各种活动的重要遗存及文化传承的一种方式，具有重要的历史、科学与艺术价值。作为人类共同的文明策源地，文化遗址连接着历史与现代，是构建一个城市乃至一个民族文化形象的重要标志物。党的十八大报告提出，要"促进文化和科技融合，发展新型文化业态，提高文化产业规模化、集约化、专业化水平"。习近平总书记也在不同场合多次要求，要系统梳理传统文化资源，让收藏在禁宫里的文物、陈列在广阔大地上的遗产、书写在古籍里的文字都活起来。国家文物局2017年印发的《国家文物事业发展"十三五"规划》中，明确提出要切实加大文物保护力度、加强文物科技创新、全面提升博物馆发展质量、多措并举让文物活起来。

　　在数字化时代，以数字技术为核心的信息革命对人类科技、经济、文化等诸多领域产生了重大的推动与影响。一方面，科学发明和创造融入了艺术的想象和情感，文化产品为科技的落地提供了多元化的应用场景；另一方面，艺术创造和美的探索又渗入了科学的技术和理性，并通过体验融合、增加真实性及互动性使消费者的文化体验更为丰富。技术的聚合不仅为文本的表达提供了更多可能性，而且以语言为中心的文化正日益转向以视觉为中心的文化，数字化、影像化、互动化、故事化表述成为全媒体时代认识世界的重要方式。数字技术的广泛应用不仅使得文化遗址得以保护和发展，同时也冲破了历史与当代的时空阻隔，打破了文字、声音、图像等介质的限制，为不同的文化元素进行交流与发展提供了数字化平台，并形成全球共享的数字化文化资源。在文化与科技日益走向深度融合与渗透的背景下，大遗址区文化传播也需要进行当代性"转化"，即将传统文化遗产的保护传承与当代科技创新等命题融为一体，向技术要效益，向技术要效率，构建大遗址区文化数字传播体系，依靠高新技术提升公众在大遗址区文化传播过程中的社会临场感与参与热情，进而提升大遗址区文化的社会融入度。

鉴于此，本章在前文梳理的基础上，针对荆楚文化中以楚郢都纪南城和楚墓熊家冢为代表的物质文化资源，及以楚风楚祀为代表的非物质文化遗产资源的差别，提出了不同的可视化传播路径与策略。具体来说，针对荆楚文化中的物质文化遗产资源，可以通过在大遗址区设立遗址博物馆，或是将这些看得见摸得着的物质文化遗产"搬"到博物馆进行情境化展出，进行可视化传播；针对荆楚文化中的非物质文化遗产资源，则可以通过复建还原古村落、编排实景舞台剧等方式进行可视化传播。此外，还可以基于数字化的传播技术，设立智慧博物馆、互联网虚拟博物馆等方式进行可视化传播。

第一节　博物馆情境化传播的逻辑起点与实践路径

大遗址区的文物资源凝结了人类的勤劳和智慧，是人类文明的产物，对大遗址区的保护也是我们国家一项重要的文物工作，保护遗址就是保护珍贵的中华文化，保护大遗址就是要传承人类文明的精华。针对大遗址中那些可以移动的文物资源，可以将其放置在博物馆中，辅以高新技术手段进行陈列展出，进而实现文化数字化传播的目的；对于那些没有办法移动或移动难度较大的文物资源，则可以通过就地取材的方式，在发现遗址的原址上修建专题博物馆，实现对文物资源的征集保护、陈列展览、宣传教育、科学研究等目的。

博物馆是贮藏和展示人类文明的窗口，是一个国家、一个民族、一座城市保存记忆、讲述故事的地方。在当代社会，博物馆不仅是发挥国家礼仪和功能的场所，还是普通大众会客的地方①。在我国现有的4 510座博物馆中，虽然以北京故宫博物院为代表的部分博物馆已经有意识地借助新科技手段和辅助展品来创设一些情境，为展品建构开放性的意义阐释空间，但是在进行展示设计和参观线路设计时，策展人往往从自身的理解和视角出发，忽视了参观者的实际体验和主观能动性②。作为历史遗留物的实物，博物馆中的藏品背后蕴藏着深厚的人文历史故事和民族文化，能够反映社会政治、经济、文化、艺术、科技等社会生产生活的方方面面，但是单一的、孤立的、无序的文物展出无法传递出这些信息，只有将实物展品有机地嵌入特定的故事线中，通过重塑展品产生的原初语境与历史脉络，才能够让馆藏文物"活"起来，实现特定场景中参观者与展品的"对话和交流"，唤起参观者对展品的理解与历史想象。

一、逻辑起点：博物馆情境化传播的动机与原因

（一）展品的意义建构需要在情境化的原生空间中进行

博物馆是一座历史纪念建筑物，里面陈列着各个时期的瑰宝，它们从不同角度勾勒出人类历史发展进程的方方面面，然而要读懂这些历史文化遗产中蕴含的文化内涵与时代价值，不仅需要跨越文化差异和历史

---

① Luke Timothy W.. Museum Pieces: The Politics of Aesthetics and Knowledge at the Museum [C]. Third Annual Arlington Humanities Colloquium, University of Texas-Arlington. 1997.

② Loïc Tallon, Kevin Walker. Digital Technologies and the Museum Experience [M]. Altamira Press, United States of America, 2008: 75.

演变的鸿沟，还必须置身于其产生的历史语境中，与历史文献、宗教仪式、社会环境、政治背景、风俗习惯等相互指涉。然而，在时间的推移和历史的变迁中，展品在离开其原有的自然环境和社会历史文化背景后，原初的意义已变得支离破碎，文物剥离原生语境后自叙会出现信息断裂。即便展品以其原初的物质形式完好无损地保存下来，但在从物品到藏品的"博物馆化"过程中，因为去脉络、去功能性、去时间性、符号化等搜藏程序，被搜藏的对象在脱离原环境脉络进入博物馆后会发生本质与意义上的改变，成为一个可以任人任意操纵的符号①。因此，处于不同分类框架的不同位置的不同语境中，展品可能会产生不同的意义。这就需要在博物馆的展示设计中重新赋予、诠释其意义，在那些看似孤立的展品之间建立起一种有意义的语境联系，通过展品及其所营造的空间环境、文化氛围表现出内容主体对象活动的视觉语境，突出表现特定的场景中观众与展品的"对话和交流"②。

（二）认知经验产生于特定的文化或社会环境中

公众到博物馆参观，除了欣赏祖先的发明创造及其流传下来的精巧艺术品外，还有接受教育汲取知识的需求。知识内容和展示情境互为构成要素，知识转移的质量和效率随着情境的变化而变化③。也就是说，观众在博物馆的所见、所为和所记忆的东西与其人生经历、知识结构、宗教信仰、同行人员，以及博物馆创造出的个性化展示情境和体验密切相关④。知识转移包括转移主体（actors）、转移情境（context）、转移内

---

① 廖静如．宗教文物搜藏：神圣与博物馆化[J]．博物馆学季刊（台湾），2006（2）：67-80．
② 黄鑫，李女仙．当代博物馆展示中的交互设计方式[J]．装饰，2011（4）：104-105．
③ 李春利．基于情境理论的知识转移情境的动力机制研究[J]．图书馆学研究，2011（19）：2-5．
④ [美]爱德华·P．亚历山大，玛丽·亚历山大．博物馆变迁：博物馆历史与功能读本[M]．陈双双，译，南京：译林出版社，2014：294．

容(content)、转移媒介(media)四个核心要素①,而转移情境又包括知识情境(knowledge context)、关系情境(relational context)、知识受体情境(recipient context)、转移活动情境(activity context)②。Edward S. Reed 主张将人的认知功能置于其所处的社会、文化和历史的框架中,强调学习者不再被认为是外在于学习所发生的环境而孤立存在;相反,个体与环境是通过一系列有意设计的、受控的实践活动联系在一起,并共同发挥作用③。这意味着博物馆在向观众传达知识信息、进行教育和服务的时候,必须借助于展示情境的营造,帮助观众更好地理解展品及其背后的故事。

(三)博物馆功能定位变迁呼唤新的传播理念

博物馆的传播理念与社会历史变迁和观众审美需求变化密切相关,随着新技术的不断变革和社会发展变迁,人们对博物馆的需求和期待已从被动接受教育转变为主动参与体验,这就要求博物馆的展示设计必须更具参与性、开放性与互动性。进入 21 世纪以来,全球范围内博物馆的工作重心开始由"收藏保管"向"教育传播"转移,博物馆的功能定位也由"文物型"转向"信息型"。面对博物馆功能转型,以往重藏品保护、轻展示传播的思想以及填鸭式的布展理念已不再适用,如何通过匠心独运的展示设计激发公众的参观欲望和参与热情,如何让复杂的、零碎的信息变得易于理解和使用,成为新时期博物馆信息展示设计的终极目标。在注意力稀缺的信息社会,博物馆的传播理念应从"理解观众"的

---

① Albino V., Garavelli A. C., Schiuma G.. Knowledge Transfer and Inter-firm Relationships in Industrial Districts: The Role of the Leader Firm[J]. Technovation, 1998 (1): 53-63.

② Cummings J. L., Teng B. S.. Transferring R&D Knowledge: The Key Factors Affecting Knowledge Transfer Success [J]. Journal of Engineering and Technology Management, 2003 (1): 39-68.

③ Reed. E. S.. Cognition as the Cooperative Appropriation of Affordances [J]. Ecol. Psychol, 1991(3): 135-158.

视角出发,以用户体验为中心,把以"静态"为主、"被动接受"的参观方式,转变为以剧情为主的多感官互动的"动态"为主、"主动参与"的参观方式,在向参观者提示展览结构和主要的参观流线的同时,尽可能给予其更多的自由选择。

二、理论观照:基于情境理论的情境化传播理念

根据《国际博物馆协会章程》对博物馆的定义,博物馆是一个为社会及其发展服务的、非营利的常设机构,向公众开放,为研究、教育、欣赏之目的征集、保护、研究、传播、展示人类及人类环境的有形遗产和无形遗产[1]。作为非正式社会教育机构,博物馆主要通过文物展出提供各种教育服务活动,向观众传达知识,展示场景设计直接影响着参观者对信息知识的认知深度与交流质量[2]。知识是一定情境下的产物,知识的价值依赖于其所处的情境[3],并在特定的情境之中发挥作用[4]。情境是情感和意境的总和,关涉语言学、社会学、教育学、心理学等众多学科领域。人与情境交互作用理论认为,人—情境系统是一个整合、复杂和动态的整体,心理事件的意义只有在个体与环境,包括他人、环境、事件的交互作用中才具有心理意义[5]。情境理论将认知视为"有真实情境的实践活动,它使所有参与的个体鲜活地置身于丰富而有意义的

---

[1] 国际博物馆协会章程[EB/OL].[2015-05-12]. http://www.sach.gov.cn/art/2015/5/12/art_1037_120722.html.

[2] 王晓予.特色博物馆的创意展示设计——伦敦老手术室博物馆情境设计风格有感[J].装饰,2012(4):98-99.

[3] Nonaka I., Konno N.. The Concept of "ba": Building a Foundation for Knowledge Creation[J]. California Management Review, 1998 (3): 40-54.

[4] Thompson M., Walsham G.. Placing Knowledge Management in Context[J]. Journal of Management Studies, 2004 (5): 725-747.

[5] 曾守锤,桑标.人与情境交互作用理论述评[J].心理科学,2005(5):1256-1258.

环境之中"①。情境理论强调学习过程中个体与其所依存的物理和社会文化历史情境的相互作用，认为所有的认知经验都产生于特定的文化或社会环境中，是学习者与他人、与情境相互作用的产物②。情境理论还支持在丰富境脉体验中的有意义参与，认为知识的学习要从"获得观"转向"参与观"③。

　　展示是博物馆与观众沟通的重要方式，意义还原与价值传播是博物馆藏品实现沟通的两个向度，博物馆展示"物"的过程，是重新赋予、诠释其意义的过程④。在"新博物馆学"语境下，博物馆在布展过程中应突破以"物"为核心而形成的编年式陈列手法，采用更符合观众兴趣的主题展览或实景演出，使观众在博物馆中将真实的物品与周围和谐的环境有机结合在一起，通过情感和智识的投入，实现信息的交流和意识的重建⑤。这类基于实物和场景设计，借助科学和艺术的力量，将实物展品有机嵌入特定的故事线中，使孤立的器物间通过关联等手段重新建立与原先生活的联系，进而尽可能还原其文化坐标和使用场景的布展方式，即为博物馆的情境化展示设计。博物馆的情境化传播理念强调对展品原生空间语境与历史脉络的还原，强调用户思维和受众视角，以用户需求为导向充分挖掘与展示文物背后蕴含的历史文化故事，具有较强的感染力、参与度和互动性，可以更好地激发公众的参观欲望和参与热情，有助于强化参观者的选择性注意，在探索中唤起参观者对历史和文

---

　　① 何克抗. 对美国《教育传播与技术研究手册》（第三版）的学习与思考之三——关于"情境理论"与"九种情境化教学策略"[J]. 电化教育研究, 2013(9): 24-29, 41.

　　② 姚梅林. 情境理论的迁移观及其教育意义[J]. 心理学探新, 2003(4): 13-16.

　　③ Sfard A.. On Two Metaphors for Learning and the Dangers of Choosing Just One [J]. Educational Researcher, 1998 (2): 4-13.

　　④ 郑茜. 意义还原与价值传播——博物馆藏品实现沟通的两个向度[J]. 中国博物馆, 2014(3): 24-28.

　　⑤ 尹彤云. "新博物馆学"语境中的数字博物馆[J]. 中国博物馆, 2005(4): 36-40.

化的想象。

三、实践路径：媒介技术与博物馆情境构建策略

博物馆的情境化传播旨在陈列设计时，通过科学处理或艺术加工等手法，尽可能地还原器物产生时的社会风貌和原生语境，以便帮助参观者更好地理解展品及其背后的故事。在对展品进行情境化展示设计时，或是通过对一定范围内最具典型性的人物、事件、情节等因素的复原，展现不同地域人群在不同历史阶段的个性化的居住环境、活动方式、风俗面貌等人文痕迹，或是根据展示主题布置出复原的考古现场或遗迹场景。无论是原状陈列复原还是场景陈列复原，都必须尽可能地保留并展示其原初的真实状态。伴随着科技的发展与进步，博物馆的陈列设计可以通过语境化、组合化、交互式等方法来营造情境，让参观者更直观地感受到器物及其背后所蕴藏的文化积淀。

（一）基于主题展览和实景演出，还原展品的原初语境

语境是指器物产生的特定的历史时期与环境，既包括存在的建筑、陈设等具体环境，又包括其产生的社会、文化、宗教、政治背景等。主题展览是还原展品原生空间语境、实现观者与展品对话的重要手段，讲故事是最佳的表现方式。一个好的主题展览不仅有一个相对完整的故事线，而且这一故事线既是对空间氛围的引导，又是对观众参观流向的引导。主题展览可以将观众带入一个真实的现场中，使观众产生一种强烈的现场感和真切的历史感。近年来，随着博物馆陈列日益强调个性和吸引力，"主题突出、个性鲜明"的专题展览成为博物馆陈列工作的诉求之一。实景舞台剧是指以天然的真实景观作为舞台或者背景，以民族民俗文化、历史、传说等为主题，通常融音乐、舞蹈、服装、演出和景观为一体的文艺演出剧目。实景舞台剧将器乐、玉器、挂饰、服饰等物质性文化元素与音乐、舞蹈、传统手工艺、民俗等非物质文化元素有机糅

合在一起，以原位性、立体化的展演方式进行情境复原展示，让观者更直观、立体地感受演出带来的视觉、听觉上的冲击，让公众在情景迁移中实现与器物在原生时空中的"对话与交流"。

(二)整合多方资源构建时空联系，实现展品的意义沟通

展品的意义沟通是通过实物展品及其组合所形成的空间形态实现的，不同的陈列方案可以传达不同的思想情感，进而可以影响公众的认知行为、知识结构、情感指向和价值判断。在博物馆展示空间的设计上，应以历史演进的顺序为出发点，科学地对空间进行划分和组合，巧妙地融入声、光、电手段和现代高科技技术，多角度地展示展现各种展览信息，从视觉、听觉、触觉、嗅觉、味觉等方面带给观者全方位的感官体验和情境体验。在情境构成的过程中，通过定位展品之间、展品与辅助展品之间在内容和时空上的具体联系，不仅可以帮助展品产生有意义的信息，还有助于观者进行"互文性"解读。作为承载文物的容器，博物馆本身也在表达着文化，博物馆只有将建筑设计、展陈设计、环境设计融为一个整体，才能更好地构建理解展品的原生空间情境，将展品信息更好地呈现给参观者。博物馆既要符合人类心理与生理需求，又要与博物馆的展厅空间和文物陈列设计相适应，应针对不同消费群体的需求设计差异化的参观游览线路，让不同的参观者都能收获自己想要的东西，让同一参观者在每次参观时都有新收获。

(三)借助交互式科技展示手段，创造情境化动态体验

交互式展示设计是基于观众视角，在展示的过程中引入问答、触动、操作、体验等对观众具有反馈性的"活动型"展示形态，以构建推动文化传播、展览与观众间的互动关系为目的，使人、物、时、场四者相关联，把以"静态"为主、"被动接受"的参观方式，转变为以剧情为主的多感官互动的"动态"为主、"主动参与"的参观方式。人们到博物馆是为了寻求"享受、交谈和操作"这三重体验，博物馆在展厅内为观

众提供"体验"的目的在于帮助观众理解展品及其背景，国内外越来越多的博物馆意识到了公众参与的重要性，都在展示设计中增加了与公众互动的内容，鼓励公众参与到展览的设计与执行中来。在"互联网+"时代，新科技以其灵活性、移动性和无处不在的特点深刻影响着博物馆的运作方式。新媒体的交互性、即时性、开放性和跨时空性等特征，恰好契合了博物馆寻求"开放、参与、合作、共生"等需求，可以提升博物馆的社会融入度。将新媒体技术与新媒体展示手段引入博物馆的展示设计，不仅能够提升公众在传播过程中的社会临场感，强化其选择性注意，还能激发公众的主动参与性并实现交互体验感。

（四）依托社交媒体等应用程序激发公众参与热情

互联网与数字技术的发展给博物馆行业带来了前所未有的变革，无论是新技术的应用还是社交媒体带来的多元化互动方式，都给博物馆与受众之间的交流协作提供了全新的思路。社交媒体是指一系列建立在 Web 2.0 技术和意识形态基础上的网络应用集合体，允许用户创造和交流生产内容①。人们到博物馆通常是为了寻求"享受、交谈和操作"这三重体验，社交媒体不仅进一步改变了人们对文化体验活动的需求，还使博物馆更具参与性，让观众成为博物馆的使用者，积极主动地向博物馆提供额外的事实资料或是分享他们的一些想法②。许多博物馆纷纷借助社交媒体平台和移动应用程序进行"卖萌式"线上呈现，通过技术来丰富内容的表现形式和趣味性，以此改变往常在公众眼中"庄严肃穆"的"高冷"形象，拉近与公众间的距离。在移动互联网时代，社交媒体成为越来越重要的信息传播平台，用户参与网络社交的热情日益高涨，根据第 42 次《中国互联网络发展状况统计报告》的数据，截至 2018 年 6

---

① Andreas M. Kaplan, Michael Haenlein. Users of the World, Unite! The Challenges and Opportunities of Social Media[J]. Business Horizons, 2010(1): 59-68.
② 格拉汉姆·布莱克，张昭. 博物馆和参与性[J]. 东方艺术，2012(15): 137-142，183-192.

月,微信朋友圈、QQ 空间的使用率分别为 86.9%、64.7%,74.1%的网民使用短视频应用,微博用户规模为 3.37 亿,使用率为 42.1%。公众与博物馆沟通的方式也越来越个性化,许多游览者开始热衷于通过社交媒体上传照片、分享旅程和相互交流,并为不同的展览或藏品进行打分评级。

  博物馆还通过开发手机 App,实现了运营模式与移动应用、社交网络的紧密结合。自从 2013 年推出的 App"胤禛美人图"获得 App Store 中国区年度优秀 App 以来,北京故宫的新媒体团队对新媒体技术的运用达到了炉火纯青的状态,不仅先后推出了"紫禁城祥瑞""皇帝的一天""韩熙载夜宴图""每日故宫""故宫陶瓷馆""清代皇帝服饰"等 7 款 App,而且利用微博、微信等社交媒体成功将故宫打造成"网红",以一种温煦、亲切、幽默但又绝不失风雅的方式将故宫的形象呈现在观众面前。为了吸引更多中国游客,卢浮宫、凡尔赛宫和法国国家古迹中心等一批欧洲现存的殿堂级博物馆主动在中国最大的社交媒体上开设账号,帮助用户随时了解博物馆及其建筑、展品和文化活动。英国伦敦皮特里埃及文物博物馆推出了名为"尼罗河之旅"的 iPad 应用程序,参观者只需用 iPad 上的摄像头扫一下馆内一幅特制的尼罗河遗址地图,各遗址出土的文物就能以 3D 影像的形式出现在屏幕上,游客可以通过触摸 3D 影像,体验翻转、放大等效果,全方位地观赏文物。德国斯坦德尔博物馆不仅将展览的相关视频上传到 YouTube 网站,而且建立了线上讨论空间,为观众提供更丰富、更深层次的交流环境。

  在美国,许多博物馆开始用各种社交媒体激发观众参与,甚至直接在社交媒体上进行展览。皮尤研究中心基于对美国 1 224 个艺术机构的在线调查而发布的《新媒体与博物馆观众参与》的报告表明,网络与社交媒体现已渗透到博物馆等文化机构运作的方方面面,成为美国艺术领域不可或缺的组成部分。Invaluable 进行的一次名为"美国人艺术态度"的研究显示,美国消费者在社交媒体上观看艺术的人数首次超过了前往博物馆观看的人数。美国史密森博物学院不仅建立起了适用于不同年龄和兴趣群体的网络社交平台,还开发了多款集知识性、互动性、娱乐性为一体的移动设备应用程序,开了"创新型观众互动"新媒体应用的先河。美国大都会艺术博物馆把智能手机当做向大众传播伟大艺术的另一条途径,不仅推出了集浏览馆藏精华、在线购票等基础功能于一体的"The Met"App,还实现了 The Met 和社交媒体平台 Facebook、Twitter、Pinterest、Instagram、Sound Cloud 的无缝对接。国立非洲博物馆在其推出的"Artists in Dialogue 2" App 中嵌入了社交网络,通过它观众不仅能够实现自助参观,还能即时在 Twitter 和 YouTube 上提问和发表评论、与艺术家视频对话以及参与木雕、绘画等游戏。

(五)利用虚拟现实技术创造沉浸式互动体验情境

"体验"事实上是当一个人达到情绪、体力、智力甚至是精神的某一特定水平时,他意识中所产生的美好感觉,是使每个人以个性化的方式参与其中的事件①。在博物馆学理论研究领域,弗兰克·奥本海姆(Frank Oppenheimer)是最早研究并提出"观众体验"(visitor experience)观点的学者,他从认知体验、艺术体验、探索体验、娱乐体验等角度提出了具有实践指导意义的理论体系,为博物馆观众体验理论的形成奠定了基础②。20 世纪 80 年代,美国博物馆评估员开始把博物馆"体验"视为一个整体,并提出了一种基于观众视角的"互动式体验模型",将观众的个人兴趣爱好、参观的社会动态和博物馆的物理环境作为评估指标③。在日益强调用户体验的移动互联网时代,体验逐渐成为经济价值的下一个增长点。体验经济时代的消费者更加注重情感的愉悦和满足,要求主动地参与产品的设计与制造。虚拟现实(virtual reality,VR)技术

---

① [美]B. 约瑟夫·派恩,詹姆斯·H. 吉尔摩. 体验经济[M]. 夏业良,鲁炜,等译. 北京:机械工业出版社,2002:19.

② 李林. 弗兰克·奥本海姆的博物馆观众体验研究理论与实践[J]. 东南文化,2014(5):110-115.

③ [美]爱德华·P. 亚历山大,玛丽·亚历山大. 博物馆变迁:博物馆历史与功能读本[M]. 陈双双,译. 南京:译林出版社,2014:293.

是一种建立在计算机模拟和沉浸式多媒体技术基础之上的新型科技，具有沉浸、互动、想象等核心特征。将 VR 技术应用于博物馆或具有历史意义的遗址遗迹，可以给用户制造一种前所未有的震撼和身临其境的"在场"感，带给用户沉浸式、贴近式的体验，同时还能使一些面临毁灭的遗址得以保存流传。

展品意义的生成需要博物馆赋予其一定的情境，VR 技术集合了所有能够想象的视听体验方式，可以使"赋予展品情境"这项工作更加简单化。在博物馆中，VR 技术可以让游客通过灯光和气氛体验青铜器时代，参与古人的各种仪式，包括祭祀太阳的仪式等。在互联网上以边际成本为 0 进行规模化传播，基于虚拟现实技术创造的沉浸式互动体验展示模式不仅是博物馆常规展陈设计的补充，还将是未来博物馆展陈设计的方向。北京故宫博物院早在 2003 年就推出了故宫 VR《紫禁城·天子的宫殿》，让参观者借助操控器漫游于康乾盛世的紫禁城，最近距离地观看太和殿的全景。2016 年 7 月，故宫博物院又与国内知名互联网企业腾讯展开合作，拥抱虚拟现实（virtual reality）、增强现实（augmented reality）、互动沉浸（mix reality）等科技，旨在把故宫开发为更易体验、易传播的艺术形式。随着科技的日益发达，已有越来越多的博物馆开始运用 VR、AR、MR 等新科技手段，鼓励观众以互动（interactive）和"动手"（hands on）等形式参与到具体的故事情境中去。

为了缓解接待压力，最大限度地满足用户的参观需求，美国史密森博物馆、法国卢浮宫、英国大英博物馆等知名博物馆纷纷推出了基于数字媒体技术的虚拟展馆和 VR 数字博物馆，让用户可以像真正在现实的博物馆中游览一样，自己掌握与空间的关系，以不同的方式来游览博物馆内部，让用户在古代文明虚拟环境中与展品进行面对面的对话。"数字敦煌"资源库平台通过对敦煌石窟和相关文物进行全面的数字化采集、加工和存储，将已经获得和将要获得的图像、视频、三维等多种数据和文献数据汇集起来，让大家足不出户也能够近距离感受千年梵音。陕西数字博物馆集纳了陕西历史博物馆、秦始皇兵马俑博物馆、乾陵博物馆等百余座虚拟现实馆，自 2012 年 8 月 28 日正式上线以来，得到了网民的广泛关注，累计浏览点击量近百万人次，实现了观众"把历史装入口袋，把博物馆带回家"的夙愿。Google 与全球 50 多家自然历史博物馆合作，在其旗下的"Arts & Culture"网站上提供恐龙和自然历史爱好者博物馆馆藏内容，包含了 150 多个专家互动故事、30 万张新的照片和影片，以及超过 30 个线上虚拟导览，用户通过移动 App 就能观看线上博物馆的文物。VR 数字博物馆可以长期为那些因为经济、地理或政治原因而不能亲临现场的公众提供身临其境的体验。

第二节　荆楚文化的线下可视化传播策略

非物质文化遗产的地域性比较明显，通常生活在信息比较闭塞的环境下，而且能够比较完整地传承非物质文化遗产的艺人本身就比较少，且年龄较大。他们往往出于自发的使命感或师傅、祖辈的嘱托而担当起传承人的角色，力保其不至于在自己手中中断或者失传。在此背景下，大多数非物质文化遗产的传播范围较小，其文化艺术价值得不到体现，而且很多人认识不到其价值的独特性、唯一性和不可替代性。近年来，随着非物质文化遗产集体记忆所依附的社会框架的急剧变革，非物质文化遗产的经济价值很难得到现代人的认同，这就导致其传承者因缺乏必要的经济来源，没有能力借助现代传媒工具进行深入挖掘和传播，非物质文化遗产陷入个体经验因脱离社会生活需求而无从进入社会文化空间，大量弥足珍贵的民族民间特色文化形态正逐渐从人们的日常生活中消失或濒临灭绝，一些民间传统技艺甚至陷入后继乏人的窘境。因此，非物质文化遗产信息唯有通过电视、互联网、移动网络等多种媒介，在多样化的社会场域以数字博物馆、影视、游戏、电子图文等多种方式传播，进行生活场景和体验空间建构，重新建立与当下社会框架和日常生活相连的纽带，才能重新焕发出强大的生命力。

一、仪式与庆典

"仪式是文化的真正的纪念碑。"在传统文化的诸多表现形式中,起源于宗教活动的仪式或者庆典具有典型的传播功能,起初人们希望通过仪式、祭祀等方式实现与"天"或者神灵的沟通,之后仪式的存在更多地成为了一种社会习惯,不论是仪式本身还是它的演变过程在传播学的范畴中都值得关注和研究。詹姆斯·凯瑞(James W. Carey)的"传播的仪式观"理论指出,仪式中"无形"的信仰共享和精神体验才是传播的本质,认为传播既是空间上的信息传递,更是时间上对社会文明的维系①。

在举行仪式的过程中,参与者在同一时空环境下,实现了对信仰理解的共享,创建了共同的回忆,这种回忆也会影响参与者对民俗、宗教等的理解。这种仪式的常态化和辐射范围越加广泛的结果,就是"仪式"成为了民族文化记忆的重要连接纽带。作为传播的仪式不是对文化的追溯和复制,"而是一种现实得以生产、维系、修正和转变的符号过程"②。

楚文化辉煌灿烂,其中具有广泛影响力的仪式、庆典很多,我们完全可以利用端午节、武当山等非物质文化遗产符号在特定节庆举办仪式,弘扬传统文化,打造楚文化活动名片。

端午节祭祀屈原的仪式以及龙舟赛不仅是楚文化重要的风俗节日,更是不可或缺的全国性传统节日仪式。相传农历五月初五端午节的起源

---

① [英]安东尼·吉登斯. 生活在后传统社会[M]. 周红云,等译. 北京:社会科学文献出版社,2003. 转引自郭讲用. 仪式传播:信仰共享与文化转换——中韩端午节仪式传播比较[J]. 当代传播,2011(7).

② [英]安东尼·吉登斯. 生活在后传统社会[M]. 周红云,等译. 北京:社会科学文献出版社,2003. 转引自郭讲用. 仪式传播:信仰共享与文化转换——中韩端午节仪式传播比较[J]. 当代传播,2011(7).

是为了纪念战国时期忠君爱国却最终怀着一腔愤懑自投汨罗江的楚国大夫屈原，当时民众乘舟抢救、打捞屈原的尸体，并向江水中投掷食物以避免鱼吃掉屈原身体。这种行为后来逐渐演变成了端午节赛龙舟、吃粽子的习俗。

可以说端午节产生和流变的过程和结果，很好地保留了楚文化中的世俗民风，成为了楚文化中具有代表性的文化名片。2009年，湖北省代表中国向联合国递交了端午节申报世界非物质文化遗产的申请表，申报的遗产名称为"中国端午节"，由湖北省秭归县的"屈原故里端午习俗"、黄石市的"西塞神舟会"及湖南省汨罗市的"汨罗江畔端午习俗"、江苏省苏州市的"苏州端午习俗"四部分内容组成。不同地区在端午节期间举办的多样的节日活动，一方面，可以对楚文化进行传播，另一方面，也打造了富有地域文化特色的端午文化旅游景点，用旅游宣传和展示文化，实现了旅游与文化、传播与继承的双赢。

二、实景演出

实景舞台剧是指"以天然的真实景观作为舞台或者背景的演出"，演出主要以民族民俗文化、历史传说等为主题，将音乐、舞蹈、服装、表演和景观融为一体，是非物质文化遗产传承和发展的重要途径。在相关研究中，这样的形式被称为"展演式情境复原展示"。"展演式情境复原"是指"在再现式场景的基础上加入人的因素，表演与展示主题相关的节目，以动态的表演方式来展示说明某一专题内容"。展演式场景可用于展示传统表演艺术、传统手工艺等具有很强表演性质的非物质文化遗产，"将非物质文化遗产事项以原位性的展览方式呈现出来，将其表现形式和文化空间以场景发生的形式展现，使人们能够直观地了解认识它"。

1998年，兰州歌舞剧院上演的大型实景舞剧《大梦敦煌》成为了首个以实景舞台剧形式保护非物质文化遗产的案例，取得了轰动性的社会效应，至今仍在演出，经久不衰。之后，不少景点也推出了自己的文化实景舞台剧，其中反响较好的有张艺谋导演于 2004 年推出的大型山水实景舞台剧《印象刘三姐》，以源于广西桂林的民间传说故事与山歌文化为基础，融合当地特色的民族文化元素进行创意表演，被认为是对非物质文化遗产开发利用的成功典范。

  刘三姐是广西壮族自治区著名的文化名片，传说她生于唐朝，聪慧机敏，歌如泉涌，优美动人，有"歌仙"之誉，但却为了反抗当地恶霸，与意中人一起投入江中。之后人们在每年的三月三来纪念她。刘三姐的故事不仅在广西家喻户晓，1961 年由长春电影制片厂在桂林拍摄的故事片《刘三姐》更是在国内外取得了巨大轰动。《印象刘三姐》正是在这一传说基础上，结合桂林的山水人情与导演张艺谋的名人效应，树立了其项目品牌。

  《印象刘三姐》将自然山水和人文资源进行有机结合，满足观众深度体验的审美需求，同时促进了文化旅游产业链的发展。在经济层面，实景演出通过旅游演艺活动增加旅游目的地的经济收益；在文化层面，实景演出对原生文化的保护与传承起到了积极作用；在艺术审美层面，山水人文结合的艺术创意是实景演出的产业特色，也为我国文化产业的创新发展书写了重要的一笔①。据报道，从 2004 年到 2010 年 4 月，《印象刘三姐》演出超过 2 700 场，观众达 300 多万人次，总票房超过 6 亿人民币②。

  《印象刘三姐》文化品牌的成功得益于其准确的市场定位，项目准确锁定了当时山水实景旅游演出的市场空白，同时《印象刘三姐》将"原生态"作为核心卖点，面向游客展现桂林山水魅力的同时，将桂林山水、刘三姐传说、民俗风情与现代化的灯光音响进行了组合叠加，使得

---

  ① 宋泉．浅谈我国实景演出文化品牌的构建——以《印象·刘三姐》为例[J]．沿海企业与科技，2013(3)：49-53．
  ② 王丹．中国山水实景演出真是世界级创新吗？[N]．人民日报海外版，2012-08-13．

静态的山水景观与动态发展的民俗民风完美结合，立体地展现了当地的风土人情。《印象刘三姐》文化品牌开发模式的成功，被视为旅游演出开发的经典，不断被复制与创新。之后，《印象西湖》《印象丽江》等一系列同类型演出先后被推出。

《大梦敦煌》《印象刘三姐》《云南映象》等大型原生态歌舞实景演出获得极大成功的背后，不仅是舞台艺术的积累和发展，还有将民族、民间文化资源进行产业化运作的模式。如《云南映象》当中的舞蹈元素，都是来自于云南民间，甚至70%的舞蹈演员都来自于田间地头，《云南映象》的成功本身就说明了云南民族、民间文化资源的丰富。事实也是如此，云南是人类的发祥地之一，拥有丰厚的历史文化、绚丽多彩的民族文化资源和旖旎迷人的自然风光，是我国文化资源最具多样性的省份之一。从这个意义上说，丰富的文化资源是文化产业发展的重要基础。

需要注意的是，景区实景舞台剧创作成本高，投入风险大，日常运营维护费用高，对于观众而言，较高的门票价格也会影响他们观看的欲望和效果。如《印象刘三姐》前期投入资金达7 000多万元，总投资需1.2亿元；以展示民俗文化为主的大型实景舞台剧《印象丽江》总投资更是高达2.5亿元。但与高投资不相符的是，难以改变固有模式的表演容易使观众产生"视觉疲劳"。《印象刘三姐》2004年观众人数为35万人，到2005年增加到55万人，但从2006年创下80万人纪录之后，观众人数便不再上升①。与商业品牌不同，文化品牌具有非常强的创意性，"原生态"的特质既是它的核心竞争力，同时又成为其进行大规模产业复制的短板。在文化市场中，消费者对于文化品牌的消费往往是一次性消费，所以如何实现景区实景舞台剧的不断更新与持续发展，平衡其投资与收入，实现更好的传播效果，仍是景区开发者需要进一步思考的问题。

---

① 贺小荣，何清宇. 非物质文化遗产旅游开发的新范式：景区实景舞台剧模式[J]. 教育教学论坛，2011(20)：151-152.

三、讲座、影视与文化可视化传播

讲座是以人自身构成媒介，以语言为主要表现形式，以表情、动作、多媒体等手段为辅助的一种信息沟通方式①。"文化传播是各种文化构成因素的传播推广和迁移传承现象，是多种形式信息在时空中的演进、共享、互动和重组，是人类生存符号化和社会化的过程，在这一流程中，一方是传播者灌输个人理解，而另一方则是受众根据个人情况进行再次解释，是主体间进行文化交往的创造性的精神活动。"②讲座作为一种文化传播方式，依赖于人这一社会传播主体，并且具有目的性、互动性、创造性等特点。

进入 21 世纪之后，随着中央电视台《百家讲坛》节目的热播，"讲座热"开始在我国兴起，不论是大众媒体、学校还是图书馆等公共服务部门，都开始利用讲座这一形式进行文化传播。博物馆的馆藏文物（标本）、陈列展览以及相关研究成果同样可以通过讲座的形式在大众范围和专业领域进行传播、普及和推广，实现教育公众的目的。到现在，国内的一些博物馆也从一开始不定期地举办讲座，逐渐打造出了属于自己的品牌讲座。其中具有代表性的讲座品牌则为故宫博物院的《故宫讲坛》和中国国家博物馆的《国博讲堂》。

《国博讲堂》是中国国家博物馆打造的历史文化相关讲座的统一品牌，以"历史与艺术并重"为主题进行系列策划，邀请活跃在全世界各个领域的知名人士不定期举行专题讲座。从 2011 年开始至今，《国博讲堂》已经举办了 70 余场风格迥异、内容丰富的讲座，主题涉及考古、文化、艺术等方面。《国博讲堂》充分利用了多种传播手段为观众提供便利并进行宣传，馆方会提前在官方网站及豆瓣小站等平台公布讲座的主讲人、内容

---

① 王祝康.关于图书馆讲座中传播学原则运用的思考[J].图书馆学研究，2010(5)：95-97，46.

② 庄晓东.文化传播[M].北京：人民出版社，2003.

和时间地点等信息，观众可以通过网页或者微信注册成为国家博物馆会员，进行讲座报名，对于不能亲临现场的观众，馆方会在事后将讲座视频放在官网，方便观众观看，同时形成了第二次传播。

媒介是人的延伸，传统文化传播者也需要利用媒介拓展其信息传播的边界，在当代传播语境发生巨大变化的今天，影视多媒体的影响力已经深入人们的生活，博物馆也在积极进行相关的尝试，主要是通过提供拍摄场景，成为影视作品发生背景，或直接拍摄博物馆及藏品相关的作品等方式进行宣传。这类传播方式需要与流行的"古装剧"形式分开讨论，目前市面上许多以古代作为背景的影视剧作品大多是"戏说""虚构"，在人物设置、对白、服装道具、礼仪等方面都不甚考究，对传统文化的传播并没有明显的益处，这里我们主要讨论基于真实历史文化背景的优质影视作品特别是纪录片。

在博物馆中进行拍摄的优秀影视作品有很多，如在故宫博物院内拍摄的《末代皇帝》《垂帘听政》等，这些作品大多拍摄时间较早，现在出于保护古建筑的需要，几乎不再有直接在博物馆内拍摄的影视作品，多在各大复建影视城中完成。知名好莱坞系列电影《博物馆奇妙夜》也是同时利用实景和数字模拟还原的方法来进行拍摄的。这些具有广泛影响力的影视作品由于本身就具有想要传播的故事脉络，博物馆的介入更多是作为背景存在，一时间或许会由于影片的火爆吸引观众进入博物馆参观，但从实际意义上看，并没有对博物馆及其藏品背后的历史文化进行有效的传播。

以博物馆、藏品或者馆内工作人员为主题的影视作品同样存在，这类作品多数是纪录片，主要内容为对博物馆历史变迁、藏品的社会文化背景进行罗列，以及对博物馆工作人员的工作情况进行介绍。这些纪录片制作精良，但内容往往过于学术，"不接地气"，容易出现"曲高和寡"的情况。如12集纪录片《故宫》于2005年10月登陆央视一套黄金档，从建筑艺术、历史溯源、馆藏珍品等方面对故宫的前世今生进行了忠实的记录与还原，全片制作精良，大气磅礴，但未能跳脱出"纪录片"这一当年较为冷门的门类限制，没有取得巨大的反响。

而在 2016 年年初,一部记录故宫众人工作日常的纪录片《我在故宫修文物》突然走红。这部 3 集纪录片是故宫 90 周年的献礼影片,分别展现了青铜器、宫廷钟表和陶瓷、木器、漆器、书画等不同类别文物的修复过程和各类别修复师的工作日常。这部纪录片第一次将焦点放在了故宫中的文物修复师们身上,通过对他们工作任务和生活日常的追踪,展现故宫文物收藏、修复、展览等职能背后,文物修复师对于中国历史文化的坚守与存续。这些看似清贫淡泊、内心宝藏极为丰富的修复师们成为了荧幕中的一股"清流",深深地打动了生长在高速发展年代的中国年轻人的心。2016 年 1 月,《我在故宫修文物》在央视纪录频道(CCTV9)上映后收视率平平无奇,也没有引起任何话题,但在弹幕视频网站 bilibili(简称 B 站)上线后,截至 2017 年 2 月,《我在故宫修文物》正片的总播放量突破了 350 万,在影评网站"豆瓣"评分高达 9.4 分,相关评论超过 18 000 条,纪录片本身与片中的修复师们一起成为了"网红"。

通过百度搜索指数和新浪微博热词趋势可以看出,2016 年 4 月 8 日,《我在故宫修文物》的百度搜索量突然爆发,当天带动"故宫"一词在新浪微博热词趋势急速上升。之后,《我在故宫修文物》成为百度搜索"故宫"相关关联热词,数据形象地说明了这部纪录片的爆红有效地带动了故宫博物院在网络上的热度。而在百度、新浪微博上,关注"故宫"及《我在故宫修文物》的人群主体已然是 20~39 岁的中青年群体。这部走红于弹幕视频网站这一亚文化聚集地的纪录片也使得关注故宫的人群越加年轻化,成为了通过大众传播博物馆的成功案例。

第三节　荆楚文化的线上可视化传播策略

一、数字博物馆与虚拟博物馆

20 世纪 90 年代末,我国博物馆界开始了数字博物馆的建设。在博物馆事业发展的过程中，实体博物馆的局限性渐渐地显露了出来，比如由于展厅空间的限制，不能将全部馆藏进行展示，展览时间也有局限性，常设展览由于内容长期保持不变很难吸引观众重复参观，临时展览则在时空层面上对观众提出了较高的要求，总之，观众无法随时随地进行实体博物馆的参观，这大大限制了博物馆文化内涵的传播边界。鉴于此，越来越多的博物馆将进一步发展博物馆传播的工作重心放到了数字博物馆中。在博物馆数字化的进程中，出现了数字博物馆、虚拟博物馆、网络博物馆等概念，其中数字博物馆的概念最为完善，也被受众广泛接受，虚拟博物馆是相对实体博物馆的概念，网络博物馆则着重表现了数字博物馆存在的形式和空间。

关于数字博物馆的概念，目前还没有一个公认而确切的定义。从其功能来看，数字博物馆是通过数字化手段将历史文化信息进行收集、加工、存储、管理，并可以通过网络等平台进行展示和研究的系统，是对实体博物馆的延伸和补充。一个完整的数字博物馆应该包括数字典藏内容、藏品存储平台、信息加工平台和展示平台。前两者即是对实体藏品以及其他相关信息的数字化和储存，后两者是对信息进行管理、加工、展示的平台，并且肩负处理与观众互动的数据的功能，以便及时进行调整。

数字博物馆将实体博物馆的陈列和藏品搬到虚拟的网络环境中，消除了观众与实体博物馆之间的时空距离，观众可以在任何地方、任何时间去参观数字展览，即使实体展览被裁撤，数字展览也可以保存下来，很多不能在实体博物馆展览的展品也可以在网上为人参观。但博物馆的根本性质在于"实物性"，一味依赖虚拟展览忽视实体陈列将影响观众的参观体验，毕竟还原得再逼真，数字藏品也无法取代实体藏品带给人的体验。"受众走进博物馆的根本原因是对展品感兴趣，希望在与真实的藏品接触的过程中感受到精神的满足，获取背后的信息，不论新媒体技术如何发展，影视、数字化系统等平台如何发达，数字藏品或者说其他虚拟表现形式从根本上来说仍然是实体藏品和展览的辅助。"①实践证明，只有实体博物馆和虚拟博物馆相互补充、紧密结合，才能最大限度地发挥二者的优势，由此诞生了智慧博物馆的概念。

与数字博物馆一样，智慧博物馆至今在学界和业界都没有明确的定义。智慧博物馆并不是某一特定类型的博物馆，而是一种动态的生态系统，"智慧博物馆是基于物联网、移动互联网技术和平台，利用多种手段对博物馆馆藏及其他信息进行采集，再经过大数据云计算平台整合分析，产生的新的博物馆呈现方式，在智慧博物馆中，不论是针对观众提供的服务，或是博物馆信息的管理都有了新的实现方式。"②智慧博物馆需要将实体藏品、数字信息、工作人员和观众等因素进行有机结合，使得各个因素能够相互影响、相互作用，使人与人、人与物之间能够有效连接协作。从博物馆界的实践来看，一个智慧博物馆至少应该拥有藏品信息化管理系统，智慧讲解和手机导览系统，现场以及虚拟展厅和相关配套服务系统。

数字博物馆与智慧博物馆概念提出的根本原因在于博物馆传播理念的更新，20世纪90年代以来，新博物馆学在世界范围内兴起，我国博物馆界也开始反思原有的传播理念，开始从以藏品为核心，转向以受众为核心。在这样的背景下，博物馆的叙事范式有所转变，旨在建立与受众双向互动的数字博物馆系统也逐渐建立起来。

多媒体及计算机网络技术的发展为数字博物馆建设提供了技术上的支持，最早的数字博物馆的主要载体为博物馆官方网站，随着媒介技术的进一步发展，社交网络及移动应用等新媒体也成为数字博物馆的主要搭载平台，受众在这些平台上可以获取藏品的图片、文字介绍，也可以进行在线参观，实现订票、路线规划、讲座通知和其他互动服务，使得

---

① 曹兵武. 记忆现场与文化殿堂——我们时代的博物馆[M]. 北京：学苑出版社，2005. 17.
② 北京数字科普协会. 数字博物馆发展新趋势[M]. 北京：中国传媒大学出版社，2014：299.

受众获取到了超越藏品及展览本身的更大的信息量，移动应用的发展也使得数字博物馆可以更加便捷地提供服务。

同样的，博物馆受众也摆脱了之前单向的藏品→人的沟通方式，受众同样可以利用数字博物馆等方式与馆方进行交流，博物馆在接收到来自受众的反馈之后，也可以及时对布展及传播策略进行调整。比起之前利用调查问卷等方式对博物馆传播效果进行检测，博物馆移动应用及社交网络提供了更快速有效的检测传播效果的途径。

藏品是博物馆的基础，同样的，对藏品的信息化也是智慧博物馆的基础。通过藏品数字化工程，将真实的藏品转化为虚拟空间的数字信息，便于信息的处理，需要采集的信息包括文字、声音、图片、影像、藏品二维三维形状扫描等，目前应用较为广泛的形式是藏品照片拍摄和 3D 立体扫描与还原，这些信息不仅有利于观众对藏品进行网上参观，也有利于工作人员对藏品进行智能化管理和研究。对藏品的数字化也是建设虚拟展厅、VR 参观等项目的必要步骤。

除了藏品信息化管理平台外，智慧博物馆的另一个重要组成部分为虚拟展厅。虚拟展厅分为两类，一种是基于实体展厅开发的纯虚拟还原展览，可以独立观看，另一种则是利用多媒体手段在实体展厅作为辅助进行展览。

由于时间和空间限制，实体展厅能够展出的内容非常有限，以故宫为例，对于拥有 186 万余件馆藏的故宫来说，现有的展览空间并不能满足布展的需要。在这样的背景下，故宫推出了"故宫展览"这一移动应用 App，作为实体展览的补充。需要注意的是，故宫博物院网页端并没有虚拟博物馆，故宫官网主要功能为藏品及文献的数字化及存储、管理，故宫博物院虚拟展览主要通过移动应用的方式呈现，这也符合移动新媒体时代的发展趋势。

"故宫展览" App 内主要包括"看展""搜藏品""导览"及"个人收藏"四大功能。"看展"包括故宫博物院 2015 年 1 月至今的所有展览的文字介绍、藏品图片和全景观展。"搜藏品"功能则可以通过图片、名称、二维码的方式进行藏品搜索和介绍，不仅是对现场陈列的补充，也方便观众随时查阅藏品信息。"导览"是在电子地图上标明展览名称、内容及地点，点击即可跳转到展览页面。用户还可以注册"故宫展览"账号，对展览及藏品进行个性化收藏，方便随时查看。

这种还原实体的纯虚拟展厅解决了实体展厅的时空限制，但是对于实地参观的观众来说并没有太大的意义，另一种虚拟展厅形式则是在实体空间内，利用多媒体手段，对实体展厅进行内容上的扩充，形成一个虚实结合、全方位、立体化的展览。

目前，故宫博物院的全数字展厅和实物展厅中的数字展示区域建设都取得了一定的成果。故宫已经建成北京首都国际机场 T3 航站楼"故宫印象"展厅、端门数字馆等全数字化展厅，以故宫建筑本身和北京最大的对外窗口之一——机场航站楼为依托，向尽可能多的游客展示故宫，展示故宫深厚的文化底蕴。故宫博物院在北京首都国际机场设立的展厅包括视频播放区和互动区。视频播放区主要播放由故宫博物院拍摄制作的，与故宫馆藏及历史沿革相关的影像资料；在互动区，旅客可通过 AR 把玩故宫镇馆之宝"鸡缸杯"，也可以观看影片，或者登录故宫博物院官方网站和移动应用终端，进行更深层次的参观。

2015 年 12 月，故宫博物院推出"端门数字馆"，这是依托于实体展厅"端门"的新媒体集成展示数字虚拟展厅，目前有常设数字展"故宫是座博物馆"，包括数字沙盘展示区、数字文物互动区和虚拟现实剧场。故宫通过影像重现的方式，四面立体地展现了故宫全景，观众可以与精选藏品进行数字式互动，如体验虚拟穿衣、虚拟撰写《兰亭序》等，在富有趣味的互动中解答了故宫是什么、有什么、来故宫看什么等问题，不仅增强了对故宫本身的了解，也在无形中了解了古人的生活方式与社会风尚。如图 4-1 所示。

智慧博物馆的配套系统主要包括微信、微博等社交网络，文创产品开发及销售、路线规划等周边服务，如最新的数字导览讲解模式与手机 App 及微信公众号相结合，观众在参观前可以关注博物馆的微信公众

图 4-1　端门数字馆互动项目——数字书法

号，或是下载博物馆专属 App，在参观过程中可以扫描展品二维码或者通过 App、微信等方式寻找相应的讲解。

具体到楚文化传播领域，目前武汉博物馆的数字化工程正在有条不紊地架设当中，并取得了一定的成果，但却没有和其他的博物馆形成一个统一的架构，不利于整体楚文化的传播，建议可以整合整个湖北省乃至楚文化地区的博物馆、非物质文化遗产所在地及遗址公园的历史文化资源，打造一个统一的楚文化线上传播平台。

二、社交网络、直播与楚文化可视化传播

前文介绍武汉博物馆的微博、微信时，已经对社交网络与文化传播进行了概述，此处不再赘述。而除了微博、微信等社交网络手段之外，现在也涌起了诸如直播等更加新奇的传播手段，比如将前文提到的讲座《故宫讲坛》与直播进行结合。讲座与实物博物馆一样，受到时间和地

点的限制,不能到场的观众很少会去寻找讲座回放进行观看,使得这些内容翔实、知识量丰富的讲座无法覆盖到更多的人群。而与直播的合作则克服了许多听众"不在场"的问题,打破了空间的限制,在线观众不仅可以和在场听众一起感受"当时当下"的讲座体验,还能利用弹幕及时发表自己的意见,与主讲人进行互动。

在互联网经济高速发展的背景下,网络直播成为继社交网络后又一吸引众多网友参与分享的新媒体平台。第一家视频直播网站出现于2005年,而该行业于2016年呈现井喷式发展趋势。网络直播不断介入人们的视野和生活,乃至成为年轻人必不可少的娱乐方式。根据中国互联网络信息中心(CNNIC)发布的第42次《中国互联网络发展状况统计报告》显示,截至2018年6月,中国互联网用户总数为8.02亿,其中,参与过网络直播的用户为4.25亿,这个数据占互联网用户总数的53.0%。而《2016—2020年中国网络直播行业深度调研及投资前景预测报告》中则提到:"网络直播在今年将成为互联网文化类别中急速发展的一支。2016年之前,可供统计的直播平台就达200家,参与注册账号近2亿,在斗鱼、YY这样的全国性大型直播平台,黄金时段同时在线人数可以突破400万,在同一时间段内,同步直播的主播房间超过3 000个,'网络直播'这一新生的互联网媒介形式有着巨大的市场规模,约为90亿。"[1]

随着互联网的发展及直播用户的不断扩大,直播成为品牌及个人新的营销手段。2017年2月,《故宫讲坛》第100讲邀请到了故宫博物院院长单霁翔进行讲座,这场讲座通过直播软件进行现场直播,最高在线观看人数达到了20万人,远远超过了一场普通讲座的听众数量,受到了网友们的关注。如果将网络直播与讲座、仪式等方式结合,将会得到更好的传播效果。

---

[1] 中证网. 我国网络直播市场现状分析:近百亿的规模[EB/OL]. [2016-05-06]. http://www.cs.com.cn/ssgs/hyfx/201605/t20160506_4963273.html.

三、文化创意产品的网络营销

博物馆文创产品属于"文化产品"的一种,文化产品一般与艺术、旅游等场合相关,如博物馆、文化街区、旅游景点等,文化产品既是一种产品,如衍生消费品等,也可以是一种服务,比如观看电影、话剧同样是消费文化产品,这类产品的消费特点是"在场性"和"即时性",实体产品与服务可以同时提供①。博物馆文创产业具有不易模仿性和低竞争性等特点,到现在,博物馆文创产品不仅是深受消费者喜爱的消费品,而且成为博物馆传播的载体之一。

我国博物馆文创产品的发展与我国博物馆本身的发展情况息息相关。文创产品开发及销售热潮的源头可以追溯到文化部在 2006 年发布的《博物馆管理办法》,这一具有划时代意义的文件,明确地表示了博物馆方应该拓展资金收入渠道,发展以文化创意产品为代表的文化产业,以自身资源和创意获取博物馆进一步发展的空间。② 2008 年 1 月,我国各级历史及自然博物馆以及重大社会事件纪念馆开始逐步进入"免费开放时代"③。国家对于博物馆及纪念馆支持的逐渐削弱和场馆免费化使得各类场馆产生了运营方面的压力,这也使得馆方开始寻求获得资金的渠道,以维持博物馆的正常运转,同时,吸引观众也成为博物馆的重要经营目标。在这样的情况下,我国博物馆文创产业开始发展。

2016 年春季,随着《关于进一步加强文物工作的指导意见》《关于推动文化文物单位文化创意产品开发的若干意见》④等政府文件的下发实

---

① 陈守则,刘旭明. 文化产品营销研究[M]. 北京:经济日报出版社,2003:1.

② http://www.gov.cn/gongbao/content/2006/content_457933.htm.

③ http://www.gov.cn/gzdt/2008-02/01/content_877540.htm.

④ 国务院办公厅转发文化部等部门关于推动文化文物单位文化创意产品开发若干意见的通知[EB/OL]. [2016-05-16]. http://www.gov.cn/zhengce/content/2016-05/16/content_5073722.htm.

行和进一步推动,发展文化创意产业成为了政府工作中的一件大事,扶持力度也不断加大。在政策和市场的双重要求下,博物馆文创产品迎来了一个发展的黄金时代。

目前关于楚文化的文化衍生品主要是楚文化元素衍生出的产品和文物仿制品,然而其品种还比较单一,还有很大的发展空间。

第五章　作为创意产业的荆楚文化

文化是软实力的重要构成，是一个国家和民族综合实力的标志之一，而创新是文化发展的核心与关键。文化所固有的渐进性与积累性，使"文化创新"成为推进国家发展、保持文化活力的必要途径。党的十六大报告提出了"理论创新，制度创新，科技创新，文化创新"四大创新论；党的十七大报告也明确指出："推进文化创新，增强文化发展活力。在时代的高起点上推动文化内容形式、体制机制、传播手段创新，解放和发展文化生产力，是繁荣文化的必由之路。"《国家"十一五"时期文化发展规划纲要》更将"文化创新"作为重要章节写入全文。对于拥有五千年悠久传统文化的中华民族而言，如何在经济与文化全球化的时代背景下，寻求推动文化创新的形式与渠道，就成为一个重要议题。在创意产业（creative industries）的视野下探讨文化创新，强调文化、技术与经济三者深度融合下的文化创新，应成为政府、企业与学界共同关注的焦点。

第一节　走进文化创意产业

一、创意产业：历史性的概念

当代意义上的"创意产业"概念，最早出现于澳大利亚。1994年澳大利亚政府提出了"创意国度"（creative nation）的文化战略，并公布第一份文化政策报告，期望通过创意产业来推动经济发展，并巩固民族和国家认同的概念。20世纪90年代末，英国将这一概念发扬光大。1997年托尼·布莱尔（Tony Blair）以"新工党、新英国（Britain will be better with new Labour）"的竞选纲领成为英国新一任首相。上任之后，布莱尔改组内阁，在文化、媒体与体育部（Department for Culture, Media and Sport, DCMS）成立了"创意产业工作组"（Creative Industries Task Force），以推进英国创意产业的发展。DCMS在1998年和2001年先后发布两本《创意产业路径文件》（*Creative Industries Mapping Document*）。作为纲领性文件，其将创意产业定义为："那些源于个人创造力、技能与才华的活动，这些活动有创造财富与就业的潜力，而潜力通过知识产权的开发和生成而实现的产业。"同时选定广告（advertising）、建筑（architecture）、艺术和古玩（arts and antiques）、工艺（crafts）、设计（design）、时尚设计（designer fashion）、电影和录像（film and video）、互动休闲软件（interactive leisure software）、音乐（music）、表演艺术（performing arts）、出版（publishing）、软件和计算机服务（software and computer services）以及电视和广播（television and radio）13个门类作为创意产业的范畴。

各个国家在具体的概念使用上各有不同，如美国以"版权产业"为基础，日本、韩国以"内容产业"为核心，但其涵盖的产业范围大致相同。为了便于各国政府的政策制定，联合国教科文组织发布的《理解创意产业》（*Understanding Creative Industries: Cultural Statistics for Public Policy-making*）一文提出，"文化产业"（cultural industries）是指那些兼具创造、生产和将无形的文化创意内容商品化的行业，它受版权保护，并以商品或服务的形式呈现，通常包括印刷、出版和多媒体、视听艺术、摄影摄像作品以及工艺和设计等。"创意产业"的范围更为广泛，除上述内容外，还包括所有的文化或艺术生产。这些产品或服务富有艺术元素或创造性的努力和行动，如建筑与广告。"创意产业"比"文化产业"

包含了更广泛的活动与范围。

在某种意义上，创意产业的发展呈现出政府先行的特征。西方学术界的相关研究集中出现在 2000 年之后。2001 年，被称为"创意产业之父"的约翰·霍金斯（John Howkins）出版的《创意经济》（*Creative Economy*）一书提出："知识产权有四大类：版权、专利、商标和设计；每一种形式都有庞大的工业与之相应，加在一起就构成了创意产业和创意经济。"理查德·凯夫斯（Richard Caves）则认为，创意产业提供给我们广泛的与文化、艺术或仅仅是娱乐价值相联系的产品和服务。2001 年，在澳大利亚昆士兰科技大学创建世界上第一个"创意产业学院"的约翰·哈特利（John Hartley）认为，创意产业"可以追溯到 18 世纪时的'创意艺术'和'文化工业'概念，它也吸收了'消费者'和'公民'这些概念长期发展而来的变化。……它依据当地的文化传承和具体情况而有地域上的差异。最明显的是，在美国，创意是受消费者和市场推动的，而在欧洲，它则受民族文化和文化公民身份传统的影响"。因而，创意产业是个历史性的概念，它把艺术（即文化）直接与传媒娱乐（即市场）等大规模产业联系了起来，提出了跨越精英与群众、艺术与娱乐、接受资助与商业化、高雅与庸俗之间的差别的可能性。

具体到中国，官方文件、学术研究和媒体报道的概念表述中，既有"文化产业"，又有"创意产业"，还有"文化创意产业"，三者常常相互替代、混淆使用。文化部文化产业司司长王永章在《"文化产业"与"创意产业"探析》一文中指出："十六大提出'文化产业'的概念是我们党在文化建设理论上的重大突破。……创意产业与文化产业的绝大部分内容是交叉的。严格地说，如果剥离了目前我国所涉及的文化产业的内容，创意产业的内容所剩无几。……尽管文化产业与创意产业所涉猎的范围基本是一致的，但我们所要强调发展的'文化产业'与英国倡导的'创意产业'还是有以下区别的：一是出发点不同。二是主体不同。三是性质不同。四是管理部门不同。五是理论基础不同。……北京市提出发展'文化创意产业'的概念，把创意产业中涉及的设计部分纳入文化产业之中，并命名了若干个文化创意产业基地。尽管这一表述在逻辑关系上还存在一些相互矛盾的地方，但在目前的形势下，为妥善处理好与文化产业的关系，仍不失为一种较好的办法。"同时，"文化创意产业"的表述也已经出现在《国家"十一五"时期文化发展纲要》中。从与国际接轨的需要出发，兼顾中国特殊的文化属性，现阶段在中国使用"文化创意产业"不失为一个相对周全的选择，将文化纳入产业的视野下进行创新发展。

2006年，北京首个推出《北京市文化创意产业分类标准》，提出文化创意产业是以创作、创造、创新为根本手段，以文化内容和创意成果为核心价值，以知识产权实现或消费为交易特征，为社会公众提供文化体验的具有内在联系的行业集群。依据上述定义，北京市文化创意产业主要包括9个大类：(1)文化艺术，(2)新闻出版，(3)广播、电视、电影，(4)软件、网络及计算机服务，(5)广告会展，(6)艺术品交易，(7)设计服务，(8)旅游、休闲娱乐，(9)其他辅助服务。"文化创意产业"这一概念的提出与实施，证明了我国在理念上和体制上的双重突破。2008年作为一个拐点，中国文化产业进入更为健康的高速增长周期。随着我国经济体制的整体转型，文化的产业属性得以凸显，文化与市场的融合已成为不容置疑的事实。

综观国际国内，无论是文化产业、创意产业、内容产业，还是版权产业，或是中国特色的文化创意产业，从具体涉及的行业而言，无一不是围绕着与"创造"相关的文化创新延伸发展，"文化创新"是原点，也是交集。为了便于表达，本书将不同国家的多种表述以"创意产业"一语概之。

二、文化创新：现实性的需要

作为一个历史性的概念，创意产业自始便与文化传承、巩固民族认同和保护文化多样性不可分割。创意产业在终极目标上与文化创新具有一致性，无论是政府基于国家发展的现实考量，还是学界基于理论前瞻的研究视角，创意产业都在文化与市场之间结成交叉点，体现出文化、技术与经济三者的深度融合。

首先，"创意"是文化内容创新的基础。在某种意义上，内容创新是文化创新的核心，日本、韩国强调"内容产业"也意在于此。将中国传统文化与现代工业文明相结合，将传统内容进行创造性的开发与运用，使其在新时代产生出创意附加值，是创意产业的宗旨，也是文化创新的必要途径。

其次，创意产业为文化创新提供多样化的传播渠道。创意产业的"跨界"特征，促进了艺术与技术、现代与传统的结合，促进了异质媒体的传播互动，促进了各产业之间的融合。在提升传统文化表现力的同时，也使文化传播超越国界、超越语言，在全球化时代，达到最佳传播效果。

再次，创意产业将"创新"变为生产力，在文化、技术与经济之间建立直通车。根据约瑟夫·阿罗斯·熊彼特（J. A. Schumpeter）的观点，"创新是资本主义的永动机"，是经济发展的主导力量，创新改变了经济世界的面貌。而文化与技术的创新是其中的核心驱动力。文化创新是内容的创新，也是表现手段与形式的创新。在创意产业中，文化与技术的结合显得尤其重要，并最终推动经济发展。

概言之，"创新"成为文化、技术和经济的集结点，将技术创新创造性地运用于文化创新，形成合力，进而推动社会经济的长足发展。文化创新也将在创意产业为其构建的文化、技术和经济的多元平台上绽放光芒。二者之间的密切关系，证明了在创意产业的视野下探讨文化创新的合理性与可行性。

三、创意产业为文化创新开创国际化空间

据普华永道公司（PricewaterhouseCoopers）公布的《全球娱乐和媒体

业展望》(*Global Entertainment and Media Outlook*)报告,全球娱乐与媒体(E&M)产业①已经进入稳步发展阶段,2006年产值为14 310亿美元,到2011年将达到近20 000亿美元,年复合增长率(CAGR)为6.4%。且未来五年依然前景喜人。从区域分布上来看,美国是市场最大但增长最为缓慢的地区,2006年产值5 820亿美元,预计到2011年将达到7 540亿美元,年复合增长率为5.3%。亚太地区娱乐媒体产业成长最为迅速,产业规模将从2006年的2 970亿美元增长到2011年的4 700亿美元,年复合增长率为9.6%。其中,印度成长最快,年复合增长率达到18.5%,中国以16.8%居于第二位。在行业划分上看,数字媒体尤其是网络及无线数字媒体将成为未来五年最具成长性的领域②。传统行业也在逐年上升。例如,教育图书的出版以2.8%的年复合增长率增长,从2007年的1 129亿元上升到2012年的1 298亿元。亚太地区发展最快,年复合增长率为3.9%,从2007年的245亿元增长到2012年的297亿元③。用"日新月异"来形容创意产业这十多年来的发展历程,实不为过。

联合国贸发会议和联合国开发计划署南南合作局共同完成的《2008创意经济报告》(*Creative Economy Report* 2008)指出,创意产业是世界贸易中最有活力的新兴产业之一。在过去的5年里,其产品和服务交易额年平均增长8.7%,世界创意产品的出口总额从1996年的227.5亿美元提高到2005年的424.4亿美元,增长率为8.8%。该报告认为,当今世

---

① 普华永道研究报告中的娱乐和媒体产业包括:电影娱乐(filmed entertainment)、电视联播网(TV networks)、电视传播(TV distribution)、录制音乐(recorded music)、广播广告及户外广告(radio & out-of-home advertising)、网络广告及联机费用(internet advertising & access spending)、电子游戏(video games)、商务信息(business information)、博彩(casino and other regulated gaming)、杂志出版(magazine publishing)、报纸出版(newspaper publishing)、书籍出版(book publishing)、主题公园及娱乐场所(theme parks & amusement parks),以及运动(sports)等,共14大类。
② PWC:Global Entertainment and Media Outlook:2007-2011,2007.
③ PWC:Global Entertainment and Media Outlook:2008-2012,2008.

界，一种新的发展范式正在兴起，它把经济和文化联系在一起，在宏观和微观水平上包容了经济、文化、技术和社会发展的各个方面。对新范式而言最有影响力的事实是：创意、知识和信息日益成为全球化世界中推动经济增长和促进发展的强大动力①。

他山之石，可以攻玉。无论是作为"创意产业标杆"的英国，还是实力雄厚的龙头老大美国，或是后来居上、别具特色的韩国，都在不同层面给予中国创意产业和文化创新的未来发展以启示。分处世界不同地理区域、拥有不同经济基础与文化传统的三个国家，虽然在发展规模、管理模式、推行策略上各有不同，但总体而言，政府、企业、学界的"三管齐下"是其共性特征。明晰的政府职能、完备的政策法令、多种渠道的资金投入以及精确的市场调研等，在整体推动创意产业发展的同时，为文化创新提供了不同层面的保障。

（一）英国：政府协调下的高速发展

作为英国创意产业的管理部门，DCMS 旨在"通过提升其地位、协助其发展来推动创意产业的茁壮成长。我们的愿景是让英国成为世界创意中心"。在明确的行业定位和发展目标下，DCMS 通过制定路径文件、发表年度报告和分析报告等方式，将概念创造者、政策制定者、经验总结者和执行推动者等多种身份与职能发挥得日臻完善。除前文提及的《创意产业路径文件》（1998，2001）外，英国政府部门还发布了包括《创意英国：新经济下的新人才》（*Creative Britain: New Talents for the New Economy*，2008），《英国创新产业经济表现一路领先》（*Staying Ahead, the Economic Performance of the UK's Creative Industries*，2007），《创意产业经济估算统计公报》（*Creative Industries Economic Estimates Statistics Bulletin*（从 2003 年至 2009 年，每年 1 次，共 7 次），《英国的战略性行

---

① UNCTAD：Creative Economy Report 2008，http://www.unctad.org/en/docs/ditc20082cer_en.pdf.

动计划：北爱尔兰的创新产业》(Strategic Action Plan: Creative Industries in Northern Ireland, 2008)，《英国创意产业竞争力报告》(Comparative Analysis of the UK's Creative Industries, 2006)，《文化与创意 2007》(Culture & Creativity in 2007)等在内的多种报告。英国创意产业的迅速崛起，是不同政府部门合力推动的结果。1997 年以前，英国政府并无专门的部门管理分属 13 个不同行业的创意产业。新政府上台后，力求将文化事业从单纯依赖公共资金投入和政府拨款补贴，逐步转变为依靠其自身进行产业化经营。新工党政府将主管包括文化在内的"国家遗产部"更名为"文化、媒体与体育部"，扮演政策协调员的角色，并任命该部首长为内阁成员。同时专门成立跨部门、跨行业的特别工作小组，如以文化大臣为首的创意产业行动小组，重点进行政府各部门之间的政策协调。

2009 年 1 月的最新统计数据表明，英国创意产业的经济贡献在 2006 年占附加值总额(GVA)①的 6.4%。1997—2006 年，英国创意产业以年均 4%的速度增长，而同期整体经济的平均增长率为 3%。2006 年创意产业的出口共达 160 亿英镑，相当于商品和劳务出口的 4.3%。其中，增长速度最快的是软件、电脑游戏和电子出版业，增长率平均为 8%，占出口总量的 31%。2007 年夏，共提供了与创意相关的近 200 万个就业岗位，1997 年这一数字为 160 万，年增长率为 2%，高于同期整体经济增长 1%的水平。2008 年，英国共有创意企业 157 400 家，其中 2/3 集中在两大行业：软件、电脑游戏及电子出版业(75 000 家)，音乐、视觉及表演艺术业(31 200 家)。② 作为创意产业的发源地，英国已遥遥领先于欧洲其他国家，创意产业近年来以高于经济发展的 2 倍速度飞速向前。

管理出效益或许是对英国创意产业最精炼的概括。政府各部门之间

---

① 所谓附加值总额(gross value added, GVA)，指的是 GDP 减去税收再加上政府补贴后的结果，一般比 GDP 低 11%。

② DCMS, Creative Industries Economic Estimates Statistics Bulletin, 2009.

的有机协调，不仅减少了各自为政带来的不必要摩擦，更使有限的资金与资源在统一的调度下发挥出更多的效用。在经济层面，创造出更多的就业机会与产业价值，在文化层面，强调了文化多元性的重要性，并最终为文化在创意产业中寻求新的产业化发展模式与途径。

（二）美国：产学研一体化的发展构架

根据2003年"世界知识产权组织"（WIPO）发布的《版权产业的经济贡献调查指南》（Guide on Surveying the Economic Contribution of the Copyright-Based Industries），美国将"创意产业"确定为"基于版权的产业"（copyright-based industries）。1990年，美国国际知识产权联盟（IIPA）开始委托经济学家研究版权产业对美国整体经济的影响，并发布研究报告。在2004年发布的第十份研究报告中，对美国版权产业进行了新的界定，将其分为：核心版权产业、相互依赖的版权产业、部分性版权产业和非专门的支持性产业。

同时，非营利组织"艺术美国人"（American of Arts）在其进行的创意产业研究中也提出，创意产业应包括与艺术创意或销售相关的营利和非营利活动，既可以是参与某些娱乐消遣，如看电影、听音乐会或阅读小说，也可以是从事某些行业，如建筑、设计、乐器制造等，还可以是改善社区居住环境的硬件投资，如博物馆、公众艺术馆、表演艺术中心等。

至2008年1月，美国全国共有612 095家创意企业（占全国企业总数的4.3%），创意产业的就业人口超过298万（占全国就业总数的2.2%）。比较2007—2008年的数据，创意产业成长迅速，企业数量从546 560上升为612 095，增幅达12%，超过了美国企业总数10.7%的增长率（从1 290万到1 430万）。创意产业的就业人数更是从270万上升到298万，达11.6%，是全国总就业人数（从13 200万人涨为13 600万人，增长率为2.4%）增长速度的4倍。创意产业对美国经济发展，如GDP值、就业水平以及海外销售和出口等方面表现出持续性的积极作用。

2008 年 3 月公布的报告如表 5-1 所示：

表 5-1　　　　　　　　2008 年美国创意产业概况

创意产业六大部门	创意企业	就业人数
博物馆与收藏	14 033	150 147
表演艺术	107 178	488 427
视觉艺术与摄影	204 099	681 605
电影、广播与电视	94 819	727 206
设计与出版	168 828	836 628
艺术学校与艺术服务	23 138	96 856
总计	612 095	2 980 869

（资料来源：*Americans for the Arts*：*Creative Industries 2008*：*The 50 City Report*，2008 年 3 月。http：//www.artsusa.org/pdf/information_services/creative_industries/CreativeIndustriesCityReport2008.pdf.）

与英国不同，美国并未成立专门的政府部门来管理创意产业或版权产业，甚至没有正式的官方政策文件，而是由专业协会来推动相关立法。IIPA 是一个私营部门，有六个会员单位：美国出版协会（APP）、商业软件联（BSA）、娱乐软件协会（ESA）、美国电影营销协会（AFMA）、美国电影协会（MPAA）以及美国唱片工业协会（RIAA）。这些单位代表着美国 1 300 多家公司。在 IIPA 的带领下，这些协会努力推动知识版权法的建立和实施，以阻止盗版，鼓励本地投资和就业，促进文化事业发展。除 1790 年的版权法外，还因势利导地于 1998 年 10 月通过了《新千年数字版权法》（*Digital Millennium Copyright Art*），2005 年通过了《家庭娱乐和版权法》（*Family Entertainment and Copyright Act of 2005*）等，同时积极加入《伯尼尔公约》（*Berne Convention for the Protection of Literary and Artistic Works*），达成《与贸易有关的知识产权协议》（*Agreement on Trade-Related Aspects of Intellectual Property Rights*）等，为知识产权保护构建起强大的法律支撑与国际合作体系。

与英国相似的地方在于，美国利用在量化研究方面的传统与优势，定期、系统地开展创意产业的相关研究，并发布权威性报告。如 1990 年 IIPA 委托有关机构首次发表《美国经济中的版权产业》报告；1992 年发表《美国经济中的版权产业：1977—1990 年》；此后分别于 1993 年、1995 年、1996 年、1998 年、2000 年、2002 年、2004 年等年度发表美国版权产业的经济贡献系列报告。与"艺术美国人"的系列报告《创意产业 2005：国会报告》(Creative Industries 2005: The Congressional Report)、《创意产业 2008：50 个城市报告》(Creative Industries 2008: The 50 City Report) 等一起，形成对美国创意产业的全景式观察与分析。在专业协会的积极推动、政府部门的法律保障和研究组织的专业调查三重力量下，美国创意产业真正形成了产、学、研一体化的良好发展构架。

(三)韩国：一种资源，多种使用

韩国在亚洲的影响力不容忽视。据统计，2001 年韩国创意产业的市场规模为 13 兆韩元，2002 年达到 183 兆韩元，占 GDP(634.3 兆韩元)的 2.89%。1999—2003 年五年间，韩国创意产业市场规模年均增长约 27.7%，而 2002 年的 GDP 增长率仅 6.1%。① 其中，影视产业和游戏产业成为韩国创意产业中的两大支柱。据国际数据公司（IDC）2003 年调查显示，韩国成为全球最大的两个网络游戏市场之一，并在亚太地区独占鳌头，拥有 54% 的市场占有率。② 韩国政府已经把创意产业视为 21 世纪最重要的产业之一。总体上，韩国数字内容产业已经超过传统的汽车产业，成为韩国的第一大产业。

1997 年在亚洲金融风暴中饱受创伤的韩国，提出"设计韩国"战略，1999 年制定《文化产业基本法》，"形成了地方文化产业集群的制度化基

---

① 韩国文化产业探微[N]. 中国文化报，2005-01-14(02).
② 亚太地区网络游戏市场前景喜人 [EB/OL]. [2003-05-19]. http：//www.idc.com.cn/about/detail.jsp? id=OTU=.

础；2005年构筑了系统化的培育及支援战略，即《文化产业集群地形图》；2006年《文化产业基本法》修订，形成了文化产业振兴机构制度。从地区文化产业的财源来看，有6 000亿韩元的总事业费，其中中央政府3 000亿韩元，地方政府3 000亿韩元，时间是2000—2010年，内容是设立地方文化产业支援中心、构筑文化产业基地等产业集群。到2005年为止，共投入了1 440亿韩元。"①2001—2004年，韩国共建立了大田、春川、清州、光州、全州、富川、大邱和釜山8个国家指定的文化产业基地，分别发展尖端影像与游戏、动画片、教育娱乐、CGI和卡通形象、手机内容和HD影像、出版漫画和动画片、游戏和手机内容以及影像内容等产业。

在加大资金投入的同时，"综合开发，多次收益"是韩国的一大特色。"一旦某种文化产品在市场取得成功，只需要追加少量的费用即可生成多种收入模式，创造出高效益的附加值产业。如韩国的'利尼基''飞天舞''杜莉''阿玛盖通'等有代表性的国产名作漫画纷纷被改编为动画、游戏、电影、卡通形象，展现出'一种资源，多种使用'的模式。"②在政府的大力支持下，韩国电影出口从1995年的21万美元，猛升到2003年的3 098多万美元，增长了147倍；2003年，韩国向56个国家出口了164部电影，平均每部出口价格为19万美元，比2002年平均每部增加了8万美元，电影产业成为韩国经济增长趋势最强劲的产业③。据韩国文化观光部统计，2002年韩剧出口12 363集，外销收入达1 639万美元；2003年出口比2002年增长46%，达4 300万美元；2004年，出口额超过5 000万美元；2007年，出口超过3亿美元。在影视产品出口中，韩剧成为韩国电视节目最大的输出品。出口市场以中国、日

---

① ［韩］李政炫.韩国文化产业集群的现状和启示［C］//张晓明，等.国际文化产业发展报告第一卷(2007).北京：社会科学文献出版社，2007：345-346.
② 韩国文化产业探微［N］.中国文化报，2005-01-14(02).
③ 汪康懋.中韩美传媒文化产业模式与衍变［EB/OL］.［2005-04-22］. http：// media. people. com. cn/GB/22114 /46698/46708 /3343152. html.

本、新加坡等亚洲国家为主,一些经典剧目还出口俄罗斯、埃及和阿拉伯半岛等。韩剧在对外传播的过程中,不仅仅停留在电视剧出口的"一次性收益"上,还通过媒介潜移默化的影响,得到了二次甚至多次收益,逐步形成了以电视剧为龙头带动旅游、文化产业的一系列"商业链条"①。

在管理上,韩国创意产业主要由文化观光部负责,其下设三个专业局:文化政策局(制定基本发展政策以及与版权、图书馆和博物馆业务有关的政策)、艺术局(支持文化艺术创作活动,维护国民的文化艺术享受权并制定相关的艺术政策,承办文化艺术国际交流事务)和文化产业局(负责基础设施建设,专业人才的培养,高附加值文化产品的开发以及国际市场的开发等)。同时还有若干个文化产业振兴机构,如文化内容振兴院、游戏产业开发院等。

据联合国教科文组织的相关统计,核心文化产品的国际贸易从1994年的383亿美元增长到2002年的592亿美元。2002年亚洲成为第二大出口地区,占据了21.2%的份额,其中中国作为第三大核心文化产品出口国出现,出口额为53亿美元。另一个在电影生产上有突出表现的是印度,2002年它生产了943部影片,而美国同年的产量为543部②。可见在国际文化流通中,韩国并非亚洲的领军国家,但不可否认的是,亚洲内部的"韩流"在近十多年内却波澜壮阔。地理接近性和文化同质性使文化创新不仅是中韩两国必须面对的共同课题,甚至充斥着一些不和谐的争抢态势。客观而言,韩国在对传统文化的发掘与传承,在新技术与文化产品的结合等方面,的确较中国先行一步。

---

① 许建. 从传播学的视角探讨韩剧成功进入中国市场的原因[EB/OL]. [2005-03-01]. http://vote.cctv.com/tvguide/tvcomment/wtjj/dsrshss/10532.shtml.

② 联合国教科文组织统计研究所,联合国教科文组织文化处. 1994—2003年特定文化产品和服务的国际流通——国际文化贸易流通的定义和数据获取[C]//国际文化产业发展报告第一卷. 北京:社会生活文献出版社,2007.

四、创意产业作为中国文化创新的策略

中国社会科学院发布的《2009年中国文化产业发展报告》称,中国文化产业受国际金融危机的影响较小,2008年总体发展态势平稳,某些领域出现了高增长,维持以往3年的增速,总量增加值约为7 600亿元,可谓是"逆势而上"。中国创意产业在一片萧条中依然增势不减,蓄势待发,文化创新更应把握机会,趁势而上。

(一)"因城制宜"的发展模式

联合国教科文组织在文件《理解创意产业》中特别提及中国,认为由于中国国内地域广阔、文化多样,"因城制宜"(a city-specific approach)地采取措施,同时国家政策给予支持,或许是更为有效地推动创意产业发展的方式。以上海为例,这个中国最具现代化特色的城市已充分意识到创意产业对经济增长的潜力。经上海市经济信息委员会、上海市社团局批准,2004年11月6日上海创意产业中心成立。从上海的实际出发,以创新思想、技巧和先进技术等知识和智力密集型要素为核心,以产业为主,体现为城市功能转型,产业结构升级,二、三产业融合发展服务的特点,主要包括研发设计、建筑设计、文化艺术、咨询策划和时尚消费等几大类,并涉及诸多行业。

产业集群(industrial cluster)概念的引入及实施,可谓"因城制宜"的具体体现。根据美国哈佛商学院波特(M. Porter)教授的定义,产业集群是一组在地理上靠近的相互联系的公司和关联的机构,它们同处或相关于一个特定的产业领域,由于具有共性和互补性而联系在一起。[1]集群在创意产业的发展中将扮演着越来越重要的作用。"城市"与"集

---

[1] 王缉慈. 解开集群概念的困惑——谈谈我国区域的集群发展问题[J]. 经济经纬, 2006(2): 65-68.

群"将成为推动文化企业发展的合力。

联合国工业发展组织中国投资促进办事处(UNIDO ITPO-China)发布的《创意文化产业集群研究报告》表明,中国现已初步形成六大创意产业集群,京、沪、粤走在全国前列(见表5-2)。

表5-2 中国六大创意产业集群

集群	城市	优势	行业
首都创意产业集群	北京	北京拥有全国最多的高等院校、艺术团体以及创意人群,并已规划打造6个文化创意产业中心	文艺演出、广播影视、古玩艺术品交易等
长三角创意产业集群	上海	上海已启动18个创意产业集聚区,目标是要成为"国际创意产业中心"	工业设计、室内装饰设计、广告策划等
	苏州	苏州已成为长三角的创意产业生产基地,是上海创意产业链的延伸	
	杭州	杭州LOFT49汇聚了17家艺术机构,涉及工业设计、室内装饰设计、广告策划等多个创意领域	
珠三角创意产业集群	广州	广州背靠"亚洲创意中心"——香港,天河区是广告、影视、媒体、IT等创意工作集聚区	广告、影视、印刷、动漫等
	深圳	深圳的创意产业主要包括印刷、动漫、建筑、服装等,目标是打造"创意设计之都"	
滇海创意产业集群	昆明	昆明的绘画、音乐、雕塑是这里的文化经济亮点,"云归派"在这里成形	影视、服装等
	丽江	目前,丽江已经成为影视、演出、服装、时尚活动的背景板,全国创意产业展台的提供者	
	三亚	世界小姐总决赛、南方新丝路中国模特大赛等诸多选美比赛都在三亚举办	

续表

集群	城市	优势	行业
川陕创意产业集群	重庆	2005年，重庆先后举办了中国创意产业高峰论坛和中国创意经济与城市商业开发高峰论坛	网络动漫游戏产业
	成都	作为全国三大数字娱乐城市之一，全国首家网络动漫游戏产业基地已正式投入营运	
	西安	拥有全国数量第四的高校，是西安高新区同时也是全国四大高新区之一	
中部创意产业集群	长沙	以湖南卫视、湖南经视为首的电视广播方阵使长沙的创意城市特色有着独特的地位	电视广播产业

（资料来源：①联合国工业发展组织中国投资促进办事处（UNIDO ITPO-China）：《创意文化产业集群研究报告》①；②《中国六大区域创意产业集群初步形成》②）

这种发展态势在一定程度上反映出文化创新与经济发展成正比，文化产业与经济发展东高西低的格局基本相同，北京和东部经济发达地区发展较快。这从现实层面证明了"因城制宜"作为策略的合理性与可行性。但不容忽视的是，目前这六大产业集群的划分还存在着涉及行业覆盖面窄，与城市特色相关度低，优势不明显等问题，某些行业重复出现，如影视、广告、广播电视等发展时间较长、普及率较高、适应能力较强的行业，而另有多种行业未列入其中，如软件、会展、艺术品交易和旅游休闲等新兴行业，这些新兴行业无疑为文化创新提供了新的思路与渠道。为了能在地域特色与创意产业集群之间形成良性互动，进一步

---

① http://www.unidoitpo.org.cn/downloads/%E5%88%9B%E6%84%8F%E6%96%87%E5%8C%96%E4%BA%A7%E4%B8%9A%E7%A0%94%E7%A9%B6.pdf.

② http://www.fsa.gov.cn/web_db/sdzg2007/INTERNET/AGAME/fsjdq%5Csjkdq36-01.htm.

明晰已有创意产业集群的行业范畴与特色,并加快建立新的产业集群,扩大、完善产业门类,是亟待解决的问题。

与此同时,基于中国特殊的国情,经济与文化均欠发达的农村地区目前还难以形成创意产业集群,而这些地区又往往是传统文化保持相对完好的区域,因而在相关政策与投入上需要特殊情况特殊对待。"村村通""西新工程""农村电影2131工程""民族民间文化保护工程"等,在这方面都做出了有益的尝试。在经济发展不均衡、文化发展多元化的现实情境下,以城市为核心创建产业集群,以特色化的产业集群带动相关行业的发展,再以城市带动农村,最终在"因城制宜"的模式下,从不同层次促成文化的全面创新。

(二)体制与资金的双重保障

"文化创意产业"概念的提出和使用,将文化区分为文化事业与文化产业,既表明了我国文化体制的创新与改革,又标志着政府职能的转变。十六大以来,政府"重点是三个转变:由管文化、办文化向以管为主转变,由主要管理直属单位向管理系统和社会转变,由主要以行政手段向综合运用法律、经济、行政等管理手段转变。同时,进一步强化政府对文化的宏观规划与调控职能"①。

经济发展与文化发展的正相关,也从一方面表明了资金投入在文化创新中的重要性。因此,加大投入、降低门槛、拓宽资金来源渠道是文化创新的经济保障。在国家投入方面,据国家财政部统计,2003—2007年,全国财政、文化、体育与传媒支出总计3 111.2亿元,比上一个五年增长1.3倍,年均增长16.7%,高于同期国家财政支出的增长幅度。2008年,全国财政文化体育与传媒支出1 086.34亿元,比2007年增长20.9%。中央财政文化支出252.81亿元,增长20%,主要用于:支持

---

① 韩永进.文化创新的脚步[C]//张晓明.2006年:中国文化产业发展报告.北京:社会科学文献出版社,2006.

全国1 007个博物馆、纪念馆向全社会免费开放；支持实施全国文化信息资源共享工程，部分省市提前实现县级全覆盖；农村电影放映补贴扩大到中西部所有行政村，支持中西部地区46 434个行政村配备农村适用图书，并对东部地区"农家书屋"工程开展好的省份给予奖励；支持文化遗产保护；设立扶持文化产业发展专项资金，重点支持动漫产业、文化体制改革等。① 政府在转变职能的同时，加大对文化事业的投入，从体制与资金两个层面为文化创新创造了良好的发展机遇，重点突出、目标明确而有的放矢，进一步保证了实施的效果。在市场准入方面，分层次、分领域开放，有利于文化创新的全面开展与渗透。

不可否认，国家和政府近年不仅从战略的高度提出了文化创新的重要性和紧迫性，而且在战术上有雷厉风行的现实举措。但放眼国际，我国既缺乏英国式的专门政府机构，也没有美国式的专业协会，虽有文化部作为核心管理部门，但跨部门的协调工作、统计工作、调研工作依然各自为政。与此同时，除了建立以"管"为主的政府部门，还应从法制层面加以规范，加快、加强相关政策与法律的制定实施。缩小经济发展的差距非一日之功，但汲取现有的成功管理经验应该是指日可待。

(三)文化资源的综合开发

从以创意产业推进文化创新的眼光来看，韩国"一种资源，多种使用"的策略不失为高明之举，既控制了研发成本，又形成了多重利益链条，实现了利润最大化。我们可以通过文化创新与科技创新相结合，文化内容创新与文化形态创新相结合，已有文化媒体形式与新媒体形式相结合，实现对现有文化资源的综合开发。

首先，对中国而言，文化创新一方面意味着加强对传统文化的保护、挖掘、开发、利用与再生，另一方面需要加强传统与现代的结合，

---

① 中华人民共和国财政部. 财政支持文化事业发展情况［EB/OL］.［2009-05-05］. http：//www.mof.gov.cn/mof/zhuantihuigu/zhongguocaizhengjibenqingkuang/caizhengzhichu/200905/t20090505_139506.html.

寻求新的表现手法与传播形式。以传统文化为核心，以现代科技为载体，使旧貌换新颜。北京市在 2006 年年底推出的首批 10 个文化创意产业集聚区中，除潘家园古玩艺术品交易园、798 艺术区等三个文化艺术园区外，绝大多数是中关村科技园、软件园一类的高科技创意产业基地，也就是说"科技类集聚区多为科技园区"，"体现北京强调创意的文化经济视野"①。在这个意义上，技术创新既是文化创新的组成部分，也是文化创新的保障。中国文化在结合了新的表现手段后，将拥有强大的吸引力和经济创造力，这种吸引力和创造力不仅是在中国，而且是在世界范围内。从更高层面而言，事关民族文化传承与国家文化安全。

其次，文化内容与内容创作、生产形态密不可分。因此，文化内容的创新在很大程度上依赖于内容生产的环境与形态。仍以北京 798 艺术区为例，通过旧厂房改造利用而实现的艺术家与文化机构的集聚，实际上已然从根本上改变了传统的画家与画室的关系，艺术家的个人创作被纳入到文化创意产业集群之中。工业遗产与"创意广场"的结合形成了新的文化"时态空间"，在其间一体化地实现文化艺术的创意、生产、展示、流通和消费。在这样一个创意产业集聚区内，不仅仅有画廊、摄影间、艺术工作室，还有广播影视服务、网络支持、出版发行、时尚设计、营销策划、餐饮旅游等②。通过创意产业整合而成的新文化形态，是文化创新的主要标志之一。

再次，动漫、影视等视听产业的"眼球经济"特性决定了形式创新的重要性。传统的卡通、电影、电视传统媒体表现形式与数码多媒体表现形式的结合，大大丰富了文化创新的内涵，拓展了创意产业的领域。日本和韩国的动漫、网络游戏产业的成功从不同侧面证明了这一点。《功夫熊猫》《花木兰》《梁山伯与祝英台》等好莱坞动画片也是成功的范

---

① 孔建华. 北京文化创意产业集聚区发展研究[C]//张晓明. 国际文化产业发展报告第一卷(2007). 北京：社会科学文献出版社，2007.
② 孔建华. 北京文化创意产业集聚区发展研究[C]//张晓明. 国际文化产业发展报告第一卷(2007). 北京：社会科学文献出版社，2007.

例。张艺谋创作团队的"山水印象系列",则将电、声、光科技表现手段与舞台表演艺术形式完美结合,通过形式创新实现文化创新,通过创造新的文化消费形式促进文化经济的增长。在一定程度上,创意产业通过文化形式的创新,实现了文化资源的效益最大化。

在某种意义上说,文化创新是对保护全球文化多样性的积极回应。对处于高速发展期的中国而言,文化创新是文明古国的时代责任。在新的时代背景下,文化创新已不仅仅是一个文化问题,而是兼具经济属性、技术属性、艺术属性甚至意识形态属性的跨专业、跨行业的全新战略性课题。创意产业不仅提供了理念上的突破、政策上的支持,而且赋予其世界性的发展空间与话语平台。唯有在创意产业的大背景、大视野下创新理念、创新体制、创新政策等,才能使文化创新在经济腾飞、国家发展的高度上发挥更大的作用。

第二节 荆楚文化产业发展的现状与探究

荆楚文化作为中华历史文化中的瑰宝,在其长时间的发展历程中形成了自身的地域特色。首先,荆楚文化既受到北方中原文化的辐射,又受到南方少数民族文化的影响,形成包容开放的姿态。其次,史书中多次提到楚国人特立独行、不迷信盲从的思辨精神使得荆楚文化保持着独立鲜明的品格。最后,荆楚地区幻化多样、如诗如画的自然环境孕育了文化中独有的浪漫气息。而荆楚文化包含的六大要素也可以总结为:一是青铜冶铸工艺;二是丝织刺绣工艺;三是髹漆工艺;四是老庄哲学;五是屈原的诗歌和庄子的散文;六是美术和乐舞[①]。近年来,在湖北省委与省人民政府提出的"发展文化创意产业、建设文化强省"的战略思

---

① 朱珠,但强. 试论楚文化旅游现状及其开发[J]. 重庆科技学院学报(社会科学版),2006(3):48-50.

想指导下，省内文化产业扎根荆楚文化资源，呈现出稳步发展的态势，在各领域取得了一定的成就。

文创产业集群式发展的重要途径之一则是依靠文创产业园的搭建，将零散的企业积聚成规模化的园区。湖北省以武汉为中心区域辐射四周，文化创意产业园区的发展已具雏形。其中，以汉阳造文化创意产业园、珞珈创意产业园、光谷创意产业基地、武汉创意天地、楚天181等为代表的聚合园区发展迅猛，规模不断扩大，文化创意企业已有近万家。除在数量上形成优势之外，湖北省始终坚持发挥自身优势，把握市场发展趋向。光谷产业基地自身的品牌效益已经形成，动漫游戏、文化信息与设计服务等核心产业在国内具有领先优势。汉阳造文化创意产业园突出空间设计主题，打造时尚、具有创意的社区环境，各类专业交叉、多元文化包容融汇其中。除此之外，省内文创产业发展的大环境不断优化。湖北省委、省政府先后出台了《关于推动文化大发展大繁荣的若干意见》等文件，为文创产业的发展提供了一系列财税减免、创业投资、人才奖励、市场培育、项目孵化等帮扶条件。例如，设立项目专项资金，完善借贷模式，增多针对文创企业的金融服务，搭建人才保障、产业推广平台等。

荆楚文化在为湖北文化产业提供了丰富内容资源的同时，也逐步形成了自身的品牌特色，为打入高端市场奠定了基础。在湖北文化产业高速发展的今天，深入挖掘荆楚文化的内在价值，扎实推进荆楚文化发展的新思路，是日后湖北文化产业发展的必由之路。

一、荆楚文化文创产业的发展概况

湖北历史文化底蕴深厚，作为文化大省，其优势主要体现在文化资源的丰富。湖北省的报纸杂志在全国处于领先地位，影视作品的编创也具备一定的影响力，尤其是"文化鄂军"在全国文学界具有很高的影响力。面对这样的优势基础，如何有效地利用这一优势，实现本省经济的可持续增长以及不断提升自身的文化软实力,大力发展文化产业是一条可观之路。而一贯以来,政府高度重视文创产业的发展,支持和鼓励以创新为驱动的经济类型落地,为文创产业发展创造了良好环境。早在2012年,湖北省就提出着力抓好省广播电视基地、省图书馆新馆、省博物馆扩建、荆楚文苑等重点工程,加强市州"三馆"(公共图书馆、群艺馆、博物馆)、县市"两馆"(公共图书馆、艺术馆)和乡镇综合文化站建设。加强文化发展研究,尤其是在加强对楚文化、三国文化、巴土文化等区域特色文化研究的基础上,积极组织和精心谋划一批需要重点打造的文化品牌,提升湖北文化的影响力和竞争力。①

据2012年至2014年《中国文化及相关产业统计年鉴》统计分析来看,湖北省博物馆机构数为全国中等水平,从业人员同样为全国中等水平,文物藏品数量名列全国前三位,举办展览数量稳步提升,参观人次小幅度上升,门票销售总额在全国排名比较落后,累计收入逐年明显上涨。如表5-3所示。

表5-3　　2012—2014年湖北省博物馆业发展情况②

类项＼年份	2012年	2013年	2014年
博物馆总数(个)	161	170	174
博物馆从业人数(人)	3 078	3 360	3 380
文物藏品(件)	1 581 612	1 668 740	1 894 926
举办展览(个)	508	796	857
参观人次(万人)	2 230	2 358	2 600
门票销售总额(万元)	159	434	1 091
累计收入(万元)	39 092	55 719	59 168

---

①　王国生. 努力实现湖北由文化大省向文化强省跨越[C]//中国文化产业年鉴编辑部. 2012年中国文化产业年鉴. 北京:光明日报出版社,2012.
②　国家统计局社会科技和文化产业统计司,中宣部文化体制改革和发展办公室. 2013—2015年中国文化及相关产业统计年鉴[C]. 北京:中国统计出版社.

从 2012 年至 2014 年《中国文化及相关产业统计年鉴》统计的数据来看，湖北省风景名胜面积在全国处于中等位置，供游览面积在总面积不变的前提下逐年稳步增加，游人量有一定波动，境外游人数持续上升，景区资金收入在全国排名比较靠前，国家拨款逐年增加，经营收入同时也在大幅上升。如表 5-4 所示。

表 5-4　　　　2012—2014 年湖北省旅游业发展情况①

年份 项类	2012 年	2013 年	2014 年
风景名胜面积(平方公里)	1 590	1 590	1 595
供游览面积(平方公里)	710	727	748
游人量(万人次)	1 924.4	1 660.6	1 885.0
境外游人(万人次)	35.5	41.7	78.5
景区资金收入(万元)	309 489	385 690	411 606
国家拨款(万元)	82 486	101 758	95 822
经营收入(万元)	88 978	135 766	136 940

在现阶段，湖北省在依托自身文化资源的基础上，文化创意产业的发展已经取得了阶段性成果，为全省的经济增长做出了贡献。但不可否认的是，与北京、上海、深圳等地区相比，湖北省文化产业发展起步较晚，产业结构也存在着一些问题。首先，文化创意产业价值链不够完整。当前，国家以及各省市积极支持创新性产业的发展，许多创意产业园区也借此东风快速发展。湖北省文化创意行业各子行业的发展尽管从形式上看处于集群发展态势，但缺乏对产业集聚效应的深度开发，文化艺术、新闻出版、数字影视等各行业、各企业各自为战，相互之间的战

---

①　国家统计局社会科技和文化产业统计司，中宣部文化体制改革和发展办公室. 2013—2015 年中国文化及相关产业统计年鉴[C]. 北京：中国统计出版社.

略性合作交流程度不深,大部分文化创意产品仍处于产业价值链的末端。① 其次,文创产业的发展需要政府更有力的扶持。现阶段省内部分文化创意产业园区过于突出政府主导,自我修复和调节能力较差,不利于产业的市场化运作。而且目前湖北省没有系统化的政策来支持文创产业的发展,存在着承接性与指向性不足的问题。最后,文创产业的高端人才缺口较大。从目前湖北省创意产业人才的供给需求关系来看,低层次就业人员饱和,中层次人才质量参差不齐,高层次人才较为稀缺,整体的人才结构不够合理。文创产业的行业要求需要创新性的中高层次人才,湖北省虽然高校密集,但相关对口专业的人才供给较为有限。

针对以上问题,湖北省文创产业发展若想实现持续高效发展,可以从以下几个方面入手进行改变。第一,完善文创生态产业链的搭建。一方面,以长江经济带为依托,以武汉城市圈开发区、产业园区为核心,引导文化创意产业要素向沿江优势地区集聚,强化产业集聚效应。另一方面,形成文化创意主导产业、配套产业、衍生产业优势互补合作的产业生态链,整合资源、优化配置、挖掘潜能,实现可持续发展。② 第二,打造本省区域性特色,充分发挥区位优势。充分挖掘荆楚文化中的经典宝藏,打造湖北省特色品牌产品。利用高新技术支持,全方位、多层次实现湖北省文化创意产业的品牌差异化发展。第三,培养高层次对口人才。创新型人才的挖掘是文创产业的必要需求之一,不断有新鲜、符合当下潮流的想法加入才能使文创产品始终保持活力,迎合市场的需求。高校也可以开设相关培养方向,与定点企业联合培养高层次人才。

未来五年,在文化产业整体布局上,全省要形成一个文化产业圈、两个文化产业带和多个特色文化产业群。一个文化产业圈是指武汉城市圈的文化产业圈,以武汉为龙头和中心,以黄石为副中心。两个文化产

---

① 靳洪. 关于湖北文化创意产业发展的思考[J]. 商业经济研究,2015(25):142-143.

② 靳洪. 关于湖北文化创意产业发展的思考[J]. 商业经济研究,2015(25):142-143.

业带,一是宜荆文化产业带,以宜昌、荆州为双核和发展轴,以荆门市和恩施州为主要构成维度。全省市(州)、县以特定区域内小特色文化圈为依托,着力增强自我发展能力,走特色发展道路。各地域文化各有特色和优势,如恩施州和长阳、五峰县的巴文化和土家族文化,宜昌市的三峡文化,孝感市的孝文化,鄂州市的渔文化,武当山特区的武当文化,神农架林区的神农架文化,等等。①

自2010年全省文化建设工作会议以来,各地各部门认真贯彻落实中央和省委、省政府的决策部署,围绕具体化、工程化、项目化的要求,以务实的精神抓落实,在积极推进文化体制改革、大力繁荣文化事业、加快发展文化产业等方面取得了显著成绩。② 文创产业是一项文化与经济紧密结合的新兴产业,拥有良好的发展前景和巨大的市场空间。而湖北省作为荆楚文化的发祥地和聚集地,拥有鲜明的区位文化特色和丰厚的文化经济价值。大力推进荆楚文化资源与湖北省文创产业对接,将有利于本省经济结构的调整,实现科学、跨越式发展。

二、荆楚文化文创产业的文化产品开发情况

在源远流长、博大精深的荆楚文化发展历史中,留下了数不胜数的文化宝藏。老庄的道家哲思和富有浪漫情怀的旷世之作,世界文化名人屈原写下的伟大爱国诗篇,百代诗仙李白在安陆十年的楚风熏陶下写出千古名句,苏东坡的巅峰之作前后《赤壁赋》也是在被贬黄州时所作。湖北山川瑰丽、江河浩淼的自然环境孕育出大量究天问地、飘逸不羁的神话故事和文学艺术作品,都成为如今宝贵的精神财富。

---

① 赵凌云,刘玉堂,黄南珊,刘保昌.推进湖北文化产业强省工程建设策论[C]//张晓明,胡惠林,章建刚.2008年中国文化产业发展报告.北京:社会科学文献出版社,2008:307-311.

② 李鸿忠.文化体制改革是解放和发展文化生产力的根本途径[C]//中国文化产业年鉴编辑部.2010年中国文化产业年鉴.合肥:安徽人民出版社,2011:65.

在现代文艺作品创作方面,近年来涌现出一批以荆楚文化为题材的高质量作品,兼具艺术性与观赏性。歌舞演出类像新编京剧《曾侯乙》、大型歌舞《凤舞九天》《编钟乐舞》《钟鸣楚天》等,不仅在国内多地上演,在美国、加拿大、日本等地也取得了不错的反响,让更多的人了解、喜爱上荆楚文化。纪录片《楚国八百年》和《凤舞神州》在央视播出后,在全国观众群中好评如潮、引发热议。

与此同时,各文艺演出单位可以利用时新的 3D、VR 等数字技术,虚拟还原荆楚文化中的历史场景,并将之嵌入到节目中。此外,还可以多设计观众参与互动环节,将民俗文化以娱乐体验的形式加以呈现。

报刊出版业作为湖北省文化产业的重要支柱之一,已经基本形成了报纸、期刊、图书、音像电子等出版门类齐全,编辑、印刷、发行、物资等环节密切配套的产业体系。但相较于歌舞演出类文艺作品,以荆楚文化为主题的出版刊物数量较少。荆楚文化中名人典故、遗址文化、民俗民粹、军事文物等文化资源既拥有深厚的历史渊源,同时又为广大人民群众喜闻乐见。湖北出版界可以将这些宝贵的文化资源加以策划、编辑,形成荆楚文化系列书籍,也可以以此为基础推出相应的微信公众号、官方微博等线上宣传方式,通过更多元的方式实现社会效益和经济效益双丰收。

文化与传播具有内在统一性。一方面,文化规定了传播的内容、方式和方法以及传播方向和效果;另一方面,传播则以符号化、意义化的方式呈现着文化,作为文化的活性机制而存在。① 文化的传承可以借助影视媒介的方式来传播,而对有价值的文化资源进行成功的开发又能促进整个文化产业的发展。因此,影视媒介可以成为一个优秀的载体来发扬传统文化中的内涵,通过多变的故事情节展现荆楚历史文化。影视剧作以其自身接近生活化的表现形式和原有的良好群众基础,促使文化产

---

① 车英,欧阳云玲. 冲突与融合:全球化语境下跨文化传播的主旋律[J]. 武汉大学学报(哲学社会科学版),2004(4):570-576.

业得以跨越式发展。

近年来，湖北省实施"文化强省"的战略方针，在此大背景之下湖北广电扎根荆楚文化进行创作，生产出一系列优秀的影视作品，电视剧、电影、纪录片、广播剧等多次获得"五个一工程奖"等奖项。特别是在 2014 年，湖北广电与央视联合制作的大型文化纪录片《楚国八百年》在湖北卫视和央视同步播出，这是电视史上第一部完整系统地讲述楚国 800 年波澜壮阔历史的纪录片。纪录片《汉江》《屈原》也在央视热播，《汉江》被国家档案馆收藏。纪录片《屈原》是第一次利用电视影像对这位伟人进行全方位呈现，填补了中国纪录片的一项空白。①

湖北影视文化产业在取得不错成绩的同时也存在着一些问题。省内此行业所创作出的作品数量有限、质量也有待提高。当前几部成绩较好的影片都是小成本、小制作，社会影响力也有限。而湖北卫视收视率较高的电视节目中，综艺娱乐类节目占据大多数，像《如果爱》《爱上超模》《大王小王》等"娱乐"因素较重，文化类节目数量较少。另外，在"互联网+"的全媒体环境下，湖北省在全媒体的布局上存在不足。粉丝量较大的影视官方微博、微信较少，广电业的新媒体化道路也处于起步阶段。

面对这些问题，湖北省委、省政府已经逐步采取措施，促进省内影视产业的发展。2014 年发布的《湖北省贯彻国家支持电影发展若干经济政策的实施意见》，从多个方面对湖北省电影产业发展予以政策支持，并每年安排 1 亿元资金用于扶持 5～10 部有潜力的重点影片。另外计划从 2015—2019 年，每年拿出不少于五百万元的精品电影扶持基金，对本省申报立项、制作的电影进行奖励和帮助。无论从政策上还是资金上都给予支持。面对这样的政策红利，湖北省影视产业在把握原有优势的基础上，可以对传统荆楚文化进行新形式的开拓。例如充分应用已经建

---

① 李艳梅. 荆楚文化视域下湖北影视文化产业的发展[J]. 新闻知识，2015 (12)：62-63.

立的光谷动漫产业基地,通过动漫、游戏等形式对荆楚文化进行发掘和再创作,这方面拥有相当大的潜力。

文创产品的设计与开发也是传播荆楚文化、将文化优势转为经济优势的一条有力途径。现与荆楚文化相关的博物馆所开发的文博产品比较单一,主要是以文物复制、仿制为主,缺乏创意、吸引力弱。各市区可以依托当地博物馆,加快文创产品的研究、开发、设计、生产、售卖一体化,增加文化艺术品的展示经营场所,完善产业链。巧妙运用荆楚文化特点,设计出一系列符合市场需求的文化创意产品。针对不同购买力群体,开发不同层次类型的商品。高端产品可以将大型文物展示品作为主打,如曾侯乙编钟、虎座鸟架鼓这类最具有楚风特色的文物。中档层次可设计一些具有收藏价值的商品,像屈原雕像、楚国丝绸、系列丛书等。低档商品突出新颖独特、小巧实用、物美价廉等特点,像越王勾践剑造型的水果刀、凤凰造型的文具等。文创产品在整体种类中要做到既有有收藏、陈列价值的工艺品,又有与生活学习相关的日用品。

三、荆楚文化文创产业的旅游发展情况

荆楚文化主题旅游一直以来是湖北省旅游业的一大特色和亮点,其经济效益和社会效益也十分显著。一方面,以黄鹤楼户部巷、湖北省博物馆、东湖磨山等成熟景区为支点的现有格局人气旺盛;另一方面,纪南城国家考古遗址公园、熊家冢国家考古遗址博物馆、海子湖生态旅游区等新兴项目正在建造。

总体来看,湖北省内的荆楚文化资源一般有以下五种开发方式:一是依靠考古发现,如各种古墓葬被开发成为旅游资源;第二,对现有遗址进行发掘,如荆州古城墙、屈原祠等;第三,依附于广为流传的民间传说,如对武汉东湖风景区行吟阁的开发;第四,建造与楚文化相关的人造景点,像东湖风景区的楚城;第五,建设专项楚文化展馆,如湖北

省博物馆、荆州市博物馆等。① 现阶段荆楚文化旅游还处在较为粗放式的开发形式，众多精神财富和无形资源开发较少，游览方式也较为单一，以静态参观为主，缺乏互动式参与和交流。

除旅游景点外，湖北的饮食服务业在全国也是小有名气。湖北自古土壤丰沃，历史上有"湖广熟、天下足"的美誉。除此之外，荆楚大地的淡水养殖也很著名，常被称为"鱼米之乡"。也因高超的烹饪技术和各种风味特产，号称"千年楚馔史，半部江南食"。在整个荆楚地区著名的风味小吃比比皆是，如蔡林记热干面、小桃园鸡汤、老通城豆皮、四季美汤包等。我们要以地方产物为依托，发掘、整理诸如《楚辞》中楚饮食菜肴的精华，培育出更多具有地方特色的风味小吃。另外，不断发展名菜、名点如清蒸武昌鱼、汪玉霞糕点等，增加茶、酒、鱼、米、果、烟等品种的文化含量。② 增加他们的市场竞争力和市场份额，使湖北餐饮业无论在文化内涵还是服务质量上都更上一层楼。

今后，在荆楚文化旅游的整体规划上可以从以下几点入手。首先，在高层次上着力整合旅游资源，科学制定旅游景点和路线，针对不同受众群体细化市场，将荆楚文化巧妙融入其中。提炼出荆楚文化中的亮点特色，在总体旅游干线中细化出荆楚名人文化游、荆楚文物遗址游、荆楚军事文化游等支线项目。优化和整合各地旅游资源，把荆楚文化资源与长江、汉水串起，形成区域化旅游资源中心。如在长江干流流域，以武汉、宜昌、荆州等地为重点，积极构建联动景区路线。而在汉江流域，以荆门、襄阳、潜江等地为重点，积极打造汉水与楚文化旅游路线。③ 其次，提升景点景区的整体建设，打造荆楚文化景区的知名度，

---

① 张姝．文化旅游营销策略研究——以湖北省楚文化为例[J]．荆楚理工学院学报，2010(1)：68-71．

② 刘玉堂，刘纪兴，张硕．荆楚文化与湖北文化产业发展研究[J]．湖北社会科学，2003(12)：35-38．

③ 陈绍辉，陈文华．资源与湖北文化产业发展[J]．省情与战略，2014(6)：24-25．

增添文化附加值。在景区建筑的整体设计上，突出"荆楚派"建筑风格，通过亭台楼阁、庙宇道观、牌匾碑文等形式体现。积极规划大遗址公园的开发范式，增加荆楚文化景区在大型影视作品中的曝光率，提升景区的评定级别。对历史文化中的名人典故进行深层次开发，例如将屈原祭祀大典与端午节系列活动相结合，在荆州打造一系列荆楚名人主题公园，结合人物相关传说开拓展现形式。

随着当代人观念的不断革新，人们选择旅游的模式由过去单纯的游山玩水型向求知充实自我型转变，文化旅游是未来旅游业发展的趋势之一。荆楚文化旅游利用其自身的独特优势必会成为未来的出行热点，但同时也需要其不断完善自身的基础设施配套，并采取行之有效的旅游营销策略。

第六章　荆楚文化产业的价值拓展

随着人民精神需求的多样化发展，博物馆文创产品作为博物馆文物的延伸、精神的沉淀，已经逐渐发展成为一项兼具经济效益和社会效益的产业。博物馆文化创意产品一直以来都是博物馆内涵的拓展，如果能对产品进行成功的开发、设计、营销，对博物馆整体形象和品牌价值的提升都会产生良好的效应，同时也能为博物馆带来可观的经济收入。此外，遗址遗迹博物馆还可以通过旅游资源开发、实景演出表演等方式实现文化增值。

第一节　荆楚文化产业的创意产品开发

一、文化资源与文化资本分析

文化资源的定义从字面意义上来理解或许并不难，但文化资源的确切定义在学界目前尚未达成共识。在传统的经济学范畴中，人力资源、土地资源和人工资源这三类才称得上是真正的资源。而李向民教授在20世纪80年代提出，包含有精神价值、文化内涵的产品也是一种重要的资源，而且伴随着知识经济的深化转型，这种以文化、智慧、精神等为内涵的无形资源在经济生活中占据着越来越重要的位置。文化资源这个定义也被越来越多的人认同，成为众多资源中的一种形式。

我国学者对文化资源的定义较为多样，大致可总结为三种观点。第一种观点认为，文化资源是人类自身创造的、能为人类的生存和发展提供帮助的物质成果和精神成果的统称。第二种观点认为，无论是社会资源还是自然资源，只要能被用于文化活动或文化生产过程中且具备文化价值的，都称为文化资源。最后一种观点是将文化资源进行历史性的切分，划分为历史文化资源和现代文化资源。

国外关于文化资源的研究大多集中于城市文化资源的开发方面，并结合城市设计与规划、艺术化建筑和传统文化融合的视角。国外学者推崇辩证地看待文化资源的开发与保护，对有价值的资源提高保护力度，这样才能使文化资源的开发具有可行性。还有学者认为，在文化资源开发的同时要注重人文与自然的融洽，做到可持续化的发展。西布博格提出在当前的文化旅游热潮中，博物馆和历史遗址等获得了丰厚的经济效益和可观的商机，但这一现状缺乏一定的法律法规和相关政策的保障。另外，在众多文化资源的开发方式中打造主题乐园是非常值得借鉴的，像世界著名的环球影城和迪士尼都是通过主题公园的方式推动了地区经济的发展，提高了所在区域的城市品牌知名度。约翰·汤姆林森在谈到文化资源开发时认为全球经济一体化的发展对全球文化的融合产生了影响，全世界的社会文化背景正逐步变得单一，但与经济发展不同的是文化具有自身的复杂性，作为地区文化综合反映的文化资源，同样会受到不同区域的影响而具有独特性。

"资本"一词最初属于经济学范畴，"文化资本"不仅仅是属于文化学的"文化"与属于经济学的"资本"两者简单的拼凑，而是两个领域的相互渗透与融合。文化资本概念的最早提出和阐述者，当属法国社会学家布尔迪厄，他认为文化资本有三种存在形式：(1)具体的形式，即以精神或肉体的持久的"性情"的形式存在；(2)客观的形式，即以文化产品的形式(如图片、图书、词典、工具、机械等)存在，这些产品是理论的现实或客体化，也可以是某些理论、问题的批判等；(3)体制的形式，即以一种客观化的、必须加以区别对待的形式存在。

此后,"文化资本"一词开始出现在大众的视野中并引发学者们的研究。不过,无论是出身于社会学家的布尔迪厄和古德纳还是经济学家思罗斯比,他们对资本的本质认识大致是相同的,都未把资本局限于经济层面,而是从资本的本质意义去解释和观察社会不同领域的问题。由此,文化资本作为资本的一种表现形式,是以文化为外在形态的资本类型。文化资本具体的表现形式就是文化产品和相关服务,把文化资源中的潜能通过文化产品开发的方式进行提取,转换成人们需要的价值形式。

二、创新实现文化创意盈利

熊彼特在《经济发展理论》中提出:现代经济发展的根本动因不是资本和劳动力,而是创新驱动。人类特有的人文"智慧"就是文化力①。创新是当今世界经济增长的最大驱动力,创新系统(innovation systems)中各专业领域、各参与者之间的互动与联系越来越多。"发明"是指具体的发明创造,是一个创作品(creation),在创新系统中,"发明"通常是指新兴技术,如网络技术、生物技术等。而"创新"既包括发明创造的产生,也包含其商业化的使用。从"发明"到"创新"的过程,即是新兴技术商品化的过程。因为"发明"只能花钱,不能赚钱,只有在市场上出售,使发明创造成为商品,才能使其转变成利润与财富。换言之,在科学研究、科技革新中投入的金钱变成了新的知识,"创新"的任务就在于让这些新的知识转化成经济效益。20世纪末的IT革命已经使经济创新与技术创新在实际上产生"聚敛"(converge)。

文化资源作为一种资源集合体,在其构成要素中,既有器物和实物资源,又有非物质形态的资源,一般情况下,后者可以被重复使用和不断被创意创新。②像经典的历史文化IP,可以从不同方面赋予新意用于

---

① 约瑟夫·熊彼特. 经济发展理论[M]. 北京:商务印书馆,1990.
② 黄庆. 文化资源的资本转化刍议[J]. 理论探索·当代文坛,2011(04):37-40.

戏剧、影视、文学作品的创造；另一方面也可以衍生出文创产品和出版刊物等实体商品。利用现代技术的开发和新媒体平台的宣传，将传统文化资源发掘出新的文化内涵，创造出新的经济、文化价值。2015年票房口碑双丰收的国产动画电影《大圣归来》，故事选材于家喻户晓的四大名著之一《西游记》，通过对主人公加以创意的表现手段，在忠于原著的基础上又符合当下的价值需求，最终电影取得了近10亿元的票房，成功将历史文化资源转化为文化资本。还有经典卡牌类网络游戏《三国杀》，其情节和人物设置均以《三国演义》为蓝本，另外结合了时新的桌面游戏规则。据不完全统计，《三国杀》网游用户数已超八千万人次，也成为资本转化的一大成功案例。

不可否认，传统历史文化资源承载着宝贵的文化内涵和历史价值，在社会发展日新月异的今天更需要传承、保护和发扬。与此同时，历史文化资源是在历史的社会环境中产生的，符合当时的时代特征。如果仅仅生硬地将文化资源转化成文化资本，则很难得到当代人的认可和接受。因此在转化的过程中，创新思维的存在尤为重要。通过赋予传统文化新的生命力，结合当下流行的审美与热点，这样的文化资本转化才能实现文化资源生产价值增值的最大化。

第二节 基于产品开发的荆楚文化价值实现

一、我国文化创意产品的发展现状

近年来，文化创意产业作为国内新兴行业，一直得到国家政策、资金的大力支持，展现出自身蓬勃向上的发展趋势，而博物馆领域对于文创产业来说就像是一个资源丰富而又待开发的矿场。博物馆是现代社会中"文化"意涵最为丰富的场域之一，博物馆自身所蕴含的丰富历史资源可作为文创产业优秀的文化原型。虽然我国相关部门早在2004年出台的《文化及相关产业分类》,以及2005年颁布实施的《文化及相关产业指标体系框架》等文件中,便将博物馆纳入了文化产业的范畴①,然而我国博物馆行业的衍生文化创意产品的开发并不乐观,整个行业还处于初步探索阶级,暂且没有形成完善的行业规定和生产标准。有数据显示,在2009年国家文物局对中国大陆地区的60家博物馆的一次抽样调查中,发现大部分博物馆尚未开发文创产品,而衍生品产值超过2 500万元人民币的博物馆,仅北京故宫博物院和上海博物馆两家②。近年来除几大国家级博物馆,如故宫博物院、首都博物馆、上海博物馆、苏州博物馆等对文创产品有着积极的开发和探索外,大部分市地级博物馆对文创产品的重视度都比较低。很多博物馆并没有真正重视文创产品的开发,而是为了应对博物馆评审级别的要求仓促生产,而有的博物馆发行的衍生品质量差、数量少,甚至与景区的旅游纪念品雷同。

我国博物馆文创产业发展面临三大问题。第一,我国大多数博物馆销售的文创产品类型比较单一,通常就是把博物馆中具有代表性的藏品按照一定比例缩小复制出来,如秦始皇兵马俑博物馆的袖珍型兵马俑,或者直接将文物的平面图案、名称印制在抱枕、水杯、扇面、U盘等物品上。这类博物馆商品虽然能直接体现地方特色和文化代表性,但因为其日常实用性较差,而且与其他旅游纪念品没有什么实质性差别,所以一直没有产生可观的销量。第二,传统博物馆中的文化商品更新换代较慢,单一的商品类型很多年都保持不变。当游客再次游览相同的博物馆时,款式老套的文化商品无法再激起其购买欲望,所以博物馆的周边产品只能带动一次性消费,无法吸引"回头客"。第三,文创产品的价格两极分化严重,缺乏价格适中的产品。高端一点的产品虽然做工精细考究,但价格一般难以让人接受,只能望而却步;价格优惠一点的产品往往质地粗糙,激发不了购买欲望。面对这样的文化商品,游客们往往无

---

① 李舫. 文化GDP有了"度量衡"——产业分类和统计指标体系编制完成[N]. 人民日报,2005-03-02.

② 李婷. 捧着手机套赏读《兰亭序》[N]. 文汇报,2010-08-19.

从选择、空手而归。

令人欣慰的是，面对博物馆如此的发展困境，国家已经开始从政策层面给予支持和鼓励。2015年3月，博物馆行业迎来了第一个全国性法规文件《博物馆条例》，对文创产业的发展做出了重要的指示和规定，这为行业发展带来了崭新的发展机遇。在《博物馆条例》实施的当天，国家文物局公布了《关于贯彻执行〈博物馆条例〉的实施意见》指出，"鼓励博物馆立足藏品的生动元素开发注重实用性、体现生活气息的文化产品，同时要求各级文物主管部门大力支持博物馆文化产品的创意开发，推动博物馆联合社会资源、培育创造博物馆文化产品特色品牌，增强博物馆文化产品在文化产业和消费体系中的竞争力"。《博物馆条例》明确了博物馆文创产业在我国文化产业中的重要地位，也促使博物馆开始与社会资源、文物主管部门联手共同打造高质量的文创产品。在国家文物局2017年印发的《国家文物事业发展"十三五"规划》中，明确提出要切实加大文物保护力度、全面提升博物馆发展质量、多措并举让文物活起来、加强文物科技创新，博物馆发展迎来重大政策利好。

二、文创产品的传播理念和渠道

（一）文创产品的传播理念

20世纪西方文学艺术领域提出一个具有争议的概念"在场"（presence），是指通过模拟的手段将不在场的"现实"展现出来，使观众仿佛置身于事件发生的现场。① "在场"的最初提出与戏剧的发展息息相关，一道成为描述戏剧最根本特质的词汇。随着这一概念的不断发展与演变，逐渐适用到其他领域。而博物馆领域的"在场"，是指以展览

---

① 孙东. 论当代西方戏剧中的"在场"[J]. 外国文学研究，2010(5)：145-153.

为媒介进行创意表达和信息传播的特定文化形态和精神空间①。详细来说，就是博物馆以展览的形式，通过场馆的布置、藏品的介绍、场景的搭建等形式，向观众讲述某一特定的历史片段，对蕴含的文化信息和价值进行传播，促使观众对此产生共鸣。在 20 世纪后半段，雅克·德里达（Jacques Derrida）对一直以来西方意识形态中存在的"在场的神话"进行了批判，"在场"不是戏剧传播的唯一途径。在当时，录制的戏剧和所谓的"戏剧电影"已经剥夺了现场演出的特权。当将这一观点延续至博物馆领域，发现文创产品的出现正是打破博物馆"在场"的工具。

首先，一直以来，博物馆采用的都是实物展览的方式对自身的各类文物进行展示，近年来虽然展现的手法和方式越来越多样，但还是需要观众"在场"才能欣赏。不可否认，实物展览的传播方式具有一定的局限性，不仅传播受众覆盖面比较小，而且对博物馆信息传播的深度和广度无法拓展。而基于博物馆经典藏品特征创造的文创产品，既可以使无法到场的受众同样能感受到藏品的魅力，也可以让结束参观的观众"把展品带回家"，作为辅助博物馆实物展览的一种创新传播手段，在横向和纵向上拓展博物馆的社会效应。与此同时，博物馆文创产品的开发，在一定程度上改变了人们获取知识的方式，不再局限于只能从传统的展览和书籍中获取知识的途径。博物馆将蕴含着社会教育功能的文化创意产品进行批量生产，文化借由文创产品这个载体进入人们的生活之中，这种传播的速度和广度是以往只展示静态的藏品手段所不能及的②。

其次，从经济效益来看，文创产品的销售能为博物馆带来可观的经济效益，实现可持续的经营和发展。目前，博物馆的收入来源主要有门票、社会捐赠、企业赞助、政府扶持、延伸经营收入、配套服务经营收

---

① 杨秋. 新的"在场"阐释——构建博物馆与社会的联系[J]. 中国博物馆，2015(3)：6-11.

② 张尧. 基于博物馆资源的文化创意产品开发设计研究[D]. 苏州：苏州大学，2015：3.

入、会员会费、展览活动经营收入这八种渠道①。从2008年开始，我国博物馆就开始实施免费对民众开放的政策，门票免除之后大多数公立博物馆主要依靠国家财政拨款来维持运转。但博物馆如果想对自身进行改造升级或者开展多类型的展览活动，仅依靠政府有限的拨款是远远不够的。反观国外博物馆的发展模式，虽然也有国家的拨款补贴，但更多的资金来源于博物馆自筹，其中文创产品的销售直接给博物馆带来可观的经济收入。以美国大都会博物馆为例，该馆目前总开发设计的博物馆文创产品总量达到2万多种，每年借由博物馆文创产品的销售所获得的利润不断翻番，一年内所出售的文创产品销售额竟高达近5亿元，占到了博物馆总收入的80%，这是非常高的比例②。

(二) 文创产品的传播渠道

近年来，"互联网+"这种新经济形态已经逐渐渗透到各个传统行业，并相继取得了不错的成果。在博物馆行业内，首先利用互联网思维拓展新领域的展馆无疑是故宫博物院。据院长单霁翔透露，故宫的文创产品销售额连年攀升，从2013年的6亿元增长到2015年的近10亿元，故宫博物院研发的文化创意产品也高达八千多种。在如此丰厚的利润背后，故宫博物院慢慢探索出一条线上与线下结合发展的文创产品传播模式供业内参考。

1. 线上：故宫经典文化IP，逐步迈入"互联网化"

当国内大部分博物馆还在用最传统的方式宣传自己的时候，故宫在2016年7月所发布的《穿越故宫来看你》的创意HTML5页面，引领了全新的发展方向。一边是传统文化资源，一边是微信、QQ等现代社交媒体，两种看似没有关联的元素，通过一个特殊的H5页面融合在一起。

---

① 姚安. 博物馆12讲[M]. 北京：科技出版社，2001：50.
② 林炎旦. 文化创意产业国际经典论述[M]. 台湾：师大书苑有限公司，2010：68.

与 H5 一起而来的，是 600 岁故宫与 18 岁腾讯的"忘年合作"①。除与腾讯的合作外，早在 2015 年故宫淘宝就与阿里巴巴合作，在其聚划算平台上进行大促，热门产品取得销售佳绩。随后故宫博物院又与其签署战略合作协议，故宫博物院官方旗舰店在阿里巴巴上线。旗舰店经营范围包括门票、文创、出版三大板块，三部分内容互有区分又互为补充，最大限度地实现功能需求多样化。

其实除了与网站合作外，于 2008 年年底上线的故宫淘宝店才是故宫文化创意产品的主要线上销售渠道。故宫淘宝店取名为"来自故宫的礼物"，现在已经是拥有 75 万粉丝的金冠店铺。与传统较为死板的博物馆衍生品相比，故宫淘宝上所推出的原创产品，在设计上都是集实用性与趣味性于一身，很多产品的创意点都让顾客感到惊喜。在线上产品宣传方面，故宫博物院利用官方微博、微信公众号对产品进行推广。与硬广不同的是，故宫淘宝的线上宣传采用诙谐幽默、卖萌的语言，穿插大量的历史典故，最后将文章内容与推出的产品有机结合，让受众在轻松愉悦又颇有收获的阅读体验中了解并喜欢上故宫的产品。看似段子的公众号文章，实则是以正史为依据，这样的传播方式更加符合年轻人的娱乐心态，让更多的受众对故宫文化中包括的历史文化信息感兴趣，吸引他们了解传统文化与历史知识②。

近年来故宫博物院的新媒体团队，着力于研究受众群体的变化，把握时下热点话题，更新传统文化的传播方式，通过开通微信公众号、发送官方微博、更新官方网站等互动方式，将故宫博物院的人文历史、风景名胜以富有内涵且不失趣味的方式推广传播，在年轻网民中聚集了超高的人气，成为传统文化网络传播的成功实践。

2. 线下：还原产品历史场景，增强游客亲身体验

---

① 朱林."卖萌"的故宫距离"网红"有多远？[N]. 工人日报，2016-07-13.
② 武彦妮. 互联网时代的故宫文化传播——以"故宫淘宝"快速发展为例[J]. 智富时代，2016(7)：194-195.

除在网络上积极推广文创产品的销售外，故宫博物院同时也注重提高线下游客对故宫文化产品的亲身体验。在故宫博物院成立90周年之际，故宫博物院文化创意体验馆在故宫东长房开馆，作为游客参观故宫博物院的"最后一个展厅"，集中展示和销售故宫博物院研发的各类文创产品。与"故宫商店"的普通陈列售卖相比，"故宫体验馆"更注重对商品的展示和文化的体验。七个主题各异的展馆以及集文化创意展览、文化讲座、产品展示销售于一体的"紫禁书院"，从日常生活的方方面面向游客展示了故宫文化的精髓，并开拓了通过文物展览来带动文创产品的销售的又一大端口。故宫博物院的"数字博物馆"则是采用全数化字展厅，运用图片、视频等形式复原、再现在实物展览中无法呈现的展品，以超强的视听效果加强观众对历史事物的认知理解。

此外，故宫文创产品的线下销售渠道也在不断增加。除已有的故宫礼品商店外，故宫博物院还设立了无需购票并且不受闭馆时间影响的故宫文化服务区，并在澳门艺术博物馆、北京王府井工美大厦等多处地点开设故宫文化产品专卖店或专卖柜台。在网购平台上，故宫博物院相关的店铺就有4家：售卖门票的故宫博物院官方旗舰店、售卖创意生活用品的故宫博物院文创旗舰店、出售书籍字画的故宫博物院出版旗舰店、主打萌系路线的故宫淘宝。自2013年始，北京故宫第一次面向公众征集文化产品创意，举办以"把故宫文化带回家"为主题的文创设计大赛。故宫博物院的文创产品也随之走红网络，文创产品收入连年走高。据故宫博物院常务副院长王亚民介绍，"故宫博物院2017年通过自营、合作经营和品牌授权，文创产品收入超10亿，文创产品种类接近1万种。"其中，故宫文创产品总销售收入为1亿4千万元左右——文创部线下收入近1亿元，线上淘宝网店收入近5 000万。值得一提的是，故宫博物院文创产品线上收入大多来自Q萌版系列产品的销售。时至今日，故宫文创产品的定位不再局限于故宫纪念品，而是将紫禁城的老物件经过具有现代时尚感的设计后，渗透到人们日常生活的方方面面。

(三)文创产品的设计开发理念

博物馆文创产品的开发作为艺术市场的重要领域,在国外已经经历了几十年的发展,国内在这方面的探索虽然起步较晚,但在台湾地区、大陆范围内已经出现很多成功的案例值得参考借鉴。这些案例所推崇的设计理念非常人性化,产品类型已涉及吃、穿、用等多个方面,并且在保证实用性的同时兼顾互动性。

1. 设计注重产品与受众的互动

博物馆作为一个地区历史文化的集中体现地,能代表一个地区甚至一个国家的特色文化。世界上不同国家和地区都有着具有代表性的博物馆,这些著名展馆无论是在文化商店的选址还是在文创产品的设计理念上都体现出明显的互动性。

在巴黎大大小小的博物馆中,文创产品商店经常是博物馆中最热闹的地方之一。像卢浮宫、凡尔赛宫这样的大型博物馆除了设有艺术品商店外,甚至在不同的展区和楼层独立设置售卖的专柜,以方便参观者的购买。而且为了确保文创产品的质量过关和销售渠道的畅通以及对版权的保护,巴黎几乎所有的公立博物馆文化创意产品的开发都归法国国立博物馆联盟以及巴黎市立博物馆联盟。联盟在对衍生品设计之初就注重与设计师们的沟通,最看重的是产品的学术价值,看它能否成为传递文化价值的载体。

在纽约,作为现代艺术先锋的纽约现代艺术博物馆主打的口号则是"买得起的艺术",它的价格定位和产品设计吸引了大批对艺术有兴趣但资金不够充实的顾客购买。其艺术品商店通过一系列的宣传,在顾客心中留下前卫与大胆的印象,并通过所设计的艺术品将自身的艺术理念渗透到人们生活中的方方面面。

英国文化一直以来给人正统古板的印象,但大英博物馆中的文化衍生品却很"萌萌哒"。作为英国人童年记忆符号的小黄鸭,在每个英国家庭的浴缸中总会漂着几只。大英博物馆最近推出的一套小黄鸭纪念品中，萌萌的鸭子们或变身成古埃及的狮身人面像，或身披古罗马战士或维京海盗的盔甲，或头戴印第安人的羽毛头饰。通过深受人喜爱的小黄鸭形象，来展示大英博物馆包罗万象的收藏品。

2. 开发立足本土文化和生活习惯

从内容来看，与国外的成功案例相比，国内各大博物馆的文创产品开发更多立足于中国人日常注重的吃穿住行，将博物馆藏品中的艺术性与生活实用性结合。文创产品从博物馆买回家中，不再是"摆起来"，而是"吃起来""用起来"。

吃出"舌尖上的文物"。在我国一直就有"民以食为天"的谚语，吃一直以来占据着大家日常生活中的重要部分。当博物馆推出"可以吃的文物"时，短时间内确实吸引了不少民众的关注。2014年四川广汉三星堆博物馆推出新型纪念品"青铜面具饼干"，铜面具形状的饼干共有黄、绿、橙、黑四色，分别对应黄油、抹茶、草莓、巧克力四种口味。除此之外，三星堆中经典的鸟、太阳轮等文化形象也被尝试做成了糕点和巧克力，都在网友群体中产生了不错的反响，吃上去有一口浓浓的"历史味"。苏州博物馆推出的"秘色瓷莲花碗曲奇"，外盒选取了清素淡雅的博物馆标志性窗花造型，饼干表面的莲花造型则是模仿的"镇馆之宝"五代秘色瓷莲花碗。为了使饼干与文物的颜色和形状相似，制作团队特意选取了抹茶口味并打造出轻微的弧度。除这两家博物馆外，沈阳故宫博物院也推出了自己的特色糕点——"沈阳故宫宫廷小点心""永福饼"等特色食品，这些糕点的设计理念和原料取材都是来自满族早期的宫廷饮食文化。这些糕点在节假日期间推出，深受当地民众的喜爱与欢迎。①

用出"生活中的萌物"。除了可以"吃的文物"外，博物馆在日常生活用品的创新上也下了不少工夫，款式丰富多样满足民众的多重需

---

① 苏阳. 博物馆文化创意产业开发的心理念——以沈阳故宫博物院为例[J]. 知识文库，2016(1)：67-74.

求。台北"故宫博物院"是国内较早开发文化创意产品的博物馆之一，2013年夏天台北"故宫博物院"在知名社交网站贴出了一款"朕知道了"的纸胶带，这款文创产品搭着2013年清宫剧热潮的东风，一下子风靡两岸，一度成为台湾必买的伴手礼。四川成都的杜甫草堂抓住网络热点话题，相应推出"Q版杜甫很忙系列产品"，包括名片盒、手机壳、鼠标垫、杯垫等，这些产品一方面拉近了历史文化名人与公众的距离，另一方面实现了每年几十万的营业额，大约占其文创产品总收入的1/3。2014年9月，南京博物院特展馆的纪念品商店根据博物馆的"镇馆之宝"、迄今为止考古发掘出土最重的金器——西汉金兽，设计推出了一款小金兽橡皮。橡皮上的金兽造型呆萌可爱，头枕伏于前腿之上，嘴角还带有一抹憨厚的微笑，十几元的便宜价格让纪念品更接地气。

第三节 荆州大遗址的旅游产业规划

一、利用虚拟技术建立数字化景区

当下，全球旅游业已经出现与信息产业相融合的大趋势，信息化、数字化技术不断成熟与发展，在旅游文化的遗产保护中数字化手段已经成为了一种重要的方式。新兴的虚拟现实技术为人们对文化遗产的观赏与了解提供了更多样的方法，该项技术的应用与推广将进一步提高文化遗产保护工作的水平。现如今，我们认为的数字化景区有两种解释：一种是将数字化完全理解成为信息化，认为数字化景区就是信息化景区，它是一个涵盖了空间、网络、智能等多元化的技术系统；而另一种是将数字化景区概括为综合运用了遥感技术、地理信息系统技术、多媒体技术、全球定位系统技术、虚拟仿真等多种技术，实现对旅游景区的检测和管理，服务于旅游景区的规划和建设。无论是哪种概念的描述，最终的目标都是实现旅游景区的信息化。①

我国旅游景区的数字化建设是从故宫和敦煌开始的。早在 2000 年，我国敦煌曾与美国梅隆基金会决定共同建立"数字化虚拟洞窟"；同年，中国故宫博物院和日本签订了"故宫文化遗产数字化应用研究"合作协议书。② 近年来，我国加大了对文化遗产的保护力度，其中运用数字化多媒体科技手段对濒危且具有重大历史价值的文化遗产进行全面、系统的记录，建立档案和数据库是文化保护工程的重要手段之一。这种全新的管理系统能够系统化地增强文化遗产管理的科学性和规范性。

文化遗址是我国传统文化传承的重要途径之一。中华大地五千年历史长河中留下了丰富的文化遗产，荆楚文化中的荆州大遗址区就是其中之一。然而近年来，由于盗墓、生产建设等人为破坏和水土流失、土壤膨胀等自然灾害，整个遗址区内的墓地、文物、景观都遭到了不同程度的破坏，曾经的文化风俗也有遗失。在此情况下，数字化技术对文化遗产的保护将起到有效的作用。虚拟现实技术通过数字采集、原貌再现、展示传播等手段，将实物场景与虚拟场景有效融合，同时可以实现用户和场景间的互动。③

文化景区的价值和魅力只有被人们了解和欣赏之后才能得到更好的传播，数字化技术则为文化遗产的推广提供了更加便利的条件。景区可以逐渐搭建自己的文化遗产数字化保存系统，一方面当游客来到景区内参观时可以提供更优质的体验感受；另一方面当游客回到家中或是那些无法来到现场的游客，同样也可以随时随地欣赏系统中存储的内容。这样既可以提高景区的社会知名度，又能增强文化资源的社会知晓率。

---

① 穆荣兵，黄熙茗，兰珂，张雪. 浅谈数字化技术在旅游景区中的应用[J]. 艺术科技，2016（2）：13，33.
② 穆荣兵，黄熙茗，兰珂，张雪. 浅谈数字化技术在旅游景区中的应用[J]. 艺术科技，2016（2）：13，33.
③ 师国伟，王涌天，刘越，等. 增强显示技术在文化遗产数字化保护中的应用[J]. 系统仿真学报，2009(07)：2090-2093，2097.

(一)文物的数字化呈现

传统的文物展览一般需要游客亲临现场参观,而且如果没有专业人员讲解,游客对景点信息了解得可能不那么全面。对于那些极其名贵的文物,游客一般只有在限定时间才能看到,而且一次只能看几分钟。除此之外,如果一个景区文物藏品数量比较多,游客一般没有充足的时间欣赏完所有的文物。基于这样的问题,可以依托数字化保存系统,将文物数据录入到系统当中。用户通过虚拟现实技术选择想要了解的文物资料,可以身临其境般对其进行欣赏。而且数字化系统可以为用户提供更专业的服务,例如文物的背景知识讲解,以及所涉及的文化资源介绍等。

除数字文物展览外,虚拟博物馆也是展现文物价值的好方法。通过虚拟博物馆网站,用户进入后可以选择不同地区的文物资料和照片进行了解。在对文物展示的同时,也为文化遗产在保护和发展的过程中资料的收集、储存、推广提供了重要的平台。通过这样数字化的方式展现,目的在于让更多的人置身于博物馆、回到文化遗产中,直接与历史对话、与文物进行交流。

利用数字化技术对文物进行保护,拥有传统方法无法比拟的优势。首先,可以降低工作成本。文物的日常展示和保养一般都需要比较高的费用,而且要消耗较多的人力和物力。利用数字化手段保护,通过信息化处理,可以将文物资料保存在计算机中,便于信息的互相传递交流。这样在降低文物资源保护成本和维护成本方面,有着显著的效果。其次,便于文物的修复和管理。文物在朝代更迭和岁月流传中会出现一些残缺。数字还原可以运用处理软件对其进行视觉上的完全修复,它比传统的保护方式更易于修复,实现文物的虚拟复原与模拟展示。同时以数据库为基础,对文物的数据信息进行规范、合理的编排与储蓄,能有效增加保护的科学性,提高相关工作的效率和系统性。[1]

---

[1] 韩玄武,章莉莉. 海南非物质文化遗产数字化传播与旅游开发模式[J]. 艺海,2015(11):71-73.

(二)遗址景区的数字化呈现

虚拟现实技术的特点明显,主要有全方位体验、实时交互、虚实结合等,作为旅游文化遗产数字化保存技术的一种具有特殊代表性的先进技术,不仅分割了现实场景和虚拟场景的时间联系,使得整个现实场景和虚拟场景实现完美结合,还通过人机交互技术为用户提供了更为及时准确的体验信息。① 除此之外,数字化技术的运用可以打破不同文化类型之间相对封闭的自然状态,为不同文化之间的交流与发展提供了现实的空间,为它们创造了相互深入了解和借鉴的机遇。不论是文字、音乐,还是图画、影像,各种文化内容都借助于数字化媒介在互通、互融过程中逐渐形成了全球共享的文化资源,进而推动了人类文化成果在全球的广泛传播。②

通过对虚拟技术的应用,一方面可以为游客提供更全面的体验与欣赏,与此同时又能最大程度地降低对重要遗产的损耗。例如在荆楚大遗址区中,熊家冢墓区有一部分遭到严重破坏,还有一部分没有开发。这些部分就可以通过特定的技术,根据历史上的现实情况进行数字化还原,帮助游客全方位了解熊家冢的文化内涵。例如,游客可以通过可视化头盔观看墓穴下面的情况,同时获得实时交互信息,荆楚地区一些传统风俗也可以通过数字化手段进行展现,如婚丧嫁娶的习俗演绎、民家手工艺品的制作方法、传统音乐舞蹈的表演等。民间艺术无法传承下来的很大原因之一在于后继无人,对传统艺术的了解和宣传力度不够。数字化方式可以为民间传统艺术搭建一个更广阔的展现舞台,用户可以在手机、电脑等工具中便捷地了解和查询自己感兴趣的民间艺术。让更多人了解、认识、喜爱其中的文化和历史价值,以此达到保护非物质文化遗产的目的。

---

① 黄忻. 虚拟现实技术在旅游文化遗产数字化保存中的应用研究[J]. 未来与发展,2017(1):53-56.
② 张微. 文化遗产保护须合理利用数字技术[N]. 中国社会科学院报,2008(12):23.

(三) 数字化宣传方式

数字化技术的运用，不仅贯穿于旅游活动的全过程，而且在旅游景区的建设、宣传环节也起到重要作用。目前，国内一些成熟的旅游景区已经配备电子网络设备，并且建立了属于自己的官方宣传网站。然而，很多网站一般只是笼统地介绍景区的概况，并配上相应的照片。更为糟糕的是，很多景区并没有自己的官方网站、官方微信公众号与微博。现如今游客在出行前，一般会通过网络搜集一些出行景区的相关资讯，对目的地进行初步查询和搜索。如果景区在发展过程中能够建立起完整的电子商务功能，则会更加适应当下消费者的习惯。

除网站的搭建外，微博推广也是当下热门的营销策略之一。微博的特点在于可以随时随地将信息进行传播，信息的交互性和即时性非常突出。而且微博上的语言通常是轻松随意的，不失为一个向年轻人推广荆楚大遗址文化的有效途径。可以运用当下微博营销常用的方法，比如创建话题、微调查、评论转发点赞等方式，吸引喜欢地域传统文化的粉丝进行传播，以此提高荆楚大遗址文化在微博群体中的传播率。

数字化技术的推广和普及，会逐渐降低游客文化旅游的成本。现在已经有文化景点开始试行这样的方法，像故宫博物院推出的线上故宫游览，打造属于你一个人的 VIP 路线；再比如"圆明园数字化"，一台智能手机就能带领你了解整个博物馆的情况。传统文化景点在面对年轻群体时，如果只采取老旧的传播方式必然不会得到好的效果。通过利用新媒体传播特点，将文化遗产信息与年轻群体的兴趣爱好相结合，可以增加传统文化的魅力与影响，吸引更多的年轻人来了解传统文化。

二、打造"荆楚"旅游名牌景点和路线

(一) 整合深挖，形成文化旅游群落

荆楚大遗址区以荆州楚纪南故城为中心，包括荆州市八岭山、熊家

冢、雨台山、天星观、马山墓群，以及潜江市龙湾遗址、荆门市纪山楚墓群、宜昌市青山墓群，遗址分布面积300余平方公里。本书在第一章提炼出了荆楚文化的三类代表性符号，即楚郢都纪南城、楚墓熊家冢和楚文化聚落江陵雨台山。面对遗址区内丰富的旅游资源，景区应该针对遗产资源较为丰富、保存较为完整、利于开发的景点重点打造，用文化主题串联起景区内的各个景点。以点连线，以线带面，形成荆楚大遗址文化旅游群落，产生集群效应。

　　景区在整理开发前应基于对荆楚文化的深入研究，挖掘大遗址区内遗址遗物的文化内涵，对旅游项目进行整体策划。在荆楚文化的时间原点基础上进行拓展，进行辐射式和衍生式开发，丰富景区内文化旅游产品，形成自身独特的文化品牌。充分利用多媒体技术，对出土文物和所在的遗址遗迹进行"场景活化"设计，使游客浸入式体验和感受荆楚文化的独特魅力。在此方面，像湖北省博物馆内的"编钟表演"就是一个很好的案例，游客亲自参与到演奏当中，为其留下独特的文化体验。荆楚文化旅游在发展过程中常会遇到这样一个问题，很多有形载体因为年代久远变得黯淡失色，失去了对游客的吸引力。如何将历史悠久的荆楚文化打造得充满生机和活力呢？建设文化主题公园具有一定的价值。文化主题公园将抽象的荆楚文化化虚为实，具有很强的观赏性和参与性的优势，对于弘扬荆楚文化、发挥其旅游功能尤为重要。

　　在湖北境内，东湖风景区的设计已经具备文化主题公园的雏形。东湖风景区内开辟了楚文化游览区，建立了楚城门、楚街市、楚天台、楚风园等荆楚文化风格的建筑群。楚文化游览区还利用石刻、雕塑、展览等形式，向游客介绍了楚国历史上的杰出人物和他们的成就，如伟大诗人屈原、楚国祖先祝融等。另外，在东湖风景区的西岸听涛区建设了屈原纪念馆和行吟阁等文化景观。[①] 荆楚大遗址文化公园的开发，可以参

---

　　① 杨万娟，李杜红，曹诗图. 湖北楚文化旅游资源价值及其开发意义与对策[J]. 湖北文理学院学报，2013(11)：71-74.

考东湖风景区的成熟经验并结合自身特色优势,将古城荆州曾经的住宅、饮食、交通工具、民俗、器乐歌舞等转化为旅游产品,有机地嵌入到文化主题公园中,将历史和娱乐相结合,让游客在吃、穿、住、行、娱等活动中体验荆楚文化的魅力。

(二)打破边界,让文化旅游更接地气

首先,在景区的整体定位上应该打破荆楚文化旅游原来给游客留下的印象,确立多元化的旅游形象。目前,荆楚文化的受众面还主要停留在精英阶层,即使是在发祥地湖北,对荆楚文化知之较多的也主要是一些因工作、学习或研究的需要而对其做过专门了解、学习或研究的人。[①] 对于普通民众而言,日常对荆楚文化的了解较少、关注度不高,这对荆楚文化的旅游项目开展造成一定阻碍。想要为荆楚文化旅游带来源源不断的动力,首要工作应是在全省、全国甚至在国际上对荆楚进行宣传,提高其知名度。在宣传方式上,除了介绍编钟等几项出土文物外,可以加强凤图腾文化的形象打造,将湖北省的灵秀、浪漫凸显出来。还可以在适当的时机申报世界文化遗产,并以此为契机将湖北打造成旅游文化名城。

其次,历史文化型景点现在的参观方式主要是以游览为主,游客的整体性参与程度较低。如何将荆楚文化背后隐性的文化内涵彰显出来,让普通游客也能喜闻乐见,配套的解说系统可以从根本上解决这一难题。一般景区内解说系统为游客提供的服务大致分为三类:传统的导游解说,静态文字资料,动态语音讲解。在陕西秦始皇兵马俑博物馆内,有一个全景环幕电影放映厅,展厅通过多媒体放映的形式让游客身临其境地了解到兵马俑的制作工艺和历史背景。荆楚大遗址区同样可以学习借鉴这样的方式,将荆楚文化的精髓向观众展现。除此之外,提高景区

---

① 朱珠,但强.试论楚文化旅游现状及其开发[J].重庆科技学院学报(社会科学版),2006(3):48-50.

内导游和讲解员的讲解水平，也能提升游客的游览质量。解说员作为游客和景区之间的联系人，一场精彩的解说能让游客对荆楚文化产生更加深刻的理解。景区应该加强对解说员的培训，做到不仅仅是历史知识的传达，而且是有趣味性、艺术性的表达。将景观、文物背后的价值内涵传递给受众，引起游客的共鸣，形成难忘的经历。

最后，荆楚大遗址区可以利用节庆游这一主题进行营销。节庆旅游项目一方面可以在短时间内聚集大量人气，另一方面荆州地区拥有丰富的风俗传统可以进行开发。节庆期间可以举行大型的民俗表演活动，通过互动性更强的方式推广荆州的地域形象，提升本地的旅游知名度，促进当地文化事业的发展。目前，湖北举办的旅游节庆活动有很多，已形成一定规模和影响的有：宜昌三峡国际旅游节、炎帝神农生辰庆典、武当山国际武术擂台赛、神农架国际生态旅游节等。[1] 不过，这些文化旅游节虽然在当地有一定名气，但与国内外知名旅游节相比还具有一定差距。荆楚大遗址区可以在每年端午时节的龙舟节基础上，以楚风楚韵为亮点，配以大型楚乐歌舞、编钟表演等，全面展示荆楚文化，打造品牌节庆旅游产品。

---

[1] 朱珠，但强. 试论楚文化旅游现状及其开发[J]. 重庆科技学院学报（社会科学版），2006(3)：48-50.

参考文献

[1] (春秋)左丘明. 左传[M]. 长沙：岳麓书社，1988.

[2] [法]丹纳. 艺术哲学[M]. 傅雷，译. 北京：人民文学出版社，1963.

[3] [法]罗兰·巴尔特. 符号学原理[M]. 王东亮，等译. 北京：生活·读书·新知三联书店出版社，1999.

[4] [法]皮埃尔·布尔迪厄. 言语意味着什么——语言交换的经济[M]. 褚思真，刘晖，译. 北京：商务印书馆，2005.

[5] [法]皮埃尔·布尔迪厄. 文化资本与社会炼金术[M]. 包亚明，译. 上海：上海人民出版社，1997.

[6] [法]皮埃尔·吉罗. 符号学概论[M]. 怀宇，译. 成都：四川人民出版社，1988.

[7] [法]尚·布希亚. 物体系[M]. 林志明，译. 上海：上海人民出版社，2001.

[8] [韩]李政炫. 韩国文化产业集群的现状和启示[C]//张晓明，等. 国际文化产业发展报告第一卷（2007）. 北京：社会科学文献出版社，2007.

[9] [加]马歇尔·麦克卢汉. 理解媒介：论人的延伸[M]. 何道宽，译. 南京：译林出版社，2011.

[10] [美]B. 约瑟夫·派恩，詹姆斯·H. 吉尔摩. 体验经济[M]. 夏业良，鲁炜，等译. 北京：机械工业出版社，2002.

[11][美]爱德华·P. 亚历山大, 玛丽·亚历山大. 博物馆变迁：博物馆历史与功能读本[M]. 陈双双, 译. 南京：译林出版社, 2014.

[12][美]保罗·M. 莱斯特. 视觉传播：形象载动信息[M]. 霍文利, 等译. 北京：北京广播学院出版社, 2003.

[13][美]彼得·德鲁克. 管理的前沿[M]. 许斌, 译. 北京：企业管理出版社, 1998.

[14][美]戴维·斯沃茨. 文化与权力：布尔迪厄的社会学[M]. 陶东风, 译. 上海：上海译文出版社, 2006.

[15][美]弗雷德里克·詹姆逊. 文化转向[M]. 胡亚敏, 等译. 北京：中国社会科学出版社, 2000.

[16][美]怀特. 文化科学[M]. 曹锦清, 等译. 杭州：浙江人民出版社, 1988.

[17][美]拉里·A. 萨默瓦, 理查德·E. 波特. 文化模式与传播方式——跨文化交流文集[M]. 麻争旗, 等译. 北京：北京广播学院出版社, 2003.

[18][美]米歇尔. 图像理论[M]. 陈永国, 胡文征, 译. 北京：北京大学出版社, 2006.

[19][美]斯坦利·巴兰, 丹尼斯·戴维斯. 大众传播理论：基础、争鸣与未来（第3版）[M]. 曹书乐, 译. 北京：清华大学出版社, 2004.

[20][美]托马斯·吉洛维奇. 吉洛维奇社会心理学[M]. 周晓红, 秦晨, 等译. 北京：中国人民大学出版社, 2009.

[21][美]约瑟夫·熊彼特. 经济发展理论[M]. 何畏, 等译. 北京：商务印书馆, 1990.

[22][美]詹金斯. 融合文化：新媒体和旧媒体的冲突地带[M]. 杜永明, 译. 北京：商务印书馆, 2012.

[23]（西汉）桓谭. 新论[M]. 上海：上海人民出版社, 1977.

[24]（西汉）司马迁. 史记（上）[M]. 哈尔滨：黑龙江人民出版

社，2004.

[25] (西汉)司马迁. 史记(上)[M]. 长春：吉林大学出版社，2015.

[26] (西汉)司马迁. 史记[M]. 北京：线装书局，2006.

[27] [英]安东尼·吉登斯. 生活在后传统社会[M]. 周红云，等译. 北京：社会科学文献出版社，2003.

[28] [英]爱德华·泰勒. 原始文化[M]. 连树声，译. 上海：上海文艺出版社，1992.

[29] [英]特伦斯·霍克斯. 结构主义和符号学[M]. 瞿铁鹏，译. 上海：上海译文出版社，1987.

[30] 《红旗大参考》编写组. 深化文化体制改革 推动社会主义文化大发展大繁荣大参考[M]. 北京：红旗出版社，2011.

[31] 《中国城市发展全书》编委会编. 中国城市发展全书(下)[M]. 北京：中国统计出版社，2004.

[32] 北京数字科普协会. 数字博物馆发展新趋势[M]. 北京：中国传媒大学出版社，2014.

[33] 蔡靖泉. 楚文学史[M]. 武汉：湖北教育出版社，1996.

[34] 曹兵武. 记忆现场与文化殿堂——我们时代的博物馆[M]. 北京：学苑出版社，2005.

[35] 陈国阶，等. 中国山区发展报告——中国山区聚落研究[M]. 北京：商务印书馆，2007.

[36] 陈锽. 超越生命 中国古代帛画综论(下)[M]. 北京：中国美术学院出版社，2012.

[37] 陈守则，刘旭明. 文化产品营销研究[M]. 北京：经济日报出版社，2003.

[38] 陈选保，孙义宏. 楚式铜镜及其反映的思想文化[C]//武清海. 荆楚文化与长江文明. 武汉：湖北人民出版社，2011.

[39] 陈元甫. 宁绍地区战国墓葬楚文化因素考略[C]//浙江省社会科学界联合会. 2007当代浙江学术论坛集萃(上). 杭州：浙江大学出

版社，2009.

[40] 陈振裕. 楚文化与漆器研究[M]. 北京：科学出版社，2003.

[41] 辞海[M]. 上海：上海辞书出版社，1979.

[42] 丁继龙. 试论寿春楚文化对中国文化的影响[C]//楚文化研究会. 楚文化研究论集(第11集). 上海：上海古籍出版社，2015.

[43] 冯天瑜. 中国文化史断想[M]. 武汉：华中理工大学出版社，1998.

[44] 傅铿. 文化：人类的镜子——西方文化理论导引[M]. 上海：上海人民出版社，1989.

[45] 高至喜. 楚文化的南渐[M]. 武汉：湖北教育出版社，1996.

[46] 郭德维. 楚都纪南城复原研究[M]. 北京：文物出版社，1999.

[47] 郭庆光. 传播学教程(第二版)[M]. 北京：中国人民大学出版社，2011.

[48] 韩永进. 文化创新的脚步[C]//张晓明. 2006年：中国文化产业发展报告. 北京：社会科学文献出版社，2006.

[49] 何浩. 楚灭国研究[M]. 武汉：武汉出版社，1989.

[50] 后德俊. 楚国科学技术史稿[M]. 武汉：湖北科学技术出版社，1990.

[51] 后德俊. 光耀东方——楚国的科技成就[M]. 武汉：湖北教育出版社，2000.

[52] 胡适. 胡适文存(第3集第1卷)[M]. 合肥：黄山书社，1996.

[53] 湖北省荆州地区博物馆. 江陵雨台山楚墓[M]. 北京：文物出版社，1984.

[54] 黄纲正. 楚文化在湖南的发展历程[C]//楚文化研究会. 楚文化研究论集(第1集). 武汉：荆楚书社，1987：83.

[55] 黄尚明. 蜀文化研究[M]. 武汉：华中师范大学出版社，2007.

[56] 贾松青. 文化资源转变为文化资本的现实途径[R]. 侯水平. 四川文化发展报告(2006). 北京：社会科学文献出版社，2006.

[57] 孔建华. 北京文化创意产业集聚区发展研究[C]//张晓明，等. 国

际文化产业发展报告第一卷(2007).北京:社会科学文献出版社,2007.

[58] 李彬.大众传播学(修订版)[M].北京:清华大学出版社,2009.

[59] 李鸿忠.文化体制改革是解放和发展文化生产力的根本途径[C]//中国文化产业年鉴编辑部.2010年中国文化产业年鉴.合肥:安徽人民出版社,2011.

[60] 李学勤.新出简帛与楚文化[C]//湖北省社会科学院历史研究所.楚文化新探.武汉:湖北人民出版社,1981.

[61] 李玉洁.楚史稿[M].开封:河南大学出版社,1988.

[62] 联合国教科文组织.世界文化报告——文化的多样性、冲突与多元共存(2000)[M].北京:北京大学出版社,2002.

[63] 练铭志,马建钊,朱洪.广东民族关系史[M].广州:广东人民出版社,2014.

[64] 梁漱溟.梁漱溟学术精华录[M].北京:北京师范学院出版社,1988.

[65] 林炎旦.文化创意产业国际经典论述[M].台湾:师大书苑有限公司,2010.

[66] 刘大江.湖北导游基础知识[M].武汉:武汉出版社,1999.

[67] 刘德仁,盛义.中国民俗史籍举要[M].成都:四川民族出版社,1992.

[68] 刘和惠.楚文化的东渐[M].武汉:湖北教育出版社,1995.

[69] 刘金龙.文化社会学[M].济南:泰山出版社,2000.

[70] 刘庆柱.20世纪中国考古大发现[M].成都:四川大学出版社,2000.

[71] 刘庆柱.中国古代都城考古发现与研究(上)[M].北京:社会科学文献出版社,2016.

[72] 刘双,于文秀.跨文化传播:拆解文化的墙[M].哈尔滨:黑龙江人民出版社,2000.

[73] 罗明. 画图成意 画图成都：历史文化资源的文化符号与文化产业创意[M]. 成都：巴蜀书社，2010.

[74] 马世之. 楚文化探源[C]//河南省考古学会. 楚文化研究论文集. 郑州：中州书画社，1983.

[75] 马世之. 中原楚文化研究[M]. 武汉：湖北教育出版社，1995.

[76] 彭岚嘉. 中国梦的文化指向[M]. 兰州：兰州大学出版社，2015.

[77] 皮道坚. 楚艺术史[M]. 武汉：湖北美术出版社，2012.

[78] 任光椿. 任光椿自选集（上卷）[M]. 长沙：湖南文艺出版社，2004.

[79] 任悦. 视觉传播概论[M]. 北京：中国人民大学出版社，2008.

[80] 僧格. 人类学视野下的蒙古狩猎文化[M]. 北京：民族出版社，2015.

[81] 佘浩宇. 靖港史话[M]. 北京：当代中国出版社，2009.

[82] 盛希贵. 影像传播论[M]. 北京：中国人民大学出版社，2005.

[83] 宋公文，张君. 楚国风俗志[M]. 武汉：湖北教育出版社，1995.

[84] 苏秉琦. 苏秉琦文集 2[M]. 北京：文物出版社，2009.

[85] 覃丽丹，覃彩銮. 广西边疆开发史[M]. 北京：社会科学文献出版社，2014.

[86] 田昌五. 华夏文明的起源[M]. 北京：中国书籍出版社，2015.

[87] 涂又光. 楚国哲学史[M]. 武汉：湖北教育出版社，1995.

[88] 王国生. 努力实现湖北由文化大省向文化强省跨越[C]//中国文化产业年鉴编辑部. 2012 年中国文化产业年鉴. 北京：光明日报出版社，2012.

[89] 刘森淼，等. 荆楚文化[M]. 沈阳：辽宁教育出版社，1992.

[90] 王金锋. 陵墓遗存：古代陵墓与出土文物[M]. 北京：现代出版社，2015.

[91] 王生铁. 荆楚文化百问[M]. 北京：中国文史出版社，2011.

[92] 王巍. 中国考古学年鉴 2009[M]. 北京：文物出版社，2010.

[93] 王鑫义. 淮河流域经济开发史[M]. 合肥：黄山书社，2001.

[94] 王毅. 江山重庆，奇迹之乡：重庆文化的壮美基调及其经济潜能[M]. 成都：电子科技大学出版社，2005.

[95] 王振羽. 不列颠百科全书(国际中文版)[M]. 北京：中国大百科全书出版社，1999.

[96] 巫瑞书. 荆湘民间文学与楚文化——楚文化探踪[M]. 长沙：岳麓书社，1996.

[97] 萧兵. 楚辞与神话[M]. 南京：江苏古籍出版社，1987.

[98] 许顺湛. 前言[M]//河南省考古学会. 楚文化觅踪. 郑州：中州古籍出版社，1980.

[99] 吴庆洲. 中国古代城市防洪研究[M]. 北京：中国建筑工业出版社，1995.

[100] 吴荣臻. 苗族通史 1[M]. 北京：民族出版社，2007.

[101] 杨斌庆. 荆楚文化价值浅谈[C]. 张锦高，袁朝. 荆楚文化的现代价值. 武汉：崇文书局，2005.

[102] 杨宽. 战国史[M]. 上海：上海人民出版社，2003.

[103] 杨权喜. 楚宫的新发现[C]//方酉生. 楚章华台学术讨论会论文集. 武汉：武汉大学出版社，1988.

[104] 姚安. 博物馆 12 讲[M]. 北京：科技出版社，2001.

[105] 姚汉荣，姚益心. 楚文化寻绎[M]. 上海：学林出版社，1990.

[106] 姚伟钧，郑玉东. 荆楚社会生活[M]. 武汉：武汉出版社，2013.

[107] 叶舒宪. 引言：文化符号如何产出经济[M]//文化与符号经济. 广州：广东人民出版社，2012.

[108] 尹弘兵，黄莹. 荆楚古墓揭秘[M]. 武汉：武汉出版社，2012.

[109] 余英时. 中国思想传统的现代诠释[M]. 台湾：联经出版事业公司，1987.

[110] 俞建章，叶舒宪. 符号：语言与艺术[M]. 上海：上海人民出版社，1988.

[111] 俞伟超. 关于楚文化发展的新探索[C]//湖北省社会科学院历史研究所. 楚文化新探. 武汉：湖北人民出版社，1981.

[112] 俞伟超. 先秦两汉考古学论集[M]. 北京：文物出版社，1985.

[113] 张灵芝. 中华巨龙：长江文明与历史渊源[M]. 北京：现代出版社，2015.

[114] 张宇丹，吴丽. 可视的文化 影像文化传播论[M]. 昆明：云南大学出版社，2009.

[115] 张正明. 楚文化史[M]. 上海：上海人民出版社，1987.

[116] 张正明. 楚文化志·序[C]//张正明. 张正明学术文集. 武汉：湖北长江出版集团，2007.

[117] 张正明. 楚史论丛初集·序言[M]. 武汉：湖北人民出版社，1984.

[118] 章晓岚，金泠泠. 商务视觉传播[M]. 上海：上海交通大学出版社，2013.

[119] 赵凌云，刘玉堂，黄南珊，等. 推进湖北文化产业强省工程建设策论[C]//张晓明，胡惠林，章建刚. 2008年中国文化产业发展报告. 北京：社会科学文献出版社，2008.

[120] 郑文东. 文化符号域理论研究[M]. 武汉：武汉大学出版社，2007.

[121] 周书灿. 合纵连横：战国中期的军事外交[M]. 郑州：河南人民出版社，2012.

[122] 周显宝. 皖南巫风古傩与仪式的象征意义[C]//曲六乙，陈达新. 傩苑：中国梵净山傩文化研讨会论文集. 北京：中国戏剧出版社，2004.

[123] 周星. 史前史与考古学[M]. 西安：陕西人民出版社，1992.

[124] 周玉端. 荆州熊家冢墓地形成过程的初步研究[C]//刘玉堂. 楚学论丛(第4辑). 武汉：湖北人民出版社，2015.

[125] 朱萍. 楚文化的西渐：楚国经营西部的考古学观察[M]. 成都：

巴蜀书社，2010.

[126] 朱羽君. 对电视的生命感悟——朱羽君自选集[M]. 北京：北京广播学院出版社，2004.

[127] 庄晓东. 文化传播[M]. 北京：人民出版社，2003.

[128] 高晓芳. 物质文化遗产的电视传播研究[D]. 长春：吉林大学，2012.

[129] 葛玥. 现代视觉传播中的图像艺术语言[D]. 重庆：四川美术学院，2005.

[130] 张尧. 基于博物馆资源的文化创意产品开发设计研究[D]. 苏州：苏州大学，2015.

[131] 程海声. 微信和报纸的可视化传播增效方法探析[J]. 新闻战线，2016(17).

[132] 曾守锤，桑标. 人与情境交互作用理论述评[J]. 心理科学，2005(5).

[133] 晁舸，王建新. 逻辑语境下的文化遗产概念研究[J]. 西北大学学报(哲学社会科学版)，2014(3).

[134] 车英，欧阳云玲. 冲突与融合：全球化语境下跨文化传播的主旋律[J]. 武汉大学学报(哲学社会科学版)，2004(4).

[135] 陈岸瑛. "人类口传及无形遗产"——保护什么？如何保护？[J]. 装饰，2003(3).

[136] 陈刚. 数字博物馆概念、特征及其发展模式探析[J]. 中国博物馆. 2007(3).

[137] 陈力丹，霍仟. 互联网传播中的长尾理论与小众传播[J]. 西南民族大学学报(人文社会科学版)，2013(4).

[138] 陈霖. 城市认同叙事的展演空间——以苏州博物馆新馆为例[J]. 新闻与传播研究，2016(8).

[139] 陈绍辉，陈文华. 资源与湖北文化产业发展[J]. 省情与战略，2014(6).

[140] 陈亚民. 符号经济时代文化产业品牌构建战略[J]. 经济社会体制比较, 2009(4).

[141] 丹增. 发展文化产业与开发文化资源[J]. 求是, 2006(1).

[142] 窦文章. 文化传播的空间基础及模式分析[J]. 人文地理, 1996(4).

[143] 杜诗画.《我在故宫修文物》网络走红的传播学分析[J]. 新闻世界, 2016(11).

[144] 方舟子. 达尔文的眼睛[J]. 科学世界, 2002(1).

[145] 冯涛. 过渡阶段的困惑——浅谈视觉传播对传统社会审美观念的影响[J]. 现代企业教育, 2008.

[146] 格拉汉姆·布莱克, 张昭. 博物馆和参与性[J]. 东方艺术, 2012(15).

[147] 韩玄武, 章莉莉. 海南非物质文化遗产数字化传播与旅游开发模式[J]. 艺海, 2015(11).

[148] 国玉霞, 颜士刚. 论视觉传播视野下的知识可视化过程[J]. 电化教育研究, 2016(3).

[149] 何克抗. 对美国《教育传播与技术研究手册》(第三版)的学习与思考之三——关于"情境理论"与"九种情境化教学策略"[J]. 电化教育研究, 2013(9).

[150] 贺小荣, 何清宇. 非物质文化遗产旅游开发的新范式：景区实景舞台剧模式[J]. 教育教学论坛, 2011(20).

[151] 黄庆. 文化资源的资本转化刍议[J]. 理论探索·当代文坛, 2011(4).

[152] 黄忻. 虚拟现实技术在旅游文化遗产数字化保存中的应用研究[J]. 未来与发展, 2017(1).

[153] 黄鑫, 李女仙. 当代博物馆展示中的交互设计方式[J]. 装饰, 2011(4).

[154] 靳洪. 关于湖北文化创意产业发展的思考[J]. 商业经济研究,

2015(25).

[155] 荆州博物馆. 江陵雨台山楚墓发掘简报[J]. 考古, 1980(5).

[156] 荆州市博物馆. 湖北荆州熊家冢墓地2006—2007年发掘简报[J]. 文物, 2009(4).

[157] 李春利. 基于情境理论的知识转移情境的动力机制研究[J]. 图书馆学研究, 2011(19).

[158] 李健. 视觉文化语境中的艺术生产理论及其当代问题[J]. 南京社会科学, 2016(6).

[159] 李林. 弗兰克·奥本海姆的博物馆观众体验研究理论与实践[J]. 东南文化, 2014(5).

[160] 李培林, 李天语. 拍客的"图谋"——泛视觉文化语境下的公民摄影现象研究[J]. 江苏社会科学, 2016(2).

[161] 李昕. 论非物质文化遗产保护产业化运作的可能性——从非物质文化遗产的符号价值谈起[J]. 贵州民族研究, 2008(2).

[162] 李艳梅. 荆楚文化视域下湖北影视文化产业的发展[J]. 新闻知识, 2015(12).

[163] 廖静如. 宗教文物搜藏：神圣与博物馆化[J]. 博物馆学季刊(台湾), 2006(2).

[164] 刘辉. 史前聚落与考古遗址[J]. 东南文化, 2000(5).

[165] 刘俊梅, 李勇. 论荆楚文化及其当代价值[J]. 社会科学动态, 2017(1).

[166] 刘肖, 蒋晓丽. 国际传播中的文化困境与传播模式转换[J]. 思想战线, 2011(6).

[167] 刘小峥. 电视深度报道中论据的可视化处理[J]. 当代电视, 2012(4).

[168] 刘勇. 符号文化创新与文化产业发展[J]. 中州学刊, 2010(6).

[169] 刘玉堂, 刘纪兴, 张硕. 荆楚文化与湖北文化产业发展研究[J]. 湖北社会科学, 2003(12).

[170] 刘玉堂, 张硕. 时空视域下的楚文化——《楚文化概要·引言》[J]. 荆楚学刊, 2014(1).

[171] 吕萍. 电视文化: 消费社会中视觉文化的主流形态[J]. 新闻爱好者, 2010(12).

[172] 麦克斯韦尔-麦考姆斯, 郭镇之, 邓理峰. 议程设置理论概览: 过去, 现在与未来[J]. 新闻大学, 2007(3).

[173] 孟庆艳. 符号消费观念的当代价值[J]. 哲学动态, 2011(11).

[174] 孟庆艳. 文化符号研究的哲学维度[J]. 国外理论动态, 2007(6).

[175] 莫永华, 吕勇峰. 以人类分层传播模式探讨视觉理论的整合[J]. 现代教育技术, 2008(11).

[176] 穆荣兵, 黄熙茗, 兰珂, 等. 浅谈数字化技术在旅游景区中的应用[J]. 艺术科技, 2016(2).

[177] 钱岳林. 新媒体与新兴媒体[J]. 广播与电视技术, 2009(8).

[178] 沈仲常, 孙华. 楚国灭巴考[J]. 贵州社会科学, 1984(6).

[179] 师国伟, 王涌天, 刘越, 等. 增强显示技术在文化遗产数字化保护中的应用[J]. 系统仿真学报, 2009(07).

[180] 施炎平. 从文化资源到文化资本——传统文化的价值重建与再创[J]. 探索与争鸣, 2007(6).

[181] 史吉祥, 郭富纯. 博物馆公众——一个饶有趣味和意义的研究领域[J]. 中国博物馆, 2004(2).

[182] 舒丽萍. 从财新网"数字说"看国内可视化新闻的生存之道[J]. 东南传播, 2016(8).

[183] 宋俊华. 非物质文化遗产概念的诠释与重构[J]. 学术研究, 2006(9).

[184] 宋泉. 浅谈我国实景演出文化品牌的构建——以《印象·刘三姐》为例[J]. 沿海企业与科技, 2013(3).

[185] 苏秉琦. 从楚文化探索中提出的问题[J]. 江汉考古, 1982(1).

[186] 苏阳. 博物馆文化创意产业开发的心理念——以沈阳故宫博物院

为例[J]. 知识文库, 2016(1).

[187] 孙东. 论当代西方戏剧中的"在场"[J]. 外国文学研究, 2010(5).

[188] 王缉慈. 解开集群概念的困惑——谈谈我国区域的集群发展问题[J]. 经济经纬, 2006(2).

[189] 王晓予. 特色博物馆的创意展示设计——伦敦老手术室博物馆情境设计风格有感[J]. 装饰, 2012(4).

[190] 王祝康. 关于图书馆讲座中传播学原则运用的思考[J]. 图书馆学研究, 2010(5).

[191] 吴昌稳. 移动互联浪潮下的APP及其在博物馆中的应用[J]. 福建文博, 2012(2).

[192] 武彦妮. 互联网时代的故宫文化传播——以"故宫淘宝"快速发展为例[J]. 智富时代, 2016(7).

[193] 席成孝. 试论早期汉水文化在中华文化形成发展中的地位[J]. 安康学院学报, 2009(5).

[194] 萧俊明. 文化与符号——当代符号性研究探析[J]. 国外社会科学, 2000(4).

[195] 谢建明. 文化传播: 模式及其过程[J]. 南京师大报社会科学版, 1994(2).

[196] 晏青. 仪式化生存: 中国传统文化的传播面向与表征模式[J]. 福建师范大学学报(哲学社会科学版), 2014(2).

[197] 杨秋. 新的"在场"阐释——构建博物馆与社会的联系[J]. 中国博物馆, 2015(3).

[198] 杨万娟, 李杜红, 曹诗图. 湖北楚文化旅游资源价值及其开发意义与对策[J]. 湖北文理学院学报, 2013(11).

[199] 姚梅林. 情境理论的迁移观及其教育意义[J]. 心理学探新, 2003(4).

[200] 叶舒宪. 符号经济与作为非物质文化遗产的"七夕节"[J]. 江西社会科学, 2005(10).

[201] 殷义祥, 丹枫. 楚文化的特点及影响[J]. 吉林大学社会科学学报, 2001(2).

[202] 尹彤云. "新博物馆学"语境中的数字博物馆[J]. 中国博物馆, 2005(4).

[203] 张超. 报纸新闻可视化编排的反思与操盘策略——以《新华每日电讯》为例[J]. 中国记者, 2016(9).

[204] 张开, 邓清. 感知文化差异 跨越传播障碍——扬州运河城市文化传播策略[J]. 现代传播, 2010(9).

[205] 张立行. 浅谈收藏报道(节目)的勃兴——兼论当下传媒存在的几个突出问题[J]. 新闻记者, 2008(2).

[206] 张姝. 文化旅游营销策略研究——以湖北省楚文化为例[J]. 荆楚理工学院学报, 2010(1).

[207] 张笑寒, 张莹莹, 刘禹. 涂鸦式字幕在《爸爸去哪儿》中的运用特点分析[J]. 视听, 2015(5).

[208] 张正明, 滕壬生, 张胜琳. 凤斗龙虎图象考释[J]. 江汉考古, 1984(1).

[209] 赵航. 网络直播现状及前景探究[J]. 视听, 2017(1).

[210] 郑茜. 意义还原与价值传播——博物馆藏品实现沟通的两个向度[J]. 中国博物馆, 2014(3).

[211] 周平. 文化符号的辨识与《圣经》互文解读[J]. 外国文学评论, 2010(2).

[212] 周宪. 视觉建构、视觉表征与视觉性——视觉文化三个核心概念的考察[J]. 文学评论, 2017(3).

[213] 周宪. 视觉文化语境中的电影[J]. 电影艺术, 2001(2).

[214] 朱珠, 但强. 试论楚文化旅游现状及其开发[J]. 重庆科技学院学报(社会科学版), 2006(3).

[215] 张骋. 新闻向文学致敬——新新闻主义的叙事学分析[J]. 当代文坛, 2010(3).

[216] A. L. Kroeber, C. Kluckhohn. Culture: A Critical Review of Concepts and Definitions [M]. Peabody Museum of Archaeology & Ethnology, Harvard University, 1952.

[217] Burton G.. Media and Society: Critical Perspectives [M]. McGraw-Hill Education (UK), 2010.

[218] Loic Tallon. Digital Technologies and the Museum Experience [M]. Alta Mira Press, United States of America, 2008.

[219] Richard Florida. The Rise of the Creative Class: And How It's Transforming Work, Leisure, Community and Everyday Life [M]. New York: Basic Books Press, 2004.

[220] W. J. T. Mitchell. Interdisciplinary and Visual Culture [M]. Art Bulletin, 1995.

[221] Winthrop Robert H.. Dictionary of Concepts in Cultural Anthropology [M]. London: Green wood Press, 1991.

[222] Secord P. F., Backman C. W.. Social Psychology [M]. New York: McGraw-Hill, 1964.

[223] Albino V., Garavelli A. C., Schiuma G.. Knowledge Transfer and Inter-firm Relationships in Industrial Districts: The Role of the Leader Firm [J]. Technovation, 1998(1).

[224] Andreas M. Kaplan, Michael Haenlein. Users of the World, Unite! The Challenges and Opportunities of Social Media [J]. Business Horizons, 2010(1).

[225] Cummings J. L., Teng B. S.. Transferring R&D Knowledge: The Key Factors Affecting Knowledge Transfer Success [J]. Journal of Engineering and Technology Management, 2003 (1).

[226] K. W. Braly, D. Katz. Racial Stereotypes of 100 College Students [J]. Journal of Abnormal & Social Psychology, 1933, 28 (3).

[227] Luke Timothy W.. Museum Pieces: The Politics of Aesthetics and

Knowledge at the Museum [J]. Third Annual Arlington Humanities Colloquium, University of Texas-Arlington, 1997(12).

[228] Nonaka I., Konno N.. The Concept of "ba": Building a Foundation for Knowledge Creation [J]. California Management Review, 1998 (3).

[229] Reed E. S.. Cognition as the Cooperative Appropriation of Affordances [J]. Ecol. Psychol, 1991(3).

[230] Sfard A.. On Two Metaphors for Learning and the Dangers of Choosing Just One [J]. Educational Researcher, 1998 (2).

[231] Susan Petrilli. About and Beyond Peirce [J]. Semiotica, 1999, 124 (3): 299-376.

[232] Thompson M., Walsham G.. Placing Knowledge Management in Context [J]. Journal of Management Studies, 2004 (5).

[233] 非物质文化遗产的产业化之惑[N]. 中国文化报, 2006-02-23.

[234] 付爱民. 现代图像学引论[N]. Tom美术专稿, 2004-10-23.

[235] 韩国文化产业探微[N]. 中国文化报, 2005-01-14.

[236] 李舫. 文化GDP有了"度量衡"——产业分类和统计指标体系编制完成[N]. 人民日报, 2005-03-02.

[237] 李婷. 捧着手机套赏读《兰亭序》[N]. 文汇报, 2010-08-19.

[238] 孟荣涛. 创新文化符号 促进文化产业发展[N]. 内蒙古日报, 2017-02-20.

[239] 王淳. 历史正剧能否干掉雷剧神剧大妈剧?[N]. 重庆商报, 2013-09-06.

[240] 王丹. 中国山水实景演出真是世界级创新吗?[N]. 人民日报海外版, 2012-08-13.

[241] 王燕琦. 非物质文化遗产亟待抢救保护[N]. 光明日报, 2002-01-20.

[242] 习近平. 在哲学社会科学工作座谈会上的讲话[N]. 人民日报, 2016-05-19.

[243] 袁辉翔. 江西创意产业可和旅游相融合[N]. 信息日报, 2010-09-28.

[244] 张微. 文化遗产保护须合理利用数字技术[N]. 中国社会科学院报, 2008-12-23.

[245] 朱林. "卖萌"的故宫距离"网红"有多远[N]. 工人日报, 2016-07-13.

[246] 2016 微信年度生活报告:日活达 7.68 亿[EB/OL]. [2016-12-30]. http://mt.sohu.com/20161230/n477364230.shtml.

[247] 阿宝. 短视频风口之下, 行业能否最终走上商业化变现之路[EB/OL]. [2017-05-24]. http://www.myzaker.com/article/5925e7ad1bc8e0025d000067/.

[248] 国际博物馆协会章程[EB/OL]. [2015-05-12]. http://www.sach.gov.cn/art/2015/5/12/art_1037_120722.html.

[249] 国务院办公厅. 国务院办公厅转发文化部等部门关于推动文化文物单位文化创意产品开发若干意见的通知[EB/OL]. [2016-05-16]. http://www.gov.cn/zhengce/content/2016-05-16/content_5073722.htm.

[250] 博物馆管理办法[EB/OL]. [2005-12-22]. http://www.gov.cn/gongbao/content/2006/content_457933.htm.

[251] 任远. 财新设计师:数据新闻可视化经验谈[EB/OL]. [2014-04-06]. http://djchina.org/2015/01/27/caixin_dataj_intro/.

[252] 汪康懋. 中韩美传媒文化产业模式与衍变[EB/OL]. [2005-04-22]. http://media.people.com.cn/GB/22114/46698/46708/3343152.html.

[253] 我国网络直播市场现状分析:近百亿的规模[EB/OL]. [2016-05-06]. http://www.cs.com.cn/ssgs/hyfx/201605/t20160506_4963273.html.

[254] 许建. 从传播学的视角探讨韩剧成功进入中国市场的原因[EB/OL]. [2003-03-01]. http://vote.cctv.com/tvguide/tvcom ment/wtjj/

dsrshss/10532.shtml.

[255] 亚太地区网络游戏市场前景喜人[EB/OL].[2003-05-19].http://www.idc.com.cn/about/detail.jsp?id=OTU=.

[256] 中华人民共和国财政部.财政支持文化事业发展情况[EB/OL].[2009-05-05]. http://www.mof.gov.cn/mof/zhuanti huigu/zhongguocaizhengjibenqingkuang/caizhengzhichu/200905/t20090505_139506.html.

后 记

这是传统文化复兴最好的时代，不仅有政府和政策的文化加持，而且经济的繁荣和科技的创新也为文化的发展打下了良好的基础。这也是传统文化传承与传播最具挑战性的时代，媒介环境的剧烈变革不仅改变了人们信息接收的方式与行为偏好，而且不断改变着文本的呈现方式，文本的数字化与可视化呈现成为当代媒介形态演变的核心趋势。前央视主持人赵普曾坦言，传统文化只有融入到现代生活才能得以传承，"买卖是最好的保护，使用是最好的传承，分享是最好的传播"。在刚刚过去的2017年，越来越多的互联网巨头和创业公司参与到文化复兴的行列中来，为传统文化带来新的引爆点。

无论是《我在故宫修文物》《国家宝藏》等传统文化类节目的相继走红，还是六百岁的故宫跻身"网红"行列，中华优秀传统文化在与新媒体技术的碰撞中擦出了智慧火花，探索出打开传统文化的更多新方式。在文化与科技的融合中，传统文化开始借助视频、音频、电商等新兴渠道不断迭代和裂变，互联网+传统文化成为文化产业领域的一大风口。用数字技术来保护与传承文化遗产是文化与科技融合的核心，腾讯凭借其卓越的数字技术，先后与长城、故宫、敦煌研究院等文化机构达成了文化复兴合作，利用互联网和新技术连接起传统文化与年轻人。得益于"互联网+内容+脑洞"的跨界合作模式，科技不仅"复活"了传统文化，而且使优秀传统文化对人们日常生活的渗透愈加变深。

本书作为国家科技支撑项目"荆州大遗址楚文化数字化保护及传播

技术集成示范"的系列成果之一,旨在探索一种适合新媒体时代的传统文化保护、传承与传播的开发模式,用一些年轻人的方式来吸引更多年轻受众,从而使优秀传统文化能够得到有效推广。

  在本书的写作过程中,首先要感谢武汉大学跨学科项目组对我们的支持与帮助,在每一次与不同学科背景的老师的交流碰撞中,我们受益匪浅。其次,要感谢武汉大学新闻与传播学院博士生导师张卓教授指导的硕士研究生何菁菁、邱贻馨、郭赵一晗、李珂欣、肖宏昊、余艺,他们不仅参与了本书的资料搜集与整理工作,而且参与了部分章节内容的写作。最后,还要感谢武汉大学出版社的编辑,是他们的认真敬业使本书得以顺利出版。

传播创意组
2018 年 12 月